RACHEL PATTERSON

MAGIA COM VELAS NA PRÁTICA

Bruxaria com Pavio & Cera

NOVA SENDA

MAGIA COM VELAS NA PRÁTICA
Traduzido de: *Practical Candle Magic: Witchcraft with Wick & Wax*

Tradução: Renan Papale
Revisão: Luciana Papale
Diagramação: Décio Lopes
Ilustração da capa: Carol Palumpo

DADOS INTERNACIONAIS DE CATALOGAÇÃO NA PUBLICAÇÃO (CIP)

Patterson, Rachel

Magia com velas na prática: Bruxaria com pavio e cera / Rachel Patterson; Tradução de Renan Papale. São Paulo: Editora Nova Senda, 2025. 1ª edição. 304 págs: il.

ISBN 978-65-87720-36-4
Título original: *Practical Candle Magic: Witchcraft with Wick & Wax*

1. Magia 2. Velas 3. Bruxaria I. Título

23-6238 CDD 133.43

Índices para catálogo sistemático:
1. Magia

EDITORA NOVA SENDA
Rua Jaboticabal, 698 – Vila Bertioga – São Paulo/SP
CEP 03188-001 | Tel. 11 2609-5787
contato@novasenda.com.br | www.novasenda.com.br

Isenção de Responsabilidade

Se você possui problemas de saúde ou questões relacionadas ao bem-estar mental, procure um diagnóstico com um profissional qualificado. Caso seja recomendado, siga um tratamento adequado, incluindo medicação, se necessário. Este livro não substitui, de forma alguma, a necessidade de tratamento médico apropriado, como medicamentos ou terapias voltadas à saúde mental. Nem a autora nem a editora apoiam o autodiagnóstico. Sempre procure orientação profissional.

Nas páginas a seguir, você encontrará recomendações para o uso de determinadas ervas, óleos essenciais, misturas de incenso e itens ritualísticos. Caso tenha alergia a algum desses componentes, evite utilizá-los. Cada organismo reage de forma diferente, portanto, os resultados podem variar de pessoa para pessoa.

Óleos essenciais são substâncias potentes; manuseie-os com cuidado. Sempre os dilua antes de aplicá-los na pele e realize um teste de sensibilidade cutânea antes do uso. Pesquise adequadamente sobre cada óleo essencial antes de utilizá-lo.

Nunca se automedique, mesmo com remédios à base de ervas. Esses remédios podem ser extremamente potentes; alguns são tóxicos. Outros podem interagir de forma adversa com medicamentos prescritos ou vendidos sem receita. Não ingira ervas sem ter a certeza de sua identificação correta. Caso esteja em tratamento com medicamentos ou tenha problemas de saúde, consulte um profissional antes de consumir qualquer erva.

Sumário

Práticas

INTRODUÇÃO

Acendendo o Pavio

Há mais de trinta anos que percorro o caminho da Bruxaria Pagã e, como Bruxa, um dos primeiros tipos de magia que experimentei foi um feitiço com velas. Felizmente, ele foi um sucesso!

Minha jornada começou na Wicca, onde alcancei os três graus e o título de Alta Sacerdotisa. Mas em algum ponto do caminho, ela se distorceu e se transformou, e acabei no papel de Bruxa da Cozinha, com um pouco de Bruxa Verde para complementar. Adoro aprender e estou sempre explorando diferentes caminhos e práticas mágicas para enriquecer meu próprio repertório. Minha forma de praticar magia é a de uma Bruxa da Cozinha, com uma generosa pitada de magia popular. Prefiro trabalhar de forma intuitiva, utilizando o que tenho à disposição, como as velas, por exemplo.

As velas desempenham um importante papel na minha prática de Bruxaria, seja em feitiços, no altar, nas devoções e dedicações ou para iluminar rituais. A magia com velas é a minha escolha favorita quando preciso realizar um feitiço. Gosto da versatilidade dessa prática, que pode ser simples ou elaborada – depende de você. Um rápido "preciso de um feitiço agora" pode ser tão simples quanto acender uma vela, ou pode ser incorporado a um ritual completo com todos os recursos. A magia com velas permite adicionar camadas de energia por meio da cor escolhida, além de permitir incluir sigilos, símbolos, alfinetes, ervas e óleos. Há algo de muito mágico nas velas, desde a ação de acender o pavio até a observação da dança das chamas.

Ao longo dos anos, experimentei diferentes tipos e variedades de velas, assim como várias formas de trabalhar com elas. Neste livro, compartilho meu método de praticar a magia com velas. Também ofereço informações e diretrizes para você criar sua própria técnica. Explore sua intuição e adapte a magia ao seu estilo. Este livro serve como ponto de partida: leia as informações, use as orientações como inspiração e ajuste a prática com velas da forma que fizer sentido para você. Confie em sua intuição; você não irá se decepcionar.

PARTE I
FUNDAMENTOS

CAPÍTULO UM

Simplesmente Velas

Um exemplo comum de magia com velas é soprar as velas de um bolo de aniversário e fazer um pedido, mas essa é apenas uma forma extremamente básica – magia com velas vai muito além disso.

Esse tipo de magia começa com a vela, obviamente, mas depende muito de sua intenção. Se sua vontade e desejo forem fortes o suficiente, eles serão transferidos para a vela e ajudarão a fazer com que a magia avance. Por outro lado, se estiver fazendo um feitiço sem convicção, a probabilidade de ele ser bem-sucedido é pequena. Assim como outras formas de trabalho mágico, a magia com velas pode ser tão grandiosa e elaborada ou tão simples quanto você quiser. Esse é um dos tipos mais fáceis de magia com feitiços: tudo o que precisa é de uma vela, intenção e fósforos – sim, é realmente simples assim! Você pode intensificar o poder do feitiço ao incorporar a magia das cores e adicionar camadas com ervas, cristais e outros ingredientes mágicos.

As velas também envolvem o elemento Fogo. Quando você acende uma vela, coloca o feitiço em ação usando o poder desse elemento. O Fogo é poderoso e deve ser respeitado. Ele traz transformação em muitas formas, além do poder de promover mudanças. Embora possa ser destrutivo, dessa destruição surgem a renovação e novas oportunidades. Afinal, a chama de uma vela também ilumina o que está oculto.

Ao observar uma vela mais de perto, percebe-se que ela reúne os quatro elementos: a chama é o Fogo, o pavio é a Terra, a cera é a Água e o elemento Ar é necessário para permitir que ela queime.

No início, as velas tinham uma função prática, eram usadas para iluminar os lares. Durante séculos, elas desempenharam um papel importante em diversas culturas, sendo muitas vezes associadas à espiritualidade, à oração ou a práticas mágicas. Velas podem ser acesas para celebrar momentos ou em memória de alguém que já partiu. No cristianismo, a vela é vista como representação de Cristo e sua luz eterna; também é usada para homenagear santos e expressar intenção em uma oração. No judaísmo, as nove velas da *menorah* de Hanukkah são acesas ao longo de oito noites, simbolizando a rededicação ao Templo de Jerusalém. No hinduísmo, o *Diwali,* celebração da luz, apresenta lâmpadas chamadas *diyas.* No budismo, as velas são fundamentais em cerimônias e festivais, como o Festival das Velas na Tailândia, que inclui procissões e esculturas elaboradas feitas de cera. Diz-se que as velas também representam a iluminação de Buda. No Islã, a vela representa a "luz de Deus" e é usada em diversos rituais[1].

É importante lembrar que uma vela e quaisquer outros itens adicionados ao seu feitiço são apenas ferramentas – instrumentos usados para direcionar e concentrar sua intenção. Em última análise, o poder de um feitiço está dentro de você. Se sua vontade e intenção forem fortes, isso se refletirá na energia da magia, contribuindo para o sucesso do feitiço. Por outro lado, se você realizar o trabalho de forma descompromissada ou sem convicção no resultado, o feitiço provavelmente não funcionará. Você é a magia; as velas e todos os outros elementos são apenas ferramentas.

E o mais importante, relaxe! Algumas das informações e instruções apresentadas aqui podem parecer incrivelmente estressantes ou até mesmo assustadoras. Mas se você confiar em sua intuição ao criar e realizar um feitiço, ela não decepcionará. Não existe um jeito certo ou errado de realizar um trabalho mágico e, embora os feitiços nem sempre funcionem da maneira que imaginamos, eles funcionam. Confie em suas próprias habilidades.

1. Encyclopaedia Iranica, s.v. "Candle," acesso em 30 de maio de 2023, disponível em: https://www.iranicaonline.org/articles/candle-pers.

Fogo e Chama

A chama de uma vela é uma manifestação do elemento Fogo, uma energia viva e pulsante que abriga seu elemental. Esses espíritos da natureza representam a força primordial de cada elemento, refletindo suas propriedades e essência original. Sua forma, tamanho e aparência variam de acordo com sua natureza e propósito.

Um elemental do Fogo pode se manifestar na pequena chama de uma vela, nas labaredas de uma fogueira ritualística ou até mesmo na lava e nas chamas de um vulcão em erupção. Essa energia pode nos carregar de vitalidade em vários níveis: físico, mental, emocional e espiritual. Conectar-se com o elemental do Fogo nos ajuda a sintonizar e reconhecer a natureza ao nosso redor. Toda chama carrega o espírito desse elemental em seu interior.

Em algumas tradições Wiccanianas e na espiritualidade da Nova Era, existe uma hierarquia no mundo elemental, onde cada nível é representado por uma figura central. Todos são espíritos elementais que personificam a essência do Fogo.

- O Fogo é regido pelo Rei Djinn, um guerreiro que domina os poderes da vida, a coragem, a força interior e a transformação. Representações do Rei Djinn geralmente o retratam como uma figura guerreira cercada por chamas. Sua postura e comunicação são extremamente diretas; ele não perde tempo, o que reflete intensamente a energia da própria chama.
- Acima do Rei Djinn está o Arcanjo Miguel, considerado o primeiro anjo criado. Miguel é o Arcanjo do Fogo e do Sol e vem trazendo justiça e proteção. Frequentemente invocado para proteger e auxiliar no alcance de objetivos, ele aparece em diversas histórias relacionadas ao fogo na Bíblia. Embora deva ser observado que os anjos eram presentes em culturas que antecedem o cristianismo, com relatos sobre Arcanjos datando da Idade do Bronze.[2] Em algumas Tradições Wiccanianas, os Arcanjos são chamados nos quatro quadrantes durante rituais, sendo conhecidos como

2. Sarah Crocker, "The History of Archangels Explained," Grunge, 10 de setembro de 2021, disponível em: https://www.grunge.com/601014/the-history-of-archangels-explained/".

"Guardiões das Torres de Vigia". Também são chamados de "Vigilantes", por cuidarem da humanidade. Extremamente poderosos, os Arcanjos desempenham papéis significativos em práticas espirituais. Embora eu pessoalmente não trabalhe com eles, conheço muitas Bruxas que o fazem.

- Cada elemental é representado por uma forma. Os elementais do Fogo são conhecidos como "salamandras". Não aquele pequeno lagarto que você talvez conheça, mas um ser flamejante, uma serpente ardente – embora o nome importe menos do que a compreensão de que a chama é um espírito vivo. Conectar-se com o elemental do Fogo presente na chama pode ajudar a eliminar hábitos antigos, indesejados e tóxicos, pois o fogo destrói para abrir espaço a novas e empolgantes possibilidades e oportunidades. Essa conexão também pode auxiliar no trabalho interior, no fortalecimento do poder pessoal e na cura. Os elementais do Fogo podem ajudar de diversas formas! Lembre-se apenas de que o poder do fogo é intenso e nem sempre fácil de controlar.

Em minha prática pessoal, não sigo nenhuma hierarquia. Concentro-me apenas na salamandra, o espírito do Fogo encontrado dentro da chama. Porém, incluí essas informações aqui caso você sinta afinidade em invocar o Rei Djinn ou o Arcanjo Miguel – isso pode funcionar para você. Esses elementais do Fogo podem intensificar o poder do seu trabalho mágico; convide-os a emprestar sua energia ao feitiço ou coloque uma imagem ou representação deles em seu altar.

Chama Eterna

Uma chama eterna é definida como uma "chama, lamparina ou tocha que queima continuamente por um período indefinido. Costuma ser utilizada para homenagear uma pessoa ou evento de importância nacional ou como lembrete de um compromisso com um objetivo comum."[3] Chamas eternas podem ser encontradas em memoriais de guerra. Nos templos antigos, elas eram mantidas acesas e cuidadas por

3. Definitions, s.v. "Eternal Flame", acesso em 30 de maio de 2023, disponível em: https://www.definitions.net/definition/eternal+flame.

Sacerdotisas em homenagem às Divindades. Um exemplo notável é o Templo de Vesta, na Roma Antiga. Nele, seis sacerdotisas cuidavam de Vesta, Deusa do Lar e da Lareira. Entre suas funções estava a manutenção do fogo perpétuo no Templo.[4]

Outro local de chama perpétua fica em Kildare, na Irlanda. Remontando a tempos pré-cristãos, um fogo ritual dedicado à Deusa Brigid era mantido aceso. Com a chegada do cristianismo, a chama eterna foi preservada em homenagem a Santa Brígida, sob os cuidados de freiras cristãs. Acredita-se que tenha permanecido acesa até o século 16. Em 1993, a chama foi reacendida por um grupo chamado *Brigidine Sisters* (Irmãs Brigidinas) e está acesa desde então.[5]

Manter uma chama de vela acesa indefinidamente em casa é algo irreal (e certamente um risco de incêndio). Mas essa prática pode ser adaptada; funcionando especialmente bem com lanternas, que são muito mais seguras de manter acesas por longos períodos. Uma vela ou uma lanterna a óleo pode ser dedicada a uma Divindade de sua escolha. Acenda a chama por um curto período de tempo todas as noites ou enquanto realiza suas práticas diárias de devoção.

Respeitando a Chama

Ao realizar esse trabalho, é fundamental lembrar que você está lidando com fogo. É indispensável manter respeito e atenção à chama para garantir sua segurança, a proteção de seus pertences pessoais e a segurança das demais pessoas.

Nunca deixe uma vela acesa sem supervisão. Confie em mim, eu sei bem o porquê. Aqui está minha história de infortúnio: eu costumava praticar magia com velas em um prato de cerâmica que tinha reservado para esse fim. O prato possuía um centro elevado com um "fosso" ao redor da borda. Basicamente, era um pequeno recipiente para batatas fritas, mas era perfeito para colocar uma vela no meio e cercá-la com ervas, cristais ou outros ingredientes mágicos.

4. *The Editors of Encyclopaedia Britannica*, s.v. "Vestal Virgins", Encyclopaedia Britannica On-line, última atualização em 18 de abril de 2023, disponível em: https://www.britannica.com/topic/Vestal-Virgins.

5. "Lighting the Perpetual Flame of Brigid (A Brief History of the Flame)," *County Kildare Community Network*, janeiro de 2006, disponível em: https://www.kildare.ie/community/notices/perpetual-flame.asp.

Gosto de manter as coisas simples, então comecei com uma vela dourada no centro, polvilhada com folhas secas de melissa. Ao redor, no "fosso", coloquei cascas de canela, feijões secos e algumas sementes de lótus tostadas.

Acendi a vela e sentei para observar a chama. Nunca deixo uma vela acesa sem supervisão, embora, às vezes, realize outras atividades no mesmo cômodo, sempre mantendo um olho nela. Porém, nessa ocasião, senti-me atraída a apenas sentar e observar.

Felizmente fiquei por perto, pois, quando a vela chegou ao fim e restava apenas a chama consumindo os últimos vestígios de cera derretida na base, ouvi um estalo alto seguido de ervas e feijões voando pelo altar. O prato se partiu ao meio. As chamas começaram a alcançar o tecido de veludo embaixo e rapidamente começaram a atingir o verniz do aparador.

Apaguei as chamas o mais rápido que pude, mas tudo estava quente demais para tocar. Precisei correr até a cozinha para pegar uma pinça e remover as brasas incandescentes, evitando que o fogo se espalhasse.

O resultado foi um buraco derretido no tecido de veludo e uma marca de queimado no aparador – e, é claro, um prato de cerâmica partido em dois. Se eu estivesse em outro cômodo, nem quero imaginar o que poderia ter acontecido, considerando a quantidade de itens inflamáveis no meu altar, incluindo o próprio altar e várias prateleiras de livros logo acima. Essa experiência foi um lembrete severo de que chamas nunca devem ser deixadas sem supervisão.

Vale a pena repetir: velas representam um risco de incêndio. Trate-as com respeito.

Isso nos leva ao próximo conselho: tenha cuidado ao usar ervas e óleos perto da chama de uma vela, pois são inflamáveis. Além disso, toalhas de altar e outros tecidos próximos também podem pegar fogo com facilidade.

Uma dica final: é sempre recomendável deixar uma vela nova queimar tempo suficiente para que a cera derreta do centro até as bordas em sua primeira queima. Se isso não acontecer e apenas um pequeno anel no centro for derretido, a queima ficará limitada a essa área nas próximas vezes. O resultado será apenas o centro queimando, sem derreter a cera ao redor das bordas.

CAPÍTULO DOIS

Fundamentos da Bruxaria

A Bruxaria é uma prática mágica. Gosto de trabalhar com a premissa de que é possível fazer magia confiando na própria intuição – pelo menos na maior parte do tempo. Também acredito que a Bruxaria pode ser moldada para atender às suas necessidades e ajustada à sua jornada pessoal. Não existe um jeito certo ou errado de praticar magia, especialmente quando se trata de magia com velas. Ainda assim, algumas orientações podem ajudar a evitar que as coisas saiam do controle ou, pior, deem terrivelmente errado. Não há regras rígidas, mas as sugestões que incluí aqui valem a pena ser consideradas, sempre usando seu próprio julgamento. Também não existe atalho para a experiência; a única forma de aprender a trabalhar com magia é, de fato, praticando.

Ética e Responsabilidade

Talvez você já saiba, mas acho sensato reforçar: qualquer prática mágica vem acompanhada de responsabilidade. Não apenas para com os outros, mas também consigo mesma. Você está lidando com energia e poder; certifique-se de fazê-lo com sabedoria. Acredito que a responsabilidade não deve ser apenas parte da sua conduta como Bruxa, mas também como uma pessoa íntegra.

Assuma responsabilidade por cada palavra que você expressa e por cada ação que realiza, incluindo sua magia e seu comportamento cotidiano. Ao praticar magia, você está alterando e manipulando energia; é fundamental ser responsável por isso. Sua magia certamente impactará alguém: da mesma forma que lançar uma pedra em um lago cria ondulações, seus feitiços também geram efeitos ao serem lançados. Bruxaria não é um jogo.

Agradecendo

Nunca se esqueça de agradecer – o que, na verdade, é apenas uma questão de boas maneiras! Ao realizar um feitiço, você está pedindo algo, seja ao Universo, seja ao Divino, seja a qualquer outra forma de energia.

Há uma tendência atual de "manifestação" que parece atrair tanto as pessoas espiritualizadas como as não espiritualizadas. A ideia é fazer pedidos, geralmente durante a lua cheia. Contudo, o ato de agradecer muitas vezes parece ausente. Não é sustentável apenas pedir e receber continuamente; é necessário manter equilíbrio e responsabilidade nesse fluxo.

Sempre que faço um feitiço pedindo ajuda ou orientação, garanto oferecer algo em troca. A oferenda pode ser simples: agradecer em voz alta, alimentar os pássaros, regar as plantas, derramar vinho ou deixar pão na terra. Dedicar tempo para ajudar um amigo ou vizinho também é válido. O essencial é retribuir de alguma forma.

Não acredite apenas no que digo – experimente por si mesma. Ao realizar um feitiço que envolva um pedido (afinal, todo feitiço busca algum propósito, seja cura, prosperidade, amor, proteção ou outro), retribua assim que o concluir. Quando invocar uma divindade, ofereça algo em agradecimento. Se estiver pedindo cura ou prosperidade, retribua de alguma forma: alimente os pássaros, faça uma doação para a caridade, seja gentil com quem cruzar seu caminho, recolha as lixeiras do vizinho ou ajude alguém a tirar as compras do carro... Você entendeu a ideia. As oferendas também podem ser feitas em forma de palavras, música ou dança. Escreva um poema para sua Divindade, entoe uma canção para os espíritos da natureza no seu jardim, ou encontre outra maneira criativa de agradecer.

Cultive o hábito de buscar equilíbrio. Ao realizar um feitiço pedindo algo, encontre uma forma de retribuir. Encare isso como um sacrifício simbólico, inspirado nos rituais dos nossos ancestrais ao se dirigirem aos Deuses – sem, é claro, precisar colocar uma cabra no seu altar!

"Sem a Ninguém Prejudicar". Esclarecimento.

Minha formação original na Bruxaria foi na Wicca. Naquela época, muito antes da internet, minha única fonte de aprendizado eram os livros que conseguia encontrar em lojas ocultistas obscuras, e esses livros eram, em sua maioria, sobre Wicca. Um dos primeiros ensinamentos que aprendi foi o conceito da Rede Wiccana, que inclui a frase: "Sem a ninguém prejudicar, faça o que desejar."[6] Esse trecho, na verdade, faz parte de uma linha maior do texto, que começa com: "Oito palavras a Rede Wiccana cumpre. Sem a ninguém prejudicar, faça o que desejar."

Eu costumava adicionar essa frase ao final dos meus feitiços com velas como uma espécie de isenção de responsabilidade. Por quê? Por causa de um exemplo que me contaram: se você faz um feitiço para atrair dinheiro e não adiciona o "sem a ninguém prejudicar", o dinheiro pode acabar vindo como resultado da morte de alguém que o deixa para você em um testamento. Obviamente, esse tipo de situação é algo bom de se evitar. Por isso, durante muitos anos, incluí essa ressalva em todos os feitiços, mesmo depois que minha jornada me afastou da Wicca.

Até que tive um momento de clareza.

As pessoas parecem usar esse conceito em situações em que ele nem se aplica, e seu uso tem se tornado excessivo. Já o vi até mesmo em comentários nas redes sociais, como se uma mensagem rude ou ofensiva pudesse ser justificada apenas por adicionar "sem a ninguém prejudicar" no final. Parece que o significado original dessa frase foi distorcido ou até mesmo perdido com o tempo.

Voltando ao meu momento de clareza, e se essa isenção de responsabilidade estiver, na verdade, prejudicando a energia do feitiço? Pense nisso. Todo feitiço funciona manipulando, movendo ou transformando energia. O que significa que, em algum momento do processo, alguém será afetado por ele.

Digamos que você faça um feitiço para ter sucesso em uma entrevista de emprego e o feitiço seja bem-sucedido. Você conseguiu o emprego, mas isso significa que outras pessoas que foram entrevistadas não conseguiram. Como resultado, ao obter a vaga, outras pessoas foram

6. Robert Mathiesen and Theitic, *The Rede of the Wiccae: Adriana Porter, Gwen Thompson, and the Birth of a Tradition of Witchcraft* (Providence, RI: The Witches' Almanac, 2006).

"prejudicadas". Mesmo o menor e mais insignificante feitiço enviará ondas de energia que afetarão outras pessoas. Se você adicionar "sem a ninguém prejudicar" no final do seu feitiço de entrevista de emprego, poderá restringi-lo e impedi-lo de funcionar corretamente.

Desde esse momento de percepção, parei de usar o termo nos meus feitiços. Se minha intenção for clara o suficiente, meus feitiços não deixarão um rastro de infortúnios. Ao remover a isenção de responsabilidade, espero estar permitindo que a energia flua como precisa, sem obstáculos.

Essa é uma escolha que você precisará fazer. Seja qual for sua decisão, lembre-se de que a magia traz consigo responsabilidade.

Espaço Sagrado

Para mim, meu altar é um espaço sagrado, um lugar para concentrar minhas devoções e praticar minha magia. Ideal para deixar oferendas às Divindades, aos guias espirituais e aos ancestrais. Também é um bom lugar para simplesmente sentar em frente e meditar

Um altar é um ótimo espaço para realizar feitiços. Não precisa ser um cenário grandioso, cheio de ornamentos e velas. Mas se isso lhe agrada, siga em frente. Algo simples, como uma vela e um vaso em uma prateleira ou no peitoril de uma janela, já é suficiente. Use o espaço que tiver disponível. A localização do seu altar também dependerá da sua situação familiar. Se preferir manter as coisas discretas, uma bandeja que possa ser guardada em um armário funciona perfeitamente. Seu altar pode ser uma prateleira, uma estante, uma mesa ou o topo de um aparador. Pode até ser uma tábua de madeira ou uma pedra plana no jardim.

O altar é algo muito pessoal, por isso é importante colocar nele itens que tenham significado para você. Ornamentos que representem suas Divindades e seus guias espirituais é uma boa opção. Pratos para oferendas e Pentagramas também podem fazer parte do altar, assim como representações dos quatro elementos. E, conforme vimos no capítulo 1, todos os elementos podem ser representados por uma vela!

Se tiver espaço e disposição, talvez queira ter vários altares pela casa para diferentes propósitos. Altares podem ser decorados para representar os Sabbats e as estações do ano. Eu tenho vários altares. Um é dedicado às minhas Divindades tanto matronas quanto patronas.

Outro é meu "altar de trabalho", onde realizo todos os meus feitiços. Também tenho um altar no jardim, onde deixo oferendas ao espírito do lugar. Além disso, há um pequeno altar no canto da minha penteadeira, onde realizo minhas devoções matinais. Esse é bem simples: tem uma vela para a Deusa, uma vela para a energia dos dragões e uma pequena estátua da Deusa.

Você não precisa ter um altar para praticar magia com velas. Mesmo tendo vários altares, muitas vezes realizo feitiços sentada à mesa da cozinha ou no jardim. Faça o que funcionar melhor para você.

Traçando um Círculo

Traçar ou não um círculo antes de realizar um feitiço com velas é uma escolha sua. A ideia de traçar um círculo é criar proteção, além de marcar a área como um espaço sagrado. No entanto, não é obrigatório estar em um espaço sagrado para realizar um feitiço; isso depende da sua preferência pessoal. Se estiver lidando com espíritos, com o mundo das fadas ou com energias negativas, eu diria que é uma precaução sábia. Caso contrário, não é necessário.

Eu começo de frente para o Norte e ando ou visualizo no sentido horário em um círculo até estar de volta ao ponto de partida, novamente de frente para o Norte. Quando menciono um "círculo", o mais adequado seria pensar em uma "esfera". Traçar um círculo e caminhar ao redor desse espaço precisa ser complementado. Isso pode ser feito imaginando a energia subindo do círculo e formando uma cúpula acima, enquanto desce e forma outra cúpula abaixo. Outra forma é caminhar pelo círculo primeiro e, depois, visualizar a energia acima indo de Norte a Sul e abaixo indo de Leste a Oeste.

Se traçar um círculo parecer adequado, não é necessário elaborar um ritual complexo com chamada dos quadrantes ou toque de sinos. Grandes rituais demandam tempo e esforço para planejar e executar, e acredito que não seja essencial realizá-los sempre que fizer um feitiço. Um ritual de círculo costuma invocar os elementos e uma Divindade, mas isso também não precisa ser incluído em todos os casos. Um círculo básico de proteção é rápido, simples e suficiente para trazer segurança e confiança ao seu trabalho.

Raramente traço um círculo ao realizar um feitiço, pois minha casa já conta com magia de limites suficiente, então não sinto essa necessidade. Isso ocorre porque trabalho regularmente com rituais e magia, o que fortaleceu a proteção ao longo do tempo. Após mais de vinte e seis anos morando na mesma casa, muita magia protetora já foi estabelecida aqui!

Prática

Círculo Básico de Proteção

1. Caminhe no sentido *deosil* (horário) ao redor da área onde realizará seu trabalho.
2. Visualize uma luz branca brilhante formando um círculo ao seu redor.
3. Visualize o círculo se expandindo acima de você, formando uma cúpula.
4. Agora viisualize o círculo se expandindo abaixo de você, completando a esfera.
5. Quando tiver terminado o trabalho, caminhe ao redor da área no sentido *widdershins* (anti-horário), visualizando o círculo protetor se dissipando.

Trabalhando com Energia

Na magia com velas, saber trabalhar com energia é essencial. Tanto a vela quanto os ingredientes usados no feitiço devem ser carregados com a energia da sua intenção. Para isso, capte energia do ambiente ao seu redor: da terra, do ar, do sol, da lua ou dos elementos. Nunca utilize energia de si mesma – isso pode esgotar suas reservas e causar exaustão. A Mãe Natureza é uma fonte abundante de energia à nossa disposição. Use seu corpo como um canal para essa energia externa, puxando-a através de você e direcionando-a para a vela. Gosto de captar a energia da terra sob meus pés, canalizando-a pelas pernas, passando pelo torso, descendo pelos braços e liberando-a pelas palmas das mãos em direção à vela. Durante esse processo, visualizo o resultado que desejo alcançar.

As próximas seções apresentam algumas formas de trabalhar com energia. Seja qual for o método escolhido, visualizar seu objetivo enquanto eleva a energia é uma dica valiosa.

Tambores e Cânticos

Batidas ritmadas e vocalizações são formas eficazes de elevar energia. Repetir uma frase ou palavra continuamente intensifica essa força. Mesmo um cântico simples, com uma única palavra repetida várias vezes, pode gerar energia suficiente para direcionar ao seu feitiço com velas.

Com qualquer um desses métodos, haverá um momento em que você sentirá uma espécie de "euforia" – um sinal de que atingiu o ápice da elevação de energia. Nesse instante, é o momento de liberar essa energia e direcioná-la para o objetivo desejado.

Por exemplo, ao elevar energia para um feitiço com velas, quando alcançar o "ápice", interrompa o tambor ou o cântico e libere a energia. Visualize-a fluindo de você e sendo direcionada para a vela.

Captando Energia

A energia pode ser captada diretamente do céu, do sol, da lua, da terra ou do ar ao redor, sem a necessidade de canalizá-la pelo corpo. Use as mãos para direcioná-la, como se estivesse conduzindo-a ao lugar certo, ou visualize a energia sendo enviada diretamente ao alvo. Por exemplo, em um feitiço com velas, imagine a energia fluindo do sol e atingindo a vela como raios de luz.

Você também pode "pegar" a energia. Visualize-a fluindo da terra ou do ar, segure-a com suas mãos e transfira-a para a vela.

Prática

Esfera de Energia

Este é um exercício simples e eficaz que vai ajudar você a reconhecer e sentir a energia. Com a prática regular, logo será capaz de trabalhar com ela de forma natural, sem precisar se concentrar tanto nisso.

Sente-se em um lugar tranquilo onde não será interrompida.

1. Comece esfregando as mãos uma na outra.
2. Quando as palmas das mãos estiverem quentes, afaste-as de forma lenta.
3. Quando suas mãos estiverem a alguns centímetros de distância, tente suavemente juntá-las novamente. Nesse ponto, você deve sentir uma leve resistência. Essa é a energia que você criou a partir do ar, formando uma pequena esfera de energia entre suas mãos.
4. Para liberar a energia, jogue a esfera no ar ou bata palmas.

Prática

Canalizando Energia

1. Com os dois pés apoiados no chão, comece visualizando a energia fluindo da terra. Imagine-a sendo puxada do núcleo da terra, passando pelo solo e entrando pelos seus pés.
2. Permita que a energia suba pelas suas pernas, atravesse o torso e desça pelos braços. Em seguida, deixe-a fluir pelas mãos, direcionando-a para fora através das palmas ou dos dedos.

Esse exercício também pode ser realizado visualizando uma luz brilhante. (Pode ser de qualquer cor que preferir. Geralmente uso luz branca, mas vou ajustando a cor conforme a intenção do feitiço. Por exemplo, para cura, utilizo luz azul.) Permita que essa luz flua do sol, da lua ou do céu para o topo da sua cabeça. Deixe a energia descer pelo pescoço, pelo torso e pelos braços, saindo finalmente do seu corpo através das mãos. Você também pode tentar captar energia do ar ao seu redor.

Visualize o ar sendo absorvido diretamente para o seu corpo, fluindo pelos seus braços e chegando às suas mãos. Em seguida, direcione essa energia para onde for necessário, liberando-a pelas palmas das mãos ou pelas pontas dos dedos.

A energia também pode ser extraída do ar com respirações profundas, preenchendo o corpo. Em seguida, canalize essa energia e direcione-as pelas mãos para onde for necessário. Para feitiços que requerem pouca energia, inspire o ar pela boca e exale-o sobre a vela ou diretamente no local desejado.

Visualização

Ao praticar magia com velas (ou qualquer tipo de feitiço, na verdade), uma das principais tarefas é desenvolver suas habilidades de visualização. Algumas pessoas já dominam essa técnica, outras a desenvolvem naturalmente, enquanto outras ainda a estão aperfeiçoando. A visualização pode exigir mais esforço no início, mas habilidades bem apuradas vêm com prática constante!

Veja um exemplo prático de como usar a visualização em um feitiço. Suponha que você precise atrair dinheiro para cobrir uma conta inesperada. Durante o feitiço, imagine uma cena clara na sua mente: visualize-se recebendo dinheiro em espécie ou abrindo uma correspondência e encontrando um cheque exatamente no valor necessário.

Em outro exemplo, consideremos um feitiço de cura. Digamos que você tenha um amigo que não está se sentindo bem. A imagem criada na sua mente durante o feitiço deve ser a dele. Visualize-o cheio de energia e em perfeita saúde, levantando-se da cama e retomando a vitalidade.

A visualização é um pouco como sonhar acordado. Eu crio a cena na minha mente e a observo se desenrolar, com o objetivo ou desejo acontecendo como em um filme. Gostaria de acrescentar apenas um aviso: desenvolver essa habilidade de forma detalhada pode ser desafiador para algumas pessoas, e isso é completamente normal – de verdade.

Praticar exercícios de visualização ajuda, mas nem todo mundo consegue ver uma cena completa se desenrolando. Não desanime se não alcançar uma visualização em 360 graus, com cores vibrantes e alta definição – poucas pessoas conseguem! Apenas captar a ideia geral do que está acontecendo ou precisa acontecer é tudo o que você precisa para fazer o trabalho mágico.

A seguir, apresento um exercício de visualização que pode ser adaptado a qualquer prática mágica. Embora tenha sido pensado para uma vela, você pode aplicar a técnica visualizando qualquer objeto, como uma maçã ou uma planta. Pratique regularmente para aprimorar suas habilidades. O objetivo é desenvolver sua capacidade de visualização, então, a cada repetição do exercício, adicione mais detalhes para se desafiar. Visualizar seus objetivos e desejos realizados fortalece de forma significativa sua magia.

Prática

Visualização para Magia com Velas

Para este exercício, você precisará de uma vela (de qualquer tamanho, formato ou cor), em um suporte seguro, e de um isqueiro ou fósforo.

1. Sente-se em silêncio e coloque a vela à sua frente. Acenda o pavio.
2. Respire fundo algumas vezes, inspirando e expirando. Concentre-se em sua respiração até se sentir calma e centrada.
3. Olhe para a chama. Observe seu movimento e perceba todas as suas cores. Em seguida, examine a vela: sua forma, tamanho e cor.
4. Quando sentir que memorizou todos os detalhes, feche os olhos.
5. Tente recriar uma imagem detalhada da vela em sua mente. Visualize o tamanho, a forma, a cor e a chama. Consegue ver a chama se movendo?
6. Quando estiver satisfeita, abra os olhos lentamente e apague a vela.

Você pode recriar esse exercício com qualquer item, como um pedaço de fruta ou uma flor. É a recriação de todos os detalhes que vai aprimorar suas habilidades de visualização.

Mantenha um Registro

Se você tem habilidade para escrever em diários, essa prática será tranquila. Porém, se for como eu, que compra cadernos lindos com a intenção de registrar todos os pensamentos e trabalhos mágicos, mas escreve apenas na primeira página e depois os abandona em uma pilha, pode achar essa tarefa um pouco mais desafiadora. Ainda assim, manter um registro dos seus feitiços vale o esforço.

Registrar suas práticas oferece inúmeros benefícios. Ao anotar seus feitiços, o ideal é detalhar exatamente o que utilizou, o que fez e quando realizou o trabalho mágico. Caso precise repetir uma magia semelhante no futuro, suas anotações permitem ajustar um feitiço que não funcionou tão bem ou reutilizar um trabalho eficaz sem esforço para lembrar os detalhes da última vez. O registro também ajuda a monitorar suas taxas de sucesso e falhas, além de possibilitar a análise das razões pelas quais a magia pode não ter funcionado. Algumas cores ou ervas podem ser mais eficazes para você do que outras; manter um registro delas permite criar seu próprio guia de referência. Também é útil ter tudo anotado caso precise reverter um feitiço.

Se você não souber por onde começar ao criar um registro, sugiro que anote as seguintes informações para cada trabalho mágico:

- Intenção
- Cor e tipo de vela(s) usada(s).
- Data e hora do trabalho, incluindo o dia da semana.
- Fase e signo lunar do zodíaco.
- Signo solar.
- Quando usar ervas, anote quais foram utilizadas e o propósito de cada uma.
- Quando usar óleos, registre quais foram utilizados e para qual finalidade.
- Quando usar cristais, liste quais foram escolhidos e o propósito de cada um.
- Registre quaisquer outros itens usados, como amuletos, broches, sigilos, símbolos, misturas de incenso, etc.

- Anote o passo a passo, exato e em ordem.
- As palavras exatas que serão pronunciadas também devem ser devidamente anotadas.
- Anote o tempo necessário para a vela queimar completamente.
- Descreva os movimentos específicos ou incomuns da chama, quando forem observados.
- Por fim, anote o resultado do feitiço e quanto tempo levou para ele funcionar.

Construindo a Intenção

Ao contrário do que muitos acreditam, a maioria das Bruxas não realiza dezenas de feitiços por semana. Geralmente, o primeiro passo diante de qualquer problema ou situação é tentar resolvê-lo de maneira mundana. Problemas com um vizinho? Fale com ele sobre isso. Questão de bullying na escola? Fale com o diretor. Dificuldades financeiras? Analise suas finanças com cuidado e veja onde pode ajustar gastos ou aumentar sua renda. Só depois de esgotar todas as opções mundanas é que eu consideraria realizar um feitiço.

Antes de realizar um trabalho mágico, é importante refletir sobre sua necessidade específica. Por exemplo, no início da minha jornada mágica, um dos primeiros feitiços que fiz foi para me livrar de qualquer energia negativa. Naquela época, acreditava que toda energia negativa era ruim e não queria nenhuma em minha vida, então preparei um feitiço de banimento. Há dois problemas com isso. Primeiro, nada atrai mais a energia negativa do que o vazio. Ao criar esse vazio, não demorou para que a energia negativa voltasse a preenchê-lo. Segundo, nada na vida é tão simples como negativo ou positivo, preto ou branco, bom ou ruim. É preciso equilíbrio. Uma bateria não funciona apenas com energia positiva – ela também precisa da negativa. A vida segue a mesma lógica.

Depois de realizar meu feitiço de banimento, percebi que amigos começaram a se afastar e nunca mais foram vistos; pessoas, grupos e oportunidades simplesmente desapareceram. Por quê? Simples, quase tudo tem um pouco de energia negativa, e eu havia banido tudo! Não fui específica; não refleti adequadamente sobre toda a situação. Péssima decisão.

A especificidade se aplica à maioria das intenções de feitiço, até mesmo para atrair dinheiro. Você pode pedir que o dinheiro venha em sua direção, mas se não pensar além disso, ele pode chegar às suas mãos e desaparecer tão rápido quanto chegou!

Para evitar esse tipo de armadilha, recomendo que você se sente em silêncio e reflita com atenção sobre sua situação. O que pode ser feito para resolvê-la? Do que você de fato precisa? (Isso nem sempre corresponde ao que você deseja.) Lembre-se de que algumas situações podem ter causas subjacentes não tão evidentes. Reserve um momento para explorar além da superfície. Muitas vezes, as situações são oportunidades de aprendizado, desde que estejamos dispostas a enxergá-las dessa forma. Não presuma imediatamente que algo precisa ser banido; talvez seja uma chance de aprender a lidar com isso, aproveitá-lo ou crescer com a experiência.

Antes de recorrer a um feitiço, tire um momento para refletir sobre sua atual situação. Leia as perguntas a seguir e considere com atenção as respostas. Recomendo usar um caderno para anotá-las. Seja honesta consigo mesma.

- Do que você realmente precisa em sua vida, em termos de necessidades materiais? Não se concentre no que você quer, mas no que necessita.
- O que precisa acontecer para garantir sua intenção a longo prazo? Pense além do curto prazo.
- O que você tem disponível agora que pode utilizar para colocar seu objetivo em prática no mundo real?
- Você quer mudar como se sente emocional ou espiritualmente? Qual seria o passo que poderia dar para tornar isso realidade?
- Se a magia for a solução, o que você fará no mundo material para apoiar o seu feitiço? Todo trabalho mágico precisa de suporte na vida real. Por exemplo, não adianta lançar um feitiço para conseguir um novo emprego e esperar que ele simplesmente apareça; você tem de procurar por um!

Se tiver dificuldades para responder a alguma dessas perguntas, recorra a uma ferramenta de adivinhação. Esse recurso pode trazer mais clareza. Faça a pergunta e tire uma carta de tarô ou oráculo. Se preferir, pode tirar duas ou três cartas para obter uma leitura mais direcionada sobre o feitiço que deseja realizar. Ferramentas como o ogham, um pêndulo ou runas também podem ser usadas de forma semelhante.

Prática

Mapa Mental para Intenção

Se quiser clarear sua intenção, criar um mapa mental pode ser uma ótima opção. Essa ferramenta ajuda a organizar pensamentos e aprimorar a concentração por meio de uma representação visual, trazendo estrutura ao seu feitiço ou até mesmo a outras áreas da sua vida. Um mapa mental é um diagrama com layout não linear que se expande a partir de uma ideia ou tema central. Ao criá-lo, você despeja todas as suas ideias e pensamentos no papel e, em seguida, classifica o que é importante e relevante, descartando o que não for necessário.

1. Pegue um pedaço de papel (ou uma página em um daqueles muitos cadernos vazios) e escreva sua intenção em uma única palavra no centro da página.
2. Agora, escreva palavras associadas à sua intenção ao redor da página. Não pense muito sobre isso; simplesmente escreva o que vier à sua cabeça.
3. Quando sentir que terminou, sente-se e olhe para as palavras.
4. Desenhe linhas conectando cada palavra à intenção central ou umas às outras.
5. Quais são as conexões? Quais palavras parecem mais importantes?

Tempo

Ao realizar um feitiço, certifique-se de definir um prazo para ele. Especificar em quanto tempo deseja que as coisas aconteçam ajuda a orientar a magia. Frequentemente ouço pessoas dizerem que seu feitiço não funcionou, mas elas não definiram um prazo – o feitiço pode estar funcionando, só que de forma lenta!

Se você precisa de algo em uma data definida, certifique-se de incluir isso no feitiço. Mesmo que não tenha um prazo fixo, recomendo definir uma data para que o feitiço tenha limites. Dê à magia um prazo razoável, permitindo que ela tenha tempo para organizar tudo.

Magia Rápida

É muito fácil cair no hábito de usar magia como solução rápida. Admito que já lancei feitiços em um instante. Às vezes, é necessário improvisar, como fazer um feitiço de proteção quando está fora de casa ou recitar um cântico rápido para garantir uma vaga de estacionamento. Mas aqui está o ponto: você deve evitar apressar feitiços sempre que possível. Eles exigem tempo, esforço e dedicação para serem elaborados e devem receber sua total atenção e concentração.

Mesmo o feitiço mais bem planejado e cuidadosamente elaborado pode tomar um rumo inesperado – então imagine o caos que pode surgir de um feitiço feito às pressas! Feitiços rápidos tendem a apagar pequenos incêndios, em vez de prevenir problemas futuros antes que ocorram. Um feitiço feito com pressa será, no máximo, uma solução temporária – isso, se funcionar.

Você tem o hábito de fazer feitiços rápidos com frequência? Se sim, é provável que pouca coisa seja realmente resolvida. Meu conselho é pausar e refletir antes de lançar outro feitiço apressado. Analise a situação com atenção e revisite as perguntas apresentadas anteriormente neste capítulo. Dedique o tempo necessário para tratar sua magia com cuidado e respeito.

Pedindo Ajuda

Você pode potencializar sua magia pedindo assistência a uma Divindade ou ao Outromundo. Sempre que trabalhar com ajuda externa, faça sua pesquisa primeiro. Conheça a entidade à qual recorrerá (não vejo muito sentido em você pedir ajuda a um Deus da Guerra para fazer um feitiço de amor). Se quiser trabalhar com uma Divindade, pesquise sua cultura, sua história, preferências e aversões. Depois, construa um relacionamento antes de pedir apoio; é essencial fazer o trabalho de base antes de pedir favores à Divindade. E não se esqueça das boas maneiras!

Lembre-se de agradecer depois. Deixar uma oferenda também não faria mal algum.

Se você planeja pedir o apoio de uma divindade específica para o seu feitiço, é uma boa ideia adicionar uma imagem dela ao seu altar – isso pode ajudar na concentração. Também é possível incluir ervas e óleos associados ou favoritos dessa divindade para fortalecer a conexão. A energia espiritual ou a divindade pode ser invocada no início do feitiço ou integrada ao cântico que você utilizar.

Palavras, Cânticos e Rimas

Você pode adicionar cores, ervas, símbolos e outras camadas ao seu feitiço, mas, no final, a magia precisa ser instruída sobre o que fazer. Isso pode ser feito por meio de palavras ditas em voz alta ou pensadas. Se precisar ser discreta, pense as palavras em silêncio. Mova os lábios enquanto as formula, para que sejam enviadas ao mundo, em vez de permanecerem apenas na sua cabeça. Seja pronunciando os feitiços em voz alta ou apenas mentalmente, o efeito será semelhante. Porém, sempre que possível, falar em voz alta ajuda a solidificar sua intenção e elevar a energia.

Existem diferentes maneiras de direcionar suas palavras; a forma como fará isso depende de você. Se não souber por onde começar, recomendo que fale do coração. Declare sua intenção em voz alta ao Universo, ao Divino ou à Divindade. Diga exatamente o que precisa, usando suas próprias palavras. Isso é feito na forma de um pedido, como em uma conversa (embora bastante unilateral).

Aqui estão algumas outras formas de verbalizar seus feitiços.

Cânticos

Um cântico é uma frase repetida que se mantém simples, porém é dita várias vezes. Entoar cânticos geralmente funciona bem em grupo e pode elevar uma quantidade significativa de energia.

Invocações

Uma invocação é um convite. É um chamado para que uma força ou poder contribua com a energia de um feitiço. As invocações podem ser voltadas às divindades ou aos elementos, por exemplo.

Encantamentos

Um encantamento é uma citação que oferece uma direção clara; é ele quem define o propósito de um feitiço. Muitas vezes, aparece na forma de poemas ou de rimas.

Repetição

Repetir uma palavra ou frase curta um número específico de vezes pode adicionar uma camada de magia ao seu feitiço. Os números carregam intenções mágicas. Costumo repetir uma frase ou ação em um feitiço três vezes, pois este é considerado um número mágico. No entanto, qualquer número pode estar ligado à sua intenção, desde que tenha um propósito definido.

Salmos

Não subestime o uso de Salmos em trabalhos mágicos. Eles têm sido utilizados na magia por milhares de anos, muitas vezes como orações para cura pela fé. *O Livro dos Salmos* contém palavras originalmente proferidas como orações e empregadas em práticas mágicas, que remontam a tempos anteriores ao cristianismo. Um exemplo é o *Heptameron*, um livro de feitiços de 1496, repleto de encantamentos com versos dos Salmos. A *Qabalah* Judaica também inclui referências sobre o uso de Salmos na magia. No início do século 19, a prática mágica conhecida como *Hoodoo* incorporou os Salmos em alguns de seus feitiços.[7]

Rimas

Uma pergunta que ouço com frequência é: "As palavras de um feitiço precisam rimar?" Minha resposta é sempre: "Não, não precisam." Então, por que há tanto foco em fazer feitiços rimarem? Bem, as rimas tornam os feitiços mais impressionantes. Um feitiço rimado parece estar repleto de magia. Além disso, rimas podem aumentar o poder e o foco do feitiço; afinal, se você se esforçou para criar rimas, significa que dedicou tempo e energia significativos ao seu feitiço.

Nem todo mundo consegue juntar palavras que rimam sem esforço – nem todos são poetas natos! Se você tiver dificuldade para pensar em

7. Taren S, *Hoodoo in the Psalms: God's Magick* (Winchester, UK: Moon Books, 2019).

palavras que rimam de imediato (como muitas vezes acontece comigo), existem inúmeros sites que podem ajudar. Basta digitar a palavra para a qual deseja uma rima e explorar as diversas opções disponíveis.

Depois de escrever seu feitiço rimado, teste-o lendo-o em voz alta. Dizer um feitiço em voz alta é uma maneira eficaz de descobrir se ele flui adequadamente. Às vezes, ele parece bom no papel, mas soa um pouco desajeitado na prática. Se o feitiço não soar muito bem, experimente remover ou adicionar uma palavra até encontrar o equilíbrio certo.

No final das contas, seus feitiços não precisam rimar se isso não lhe agradar. Acredito que palavras ditas com o coração, de forma clara e concisa, podem ser igualmente poderosas.

Usando Feitiços Pré-Escritos

Um feitiço não precisa ser criado do zero. Não há problema algum em usar feitiços escritos por outros – isso se aplica a feitiços encontrados em livros (incluindo este, obviamente) e na Internet. Na verdade, feitiços pré-escritos oferecem um ponto de partida, uma boa base para construir e, é claro, inspiração. Você pode realizar um feitiço exatamente como ele foi escrito, mas eu encorajaria a ajustá-lo. Caso não tenha todos os ingredientes para o feitiço, veja o que pode substituir. Se as cores usadas não parecerem certas, troque-as. Defina se aqueles óleos ou ervas são adequados para você, se não forem, troque-os por outros que façam mais sentido. Modifique as palavras para adicionar seu toque pessoal. Usar feitiços escritos por outras pessoas funciona muito bem, mas eles funcionam ainda melhor quando se faz pequenos ajustes para torná-los únicos para você.

CAPÍTULO TRÊS

Iniciando na Magia com Velas

Trabalhar com velas é um dos métodos mais eficazes de magia, além de ser um dos mais fáceis de praticar. Neste capítulo, compartilho os princípios básicos para quem quer começar. Mas aqueles que já trabalham com essa magia, também poderão encontrar aqui sugestões para aprimorar sua prática. Minha esperança é que, depois de ler este capítulo, você descubra novas experiências e encontre métodos de magia com velas que se adaptem ao seu estilo. Não hesite em ajustar os feitiços para seus propósitos – essas variações podem até enriquecer a magia e sua intenção!

Um feitiço rápido pode ser acender uma vela branca simples e apenas pedir o que deseja. No entanto, adicionar ingredientes extras, como ervas e óleos, trará camadas de energia e poder ao seu feitiço. Se você vai dedicar tempo para realizar magia, por que não a tornar ainda mais eficaz?

Selecionando a Vela

No final das contas, a escolha da vela é sua. Ela deve ser baseada na sua intuição e, claro, no seu orçamento. Consulte o capítulo 4 para explicações detalhadas sobre os diferentes tipos de velas que poderá usar na sua magia. Se você tiver um estoque ilimitado de velas de todos os tipos, escolha aquela que melhor se alinha à intenção do seu feitiço. Se tiver apenas algumas velas, coloque-as à sua frente e deixe sua intuição guiá-la. E, se tiver apenas uma vela, faça com que ela funcione adicionando outros ingredientes. Não existem regras rígidas e inflexíveis!

Quanto à cor das velas, as coloridas são excelentes e adicionam uma camada extra de energia ao seu feitiço. Entretanto, se tudo o que você tem (ou pode pagar) são velas brancas simples, elas funcionarão perfeitamente. Algumas velas coloridas são pigmentadas apenas na parte externa – uma vela branca mergulhada em uma fina camada de cera colorida. Para os propósitos da magia, acredito que isso não faz muita diferença; mas você pode pensar de forma diferente. Velas coloridas mergulhadas geralmente são mais baratas do que aquelas coloridas por inteiro.

Purificando uma Vela

Antes de usar uma vela nova, é útil purificá-la. A purificação elimina quaisquer resíduos de energia que a vela possa ter absorvido em sua jornada até você. É uma espécie de cuidado mágico para garantir que nenhuma energia dispersa interfira na sua magia. Purificar uma vela é simples e pode ser feito de várias maneiras – a escolha do método é sua.

Visualização: simples e eficaz. Segure a vela ou coloque-a à sua frente e visualize uma luz brilhante. (A luz pode ser clara, branca, azul ou de qualquer outra cor que você associe à limpeza). Imagine a luz se espalhando pela vela, limpando e purificando qualquer energia negativa.

Fumaça: acenda um incenso e passe a vela pela fumaça. Escolha um aroma que você associe à limpeza e à purificação; sugestões incluem sálvia, hortelã ou artemísia. Visualize a fumaça removendo qualquer energia negativa que possa estar presa à vela.

Água: passe a vela rapidamente sob água corrente ou borrife-a com água abençoada ou água da lua. Visualize qualquer energia negativa sendo levada embora enquanto faz isso.

Cristais: se tiver um grande cristal de quartzo-transparente ou quartzo-rosa, pode colocar a vela em cima e deixá-la durante a noite para limpar. Como alternativa, pegue um pedaço de quartzo-transparente ou quartzo-rosa, selenita ou obsidiana-negra e passe o cristal ao redor da vela, girando-o no sentido anti-horário para dissipar qualquer energia negativa. Visualize a energia do cristal limpando todo resíduo energético que possa estar preso à vela.

Carregando a Vela

Depois que a vela estiver limpa, é necessário carregá-la com energia positiva. Isso pode ser feito de várias maneiras.

Luz da lua: deixe a vela sob a luz da lua por algumas horas. Você pode alinhar isso à intenção do seu feitiço se souber para que usará a vela; carregue-a sob a lua nova para atrair algo, sob a lua minguante para magia de liberação ou sob a lua cheia para feitiços em geral.

Luz do sol: se quiser usar a energia solar para sua magia, carregue a vela sob a luz do sol. Deixe-a sob o sol do meio-dia por alguns minutos antes de usá-la em feitiços gerais. (Não deixe a vela exposta ao sol por muito tempo – ela pode derreter!) Se estiver fazendo magia para atrair algo, carregue a vela por alguns minutos ao nascer do sol ou no meio da manhã; para magia de liberação, carregue-a sob o sol da tarde ou ao pôr do sol.

Visualização: segure a vela em suas mãos e visualize sua intenção preenchendo-a. Como alternativa, canalize a energia do sol, da terra ou dos elementos para a vela.

Cristais: se tiver um pedaço grande de cristal de quartzo de qualquer tipo, pode colocar a vela sobre ele e deixá-la carregar. Eu gosto de deixá-la durante a noite, mas siga sua intuição sobre quanto tempo a vela precisa para ser carregada.

Carregando Ingredientes

Depois de purificar e carregar com energia positiva, é essencial dizer à vela e a quaisquer outros ingredientes o que deseja que eles façam. Você precisa programar os itens para que tenham uma direção e um propósito. Faço isso com todos os itens de todos os feitiços que estou fazendo.

Comece com a vela. Ela pode estar carregada de energia positiva, mas ainda precisa ser informada sobre a intenção que você tem em mente. Segure a vela em suas mãos e canalize energia para ela enquanto visualiza sua intenção (os exercícios para isso podem ser encontrados no capítulo 2). Siga esse mesmo processo com qualquer outro ingrediente que queira adicionar ao feitiço. (Uma exceção é o óleo essencial, que carrego enquanto estou preparando a vela).

Sempre que utilizo uma erva, especiaria ou cristal em um feitiço, seguro-os em minhas mãos, canalizo a energia com intenção e digo a eles o que desejo que a magia faça. Você pode até dar instruções em voz alta aos ingredientes. Por exemplo: "erva de manjericão, eu a carrego com a intenção de atrair dinheiro para mim." Mais tarde, visualize seu objetivo ou desejo ao adicionar o ingrediente ao feitiço. Todas as ervas, especiarias e cristais têm energia mágica, mas a maioria deles funciona como correspondência para diferentes propósitos, por isso precisa de sua orientação para ter foco e direção.

Vestindo a Vela

Para dar ainda mais poder à intenção do seu feitiço com velas, você pode adicionar um aroma, seja ungindo a vela com óleos ou rolando-a em ervas. Sugestões de ervas e óleos correspondentes podem ser encontradas no capítulo 6.

Advertência: a adição de óleos e ervas às velas pode fazer a chama aumentar. Procure manter todos os óleos e ervas longe do pavio. Ervas secas e a maioria dos óleos são inflamáveis e podem fazer a chama da vela subir muito, além de causar estalos. Tenha isso em mente ao colocar seu feitiço com vela em ação. Mantenha a vela em um suporte à prova de fogo, em uma superfície segura, e fique de olho nela o tempo todo! Confie em mim, falo por experiência própria – tenho móveis chamuscados para provar. Felizmente, minhas sobrancelhas continuam intactas.

Unção com Óleo

Ungir significa esfregar ou aplicar óleo para fins religiosos ou espirituais. Você pode aplicar óleos de unção em seus pontos de pulsação para ajudar a se conectar com seu lado espiritual. No entanto, nesta seção, o foco é ungir velas com uma mistura de óleos para dedicá-las a um propósito específico. Ao ungir uma vela, você direciona energia e intenção para seu trabalho mágico. No caso de velas dedicadas, a unção guia a energia para a divindade ou espírito a quem está dedicando.

Enquanto estiver ungindo sua vela com óleo e/ou a envolvendo em ervas, é importante visualizar sua intenção ao mesmo tempo. Ao "carregar" as ervas e os óleos à medida que os aplica à vela, você acrescentará ainda mais poder ao seu feitiço.

Aqui estão algumas maneiras diferentes de ungir uma vela. Os exercícios a seguir são indicados para feitiços com velas palito, cônicas ou pilar, ou qualquer outra vela que tenha uma coluna exposta.

Prática

Preparando uma Vela para Atração

1. Esfregue o óleo da base da vela até o centro.
2. Esfregue o óleo do topo da vela até o centro.
3. Passe o óleo do topo da vela até a base. Isso pode ser feito com a vela na posição vertical ou segurando-a na horizontal com o pavio apontando para longe de você, de modo que, ao passar o óleo de cima para baixo, a energia seja voltada em sua direção.
4. Esfregue o óleo no sentido horário em uma espiral, do topo da vela até a base.

Prática

Preparando uma Vela para Dispersar ou Enviar Energia para Longe de Você

1. Esfregue o óleo do centro da vela para o topo.
2. Esfregue o óleo do centro da vela para a base.
3. Passe o óleo da base da vela até o topo. Isso pode ser feito com a vela na posição vertical ou segurando-a na horizontal com o pavio voltado para você, de modo que, ao ungir de baixo para cima, a energia seja enviada para longe de você.
4. Esfregue o óleo em espiral no sentido anti-horário, da base da vela até o topo.

Misturas de óleos também podem ser inseridas na base de uma vela. Use um furador, espeto ou chave de fenda para cavar um pequeno buraco e, em seguida, coloque a mistura de óleo dentro.

Ungindo uma Vela em Recipiente

Se a vela estiver em um recipiente e puder ser removida, retire o bloco de cera e unte-a com óleo seguindo os exercícios anteriores.

Para velas fixas em recipientes, você pode adicionar uma mistura de óleos no topo da cera. Não exagere na quantidade, pois muito óleo pode fazer a chama aumentar ou até causar rachaduras no vidro.

Se estiver ungindo uma vela de réchaud (*tea light*), você tem algumas opções. Pode adicionar algumas gotas do óleo de sua escolha e uma pitada de ervas no topo da cera. Algumas velas réchaud podem ser retiradas de sua base de metal, permitindo que você as unte normalmente antes de colocá-las de volta no recipiente. Uma opção é pingar gotas de óleo ou ervas diretamente na base do recipiente antes de reposicionar a vela.

Ungindo uma Vela de Formato Especial

Ao ungir velas de sete nós ou com formas específicas, você pode usar a criatividade. Prepare cada nó, lado ou parte da forma da vela com misturas de óleos diferentes, alinhadas à intenção do seu feitiço. Velas em formatos como olhos, mãos ou pés podem ser usadas para intenções ou influências específicas no feitiço. Por exemplo, uma vela em forma de pé pode ser usada em um feitiço de aterramento; em forma de olho pode ser usada para desenvolver habilidades psíquicas, clareza ou para enxergar a verdade em uma situação.

Adicionando Ervas e Especiarias

Depois de ungir a vela com óleo, você pode rolá-la em misturas de ervas ou especiarias trituradas. O óleo ajuda as ervas a aderirem à cera da vela. Mas há algumas ressalvas quanto a isso:

- Se estiver usando uma vela de cera de abelha enrolada, você pode aquecer a cera com as mãos, desenrolá-la suavemente, polvilhar ervas no interior e enrolá-la novamente.
- Caso tenha um suporte de vidro para velas votivas, pode colocar a vela dentro e polvilhar ervas ou especiarias ao redor dela.
- Para velas grandes de pilar, polvilhe uma mistura de ervas ou especiarias secas no topo. Tome cuidado para não colocar as ervas

muito perto do pavio! Para fixar as ervas ou especiarias, segure uma vela cônica acesa sobre a vela pilar e deixe a cera derretida da cônica pingar no topo da pilar.

- Pedaços inteiros de canela em pau podem ser colocados ao redor das laterais das velas pilar e amarrados no lugar com uma fita.
- Cravos-da-índia podem ser pressionados nas laterais das velas.

Decorando e Adornando Velas

Adicionar enfeites às velas não só as torna visualmente atraentes (ou bruxescas), como também aumenta a magia e o poder. Você pode decorar a vela de acordo com suas preferências pessoais ou escolher os ingredientes de forma intuitiva. Também é possível adornar uma vela com correspondências (como flores e folhas prensadas, glitter colorido, óleos essenciais, lascas de cristal ou amuletos) com sua intenção específica em mente. Tenha cuidado com isso – óleos e plantas secas podem fazer as chamas aumentarem, e cristais e amuletos podem ficar incrivelmente quentes e até explodir. O calor também pode causar rachaduras nos suportes de vidro ou cerâmica. Para garantir a segurança, é recomendável remover cristais, flores grandes e folhas conforme a cera derrete; a energia mágica continuará a mesma.

Aqui estão alguns dos meus métodos favoritos para decorar e adornar minhas velas.

Flores ou Folhas Prensadas

Derreta um pouco de cera da vela. Mergulhe um pincel pequeno na cera derretida e aplique uma pequena quantidade na parte de trás da flor ou da folha e, em seguida, pressione-a na vela. Quando terminar de adicionar as flores e folhas, pincele uma leve camada de cera derretida por cima para selá-las.

Pintura com Cera

Derreta pequenas quantidades de cera de vela colorida. Usando um pincel pequeno, mergulhe-o nas cores escolhidas e pinte uma imagem na vela. Esse método também funciona bem se você utilizar um estêncil.

Cristais

Pequenas lascas de cristal podem ser adicionadas ao topo de velas pilar grandes. Eu coloco as lascas no topo e, em seguida, seguro uma vela cônica acesa sobre elas, permitindo que a cera derretida pingue sobre os cristais para selá-los no lugar.

Cristais maiores e pedras roladas dispostos ao redor de uma vela podem transmitir energia a ela. Pequenos cristais podem ser inseridos na base das velas para reforçar sua intenção. Se um pequeno cristal for colocado no centro de uma vela, ele concentrará a energia na intenção do feitiço.

Outra opção é posicionar um cristal em frente à vela para absorver a energia do feitiço. Depois, o cristal pode ser carregado com você ou colocado em seu altar.

Espinhos

Espinhos de plantas, como os do abrunheiro (*Blackthorn*) e das rosas, podem ser usados em vez de alfinetes na magia com velas, ou inserido nas laterais como decoração. Usar espinhos adiciona propriedades mágicas ao feitiço e incorpora o elemento Terra.

Amuletos

Pequenos amuletos de metal podem ser adicionados às velas. Eles podem ser selados no topo de uma vela pilar de maneira semelhante às lascas de cristal e ervas, ou presos nas laterais das velas com alfinetes.

Fitas

Fitas coloridas podem ser amarradas ao redor do meio das velas. Para um toque extra de magia, amuletos podem ser presos às fitas antes de amarrá-las. Lembre-se de remover as fitas antes de acender a vela.

Itens Pessoais

Para conectar uma vela a você ou a outra pessoa, adicione algo pessoal. Pedaços de unhas ou um fio de cabelo são fáceis de incorporar; basta pressioná-los no topo da vela e selar com cera adicional. Recomendo fazer isso ao realizar um feitiço para si mesma ou para um amigo, especialmente se o feitiço for de cura. Esses itens são profundamente pessoais e, de fato, criam uma conexão muito forte. É claro que essa mesma ideia também se aplica se você estiver fazendo um feitiço para amaldiçoar alguém.

Fotografias e Imagens

Uma pequena fotografia pode ser presa a uma vela para conectá-la à pessoa para quem a magia se destina, ou pode ser colocada sob a vela. Se a vela estiver em um recipiente, a fotografia pode ser fixada na parte externa do vidro.

Como alternativa, recorte imagens de revistas ou encontre algumas on-line e imprima-as. Em seguida, prenda ou fixe essas imagens na vela. Outra ideia é criar um "tapete de feitiço" com imagens que representem seus desejos e colocá-lo sob a vela. Por exemplo, imagens impressas de dinheiro podem ser usadas em feitiços para atrair prosperidade, e um feitiço com vela para adquirir um carro novo pode incluir uma imagem do modelo exato que você deseja.

Depois de acender a vela, fique atenta a qualquer foto que possa queimar – você pode querer que isso aconteça como parte do feitiço, mas tome cuidado e monitore as chamas ou a fumaça que isso pode causar.

Esculpindo Velas

Se estiver se sentindo artística, é possível esculpir uma vela em outro formato. Com uma faca afiada, esculpa cuidadosamente a vela no formato desejado. Certifique-se de deixar cera suficiente ao redor do pavio central. Você pode esculpir velas em formatos de esferas, pirâmides, cubos ou até mesmo cruzes.

Acendendo a Vela

Pode parecer estranho dedicar tempo para falar sobre como acender uma vela. Certamente é uma ação simples, certo? Bem, sim e não. Na prática, é simples: você pode usar fósforos, um isqueiro ou um pavio de outra vela. Magicamente, porém, é um pouco mais complicado.

Se for acender a vela usando um fósforo, isso adicionará o elemento mágico da madeira e a energia do movimento de riscá-lo. Gosto de guardar meus fósforos riscados para usá-los em magia como uma forma de carvão; você pode triturá-los e adicionar o pó aos feitiços, ou usar a extremidade queimada para desenhar sigilos e símbolos. Um isqueiro também funciona; ele não carrega exatamente a mesma energia, mas ainda contém o elemento Fogo. Se tiver várias velas para acender, acho mais prático usar uma vela cônica ou palito de fósforo para passar a chama adiante. Reflita sobre as opções e decida qual método prefere.

Quando acender a vela também é uma escolha que precisa ser feita. Você acende a vela antes ou depois de iniciar o feitiço? Acender a vela no início diz ao Universo que você está colocando as coisas em movimento, além de ajudar a se concentrar e criar o clima. Acender a vela durante o feitiço (talvez quando começar um cântico ou pronunciar as palavras de intenção) também funciona; isso coloca a magia em movimento ao mesmo tempo que suas palavras. Velas também podem ser acesas ao final de um trabalho mágico, enviando a energia para o Universo. Pessoalmente, quase sempre acendo minhas velas no início de um feitiço, mas a escolha deve ser sua. O que parece certo para você?

Apagando a Vela

Há certa controvérsia sobre apagar uma vela soprando ou abafando a chama (com os dedos ou com um abafador de velas). Algumas pessoas acreditam que nunca se deve soprar uma vela, pois isso cortaria a conexão entre a magia e o Divino, ou seria um desrespeito ao elemento Fogo. Nunca tive problemas em soprar velas quando necessário, mas também uso um abafador ocasionalmente. Confie em sua intuição. Pode ser útil colocar a mão atrás da vela ao soprar a chama; isso ajuda a manter a magia "contida". Tenha isso em mente: ao soprar uma vela, faça isso suavemente para evitar que a cera quente seja lançada em direções inesperadas!

Na maioria das vezes, deixo a vela queimar completamente ao realizar uma magia, a menos que seja um feitiço de sete dias ou envolva o uso de marcadores. Sinto que a vela precisa queimar por inteiro para liberar a magia de forma adequada. Em algumas ocasiões, você pode sentir que a vela cumpriu seu propósito, mesmo que tenha queimado apenas até a metade ou ultrapassado uma inscrição ou gravação. Nesse caso, ela pode ser apagada – abafada ou soprada – e os restos podem ser descartados.

Se não tiver tempo para deixar uma vela queimar por inteiro, uma opção é estabelecer um limite de tempo para queimar. Use um número que corresponda à intenção do seu feitiço ou escolha um número mágico. Certifique-se de que o número esteja alinhado ao propósito da magia.

Usar um abafador de velas é uma maneira eficaz de pausar um feitiço que pretende retomar depois; não parece tão abrupto ou definitivo quanto soprar a vela. Deixe sua intuição guiá-la para a melhor ação a ser tomada.

Ao trabalhar com feitiços de reversão ou para enviar energia negativa embora, você pode rapidamente virar uma vela acesa de cabeça para baixo para apagar a chama. Virar a vela ao contrário reverte a energia. Mas tome cuidado, pois isso espalhará cera quente – é aconselhável colocar algo embaixo para capturar a cera. Outra opção é virar a vela acesa e apagá-la mergulhando-a em água, terra ou areia. Essa é uma forma de pedir para que a Mãe Terra absorva a energia negativa.

Chamas Oscilantes

Depois de acesa, o movimento da chama de uma vela pode indicar como um feitiço está funcionando. Digo "pode" porque outros fatores entram em jogo. Verifique se não há correntes de ar afetando o movimento da chama – até mesmo sua respiração pode movê-la se estiver muito perto. A qualidade dos materiais usados na vela e quaisquer correspondências adicionadas, como óleos ou ervas, também podem influenciar o comportamento da chama. Em outras palavras, verifique razões mundanas antes de presumir razões mágicas.

Se tiver descartado quaisquer influências externas que afetem a chama, confie na sua intuição para interpretar o que está acontecendo. Aqui estão algumas das minhas interpretações.

Chamas Saltitantes

Se a chama estiver descontrolada, pulando e dançando, isso pode indicar que o feitiço enfrentará oposição e bloqueios. Também pode sugerir que há raiva envolvida de alguma forma na situação.

Chama Tremeluzente

Se a chama estiver tremeluzindo levemente (em vez de dançar descontroladamente), isso pode significar que espíritos estão próximos. Se achar que esse é o caso, pergunte se eles têm uma mensagem para você. Uma chama tremeluzente também pode ser um presságio de que mudanças estão prestes a acontecer.

Chama Alta

Uma vela com chama alta é um sinal positivo e pode indicar que o feitiço funcionará rapidamente. No entanto, tenha cuidado: uma chama alta indica sucesso, mas os resultados podem não ser duradouros. Em um trabalho de purificação ou banimento, uma chama longa e alta pode indicar que o feitiço tem muito a ser resolvido!

Chama Baixa

Se a chama estiver baixa, isso pode indicar que a magia está enfrentando dificuldades para superar oposição ou bloqueios. Pode ser necessário realizar um reforço mágico maior para impulsionar o feitiço.

Chama Apagada

Se a chama se apagar antes de a vela queimar por completo, isso pode significar que o feitiço falhou ou que não é o momento certo para realizar esse tipo de magia. O apagamento da chama não é um bom sinal. Se isso acontecer, descarte todos os ingredientes e repense seu feitiço e sua intenção.

Fumaça Branca

Se a vela produzir fumaça branca, seu feitiço deverá ser bem-sucedido, mas você poderá enfrentar algumas dificuldades antes de alcançar o resultado desejado.

Fumaça Preta

Fumaça preta pode indicar a presença de energia negativa na forma de bloqueios. Também pode significar que o feitiço precisa ser interrompido e a vela descartada. Confie em sua intuição nesse caso. Se tiver uma sensação negativa ao ver a fumaça, apague a vela imediatamente e descarte os itens. No entanto, se apenas uma pequena quantidade de fumaça preta surgir inicialmente e depois desaparecer, isso pode indicar que a energia estava lutando contra vibrações negativas, mas conseguiu dissipá-las.

Taxas de Queima

Além de monitorar a chama e a fumaça de uma vela, preste atenção à sua taxa de queima. Lembre-se de que isso pode ser influenciado pelo tipo de cera e pavio utilizados, mas as taxas de queima também podem indicar a probabilidade de sucesso de um feitiço.

Queima Lenta

Quando uma vela demorar mais do que o esperado para queimar, isso pode indicar que o feitiço tem pouca chance de sucesso. Também pode mostrar que a magia funcionará, mas exigirá um longo tempo para surtir efeito.

Queima Rápida

Se a vela queimar muito rápido, pode significar que o feitiço será um enorme sucesso e que tudo se concretizará em tempo hábil. Contudo, fique atenta – uma queima rápida também pode significar que, embora o feitiço tenha sucesso, os resultados podem não ser duradouros.

Chama Forte e Estável

Se a vela está queimando bem e conforme o esperado, isso indica que seu feitiço está funcionando.

Queima Irregular

Se sua vela não queimar de forma adequada ou completa, ou se queimar apenas de um lado, pode ser necessário revisar a intenção do seu feitiço. Talvez sua intenção não tenha sido claramente definida ou talvez ela não seja adequada para o objetivo que está buscando alcançar.

Finalizando um Feitiço

Como saber quando um feitiço está concluído e se ele realizou seu objetivo? Não há uma resposta simples para isso, mas aqui estão algumas possibilidades.

- Você saberá intuitivamente quando o feitiço estiver concluído. Sentirá isso em seu ser, sabendo que é hora de desmontar o feitiço ou apagar a vela.

- O feitiço pode ser finalizado quando a vela se apagar sozinha, quando os alfinetes utilizados caírem ou quando a vela queimar além de qualquer gravação ou símbolo.
- Se você definiu um período específico para o feitiço surtir efeito, como uma semana ou um mês, ele deve ser concluído ao final desse período. No entanto, lembre-se de que isso pode variar – o espírito e o Universo nem sempre seguem a mesma linha do tempo que nós.
- Se o feitiço foi realizado em uma fase específica da lua, ele pode ser finalizado quando essa fase terminar.
- É claro que o fim de um feitiço pode ser o alcance do seu objetivo. Talvez o dinheiro solicitado chegue, ou o feitiço de cura tenha funcionado e sua pessoa querida esteja se sentindo melhor.

O desfecho será diferente para cada feitiço. Lembre-se de que alguns feitiços perdem força antes mesmo de se concretizarem. Se você suspeitar que esse é o caso, dê um reforço ao seu feitiço. Experimente adicionar uma gota de óleo essencial, polvilhar algumas ervas ou reacender a vela. Deixe sua intuição guiá-la.

Descarte

Quando chegar o momento de descartar os restos de um feitiço (que podem variar de pequenos pedaços de vela ou ervas até um pote ou um boneco inteiro), há algumas opções disponíveis. Aqui estão sugestões para os itens mais comuns.

Pedaços de Vela e Restos de Cera

Geralmente descarto esses itens no lixo, embora também possam ser enterrados. Os restos de velas podem ser enterrados em solo do jardim, em uma encruzilhada ou na floresta. Só faça isso se tiver certeza de que o item é biodegradável e não contém muito sal, pois isso é prejudicial ao solo e aos animais. As sobras de velas também podem ser jogadas em água corrente, como um rio ou mar. Novamente, só faça isso se os itens não forem causar danos ao meio ambiente ou à vida selvagem. Se estiver se sentindo criativa, os restos de cera podem ser transformados em amuletos ou talismãs (veja o capítulo 5).

Ervas e Especiarias

Se os restos forem ervas ou especiarias, podem ser descartados na lixeira de compostagem, se houver uma disponível. Caso contrário, uma boa alternativa é espalhá-los diretamente no jardim. Faço muito isso com as cinzas do meu caldeirão, já que algumas plantas se beneficiam delas no solo. Porém, lembre-se: se os restos contiverem sementes, ao espalhá-los no solo, elas podem germinar!

Uma das minhas maneiras favoritas de descartar ervas e especiarias é queimá-las! Eu gosto de um pouco de fogo. Ervas, especiarias, madeira e papel podem ser facilmente queimados em um recipiente à prova de fogo depois que o feitiço for concluído. Sei que pode parecer óbvio, mas, por favor, não adicione nada à chama que possa produzir fumaças tóxicas.

Cinzas, ervas secas e especiarias podem ser jogadas no ar em um dia de vento. Mas lembre-se de que, em algum momento, elas cairão no chão – ou em você.

Quando uso material vegetal em uma grade de feitiço de vela, geralmente coloco todos os temperos e ervas em um frasco e o rotulo com a intenção do feitiço. Depois, utilizo a mistura como incenso solto, alinhado à intenção do feitiço original. Por exemplo, se o feitiço feito foi de prosperidade, guardo a mistura de ervas como incenso e a queimo quando trabalho em um novo feitiço de prosperidade.

Cristais

Sempre que uso cristais em um feitiço, eu os limpo e depois os guardo para uso futuro. Cristais são fáceis de purificar com fumaça de incenso, água ou sal, dependendo do seu tipo. Como os cristais são caros, não os descarto após cada feitiço.

Bonecos Mágicos (Poppets)

Costumo criar bonecos mágicos com uma intenção específica. Se preciso de prosperidade, por exemplo; escrevo minha necessidade ou desejo em um pedaço de papel e o amarro ao boneco. Quando o feitiço termina, eu queimo o pedaço de papel e limpo o *poppet* com incenso para poder reutilizá-lo em futuros feitiços de dinheiro. Esses pequenos artefatos levam tempo para serem feitos, sendo assim, prefiro não precisar refazê-los constantemente.

Entretanto, se o boneco mágico for criado para uma pessoa específica ou para um feitiço de maldição, recomendo descartá-lo após o uso. Jogue-o no lixo ou queime-o (caso os materiais sejam naturais).

Ingredientes de Amarração

Quando trabalho em um feitiço de amarração, não quero que essa energia permaneça em minha propriedade depois que o feitiço for concluído. Mesmo que os itens sejam biodegradáveis, não os descarto no meu jardim. Você não quer essa energia perto da sua casa! Os ingredientes de amarração devem ser jogados no lixo para serem levados para bem longe.

Recipientes de Velas e Bases de Réchaud

Os recipientes de velas podem ser jogados no lixo, reciclados ou guardados para reutilização. Eles podem ser reabastecidos com novos pavios e cera recém-derretida. Costumo limpá-los com água e sabão antes de reutilizá-los.

Outros Ingredientes

Alguns itens, como líquidos (água, por exemplo), podem ser descartados pelo vaso sanitário. No entanto, evito descartar ervas, cera e outros materiais dessa forma, pois podem prejudicar a vida selvagem ou a fonte de água onde eventualmente irão parar. Além disso, esses itens podem entupir os canos do banheiro, o que é algo a ser evitado. Se tiver dúvidas, opte pela lixeira.

Materiais perigosos ou não biodegradáveis (como os que podem estar em uma Garrafa de Bruxa ou em um pote de feitiço) devem ser descartados no lixo. Lembre-se de que, mesmo jogando os itens no lixo, eles acabarão no solo em um aterro sanitário. Reflita sobre os materiais que utiliza em seus feitiços e tente manter sua prática o mais sustentável e reutilizável possível.

Uma observação importante: feitiços têm o potencial de "sair dos trilhos", especialmente os feitiços de amor. Sempre recomendo guardar algumas sobras, assim como uma lista detalhada do que você fez e usou, para o caso de precisar reverter a magia no futuro.

Por fim, confie em sua intuição durante o processo de descarte. Segure as sobras em suas mãos ou coloque a mão sobre elas e pergunte: "O que faço com isso agora?" Preste atenção em como se sente.

Reutilizando Velas

Nunca reutilizo velas que já foram usadas em um feitiço. Se a vela queimou apenas parcialmente e foi apagada, descarto o restante. Reutilizar uma vela pode confundir a energia. Mas lembre-se, o que funciona para mim pode ser diferente do que funciona para você.

Se as velas forem usadas para fins de iluminação geral ou outros propósitos mundanos, você pode guardá-las para reutilização. Também é possível coletar as sobras, derretê-las e fazer novas velas com a cera. Eu reservo essa prática apenas para restos de velas que não foram utilizadas em trabalhos mágicos.

Desconsagração

Se você usou uma vela em um trabalho mágico e passou pelo processo de consagrá-la e carregá-la, mas agora não precisa mais dela, ou se terminou um feitiço e ainda tem uma vela grande sobrando, pode desconsagrá-la. Esse processo remove a magia do feitiço da vela, permitindo que ela seja reutilizada para outro propósito. Esse método também funciona para bonecos mágicos (*poppets*), talismãs e outros itens mágicos. Tudo o que você precisa é do item a ser desconsagrado e de um pouco de incenso.

Concentre-se no objeto e visualize-o envolto por uma luz colorida, representando a intenção para a qual foi usado. (Por exemplo, se foi um feitiço de prosperidade, você pode imaginar a vela cercada por uma luz verde escura.) Em seguida, visualize a cor lentamente se desvanecendo da luz, perdendo sua saturação até se tornar branca.

Acenda um incenso e passe o objeto pela fumaça, deixando-o ali enquanto diz: "Seguro esta vela ou objeto nesta fumaça purificadora. A magia foi revogada, não há mais poder aqui. Você não será mais útil para realizar feitiços; agora é apenas um objeto comum. Todas as energias foram liberadas." Pode não ser poético, mas funciona.

Sua vela ou outro objeto agora está sem magia e pode ser usado para outra finalidade.

Desfazendo ou Revertendo um Feitiço com Velas

Às vezes, um feitiço dá muito errado ou acabou sendo realizado no calor da raiva. Isso acontece! Veja a seguir algumas dicas para evitar catástrofes mágicas:

- Não realize um feitiço se estiver muito zangada ou abalada. Espere até se acalmar para pensar bem antes de agir.
- Evite realizar feitiços se estiver embriagada ou sob efeito de substâncias alucinógenas. Quem sabe que tipo de caos pode ser causado?
- Mantenha registros detalhados dos seus feitiços. Anote o que fez, como fez, quando fez e o que usou – essas informações tornam o processo de desfazer um feitiço muito mais simples.
- Guarde as sobras do seu feitiço se houver a possibilidade de algo dar errado, especialmente em casos de amarrações e feitiços de amor. Ter fragmentos do trabalho facilita o cancelamento do feitiço original.
- Magia para quebrar maldições, desbloqueio e remoção de malefícios podem ser adaptadas ou usadas para desfazer um feitiço (especialmente os de desbloqueio).

Aqui estão algumas ideias adicionais para desfazer feitiços. Leia todas com atenção e veja qual abordagem se adapta melhor à sua situação e ao tipo de feitiço que realizou.

Uso de remanescentes

Se você guardou sobras do feitiço que deseja desfazer, pode simplesmente queimá-los. Isso cancelará o feitiço original de forma eficaz. Nota: isso funciona apenas se o fogo não foi utilizado no lançamento do feitiço original. Caso o fogo tenha sido empregado no início, queimar as sobras pode amplificar a energia do feitiço – e isso é algo que você certamente não deseja.

Usando detalhes

Se você anotou detalhes específicos ao lançar o feitiço que deseja desfazer, pode trabalhar em um novo feitiço para cancelar cada etapa. Ao lado de cada fase, encantamentos e ingredientes usados, faça uma anotação do equivalente oposto.

Por exemplo, se você usou uma vela branca no feitiço original, use uma preta no novo feitiço; se usou uma vela roxa, use uma amarela. (Consulte um círculo cromático para encontrar a cor oposta se não tiver certeza.) Se usou água lunar no feitiço original, pode substituí-la por água solar ou fogo. Se usou o elemento Terra, substitua-o pelo elemento Ar de alguma forma. Quaisquer ervas utilizadas precisarão ser trocadas por ervas opostas. As palavras utilizadas precisarão ser reescritas com efeito de cancelamento. Você também pode realizar seu feitiço de reversão na ordem oposta ao original. Pense em "opostos e reversão" para todas as etapas e ingredientes.

Corte de laços

O corte de laços funciona bem se você se vinculou a alguém ou a algo e acabou descobrindo que a situação se tornou esmagadora e deseja se desvincular.

Esse corte pode ser feito facilmente com a visualização. Acenda uma vela, aterre-se e centralize-se. Em seguida, feche os olhos e veja a si mesma e a outra pessoa. Perceba todos os laços que unem vocês dois. Pode haver um laço principal ou vários. Depois, visualize cada laço sendo cortado e se rompendo, até que não haja mais nenhuma conexão entre vocês. Finalize a visualização dizendo algo como: "Eu corto os laços que nos unem, libero as amarras que nos conectam, e libero a nós dois." Apague a vela.

Talvez você queira trabalhar o autocuidado após o corte de laços. Lembre-se de que você está cercada de amor e felicidade.

Interromper a magia

Um feitiço simples para "interromper a magia" também pode ser usado. Acenda uma vela preta e "visualize" o feitiço que você realizou. Em seguida, apague a vela preta e quebre-a ao meio. Ao fazer isso, visualize o feitiço original se desfazendo e quebrando, dissipando-se em uma névoa. Você pode complementar essa ação verbalizando qual feitiço deseja parar e cancelar. Enterre a vela quebrada ou descarte-a no lixo.

Não faça...

Faça o que fizer, não use magia de espelho ou qualquer tipo de feitiço de reflexão para desfazer um de seus feitiços. Como você foi a pessoa que lançou o feitiço originalmente, a magia voltará e a atingirá em cheio. Tenho certeza de que não é isso que você deseja.

Proteção

Não se esqueça de que a magia de proteção desempenha um papel importante em todo esse processo. Mantenha sua guarda protetiva elevada para minimizar qualquer efeito colateral inesperado. Veja no capítulo doze alguns exemplos de feitiços de proteção.

CAPÍTULO QUATRO

Escolhendo uma Vela

A magia com velas pode ser realizada com uma única vela simples, mas qual tipo escolher? Não há uma resposta direta para essa pergunta, pois tudo depende do tipo de feitiço que deseja realizar, se pretende incluir correspondências e, é claro, o que você tem em mãos (ou o que está dentro do seu orçamento). A boa notícia é que a magia com velas é muito adaptável. Feitiços podem ser realizados com qualquer tipo de vela, desde uma pequena vela de bolo de aniversário até uma vela pilar alta.

Neste capítulo, apresento diversos exemplos de velas e seus propósitos, cada uma sendo apropriada para diferentes tipos de feitiços. Dito isso, lembre-se de que este é apenas um guia. Como sempre, confie na sua intuição e pergunte a si mesma qual vela parece mais adequada para o que você deseja realizar.

Antes de começarmos, aqui vão alguns avisos adicionais. Lembre-se de que velas nunca devem ser deixadas sem supervisão. Para magia com velas, muitas vezes é melhor usar uma vela que se apague rapidamente, a menos que ela faça parte de um feitiço projetado para ser ativado ao longo de um período de tempo. Na maioria dos casos, velas réchaud *(tea lights)*, votivas, pequenas velas de cera de abelha e velas de bolo de aniversário funcionam bem. No entanto – e aqui vou ser um pouco contraditória – velas palito de dez centímetros são a escolha perfeita para a maioria dos trabalhos mágicos. Elas não queimam por horas e conseguem realizar a magia de forma eficaz.

Se estiver realizando um feitiço que tenha uma intenção maior, talvez queira investir mais tempo e energia em sua execução. É nesse caso que o tamanho realmente importa. Para algo mais significativo, costumo optar por velas de sete dias ou algo maior, como uma vela cônica ou de jantar. Às vezes, até uso uma vela pilar e distribuo o feitiço por várias semanas. Novamente, use seu bom senso. Reflita sobre sua intenção e determine qual tipo de vela seria mais adequado para alcançar o resultado desejado.

Tipos de Velas

Nesta seção, abordo vários tipos de velas e incluo sugestões de como e quando utilizá-las.

Velas Pequenas para Feitiços (Chime ou Carrilhão)

Conheço essa vela como "vela chime", mas elas também são chamadas de "velas de carrilhão". Pequenas e finas, geralmente possuem cerca de 10 centímetros de altura, 1,5 centímetro de diâmetro e queimam por aproximadamente uma hora. Elas recebem esse nome porque eram usadas em carrilhões de anjo ou Natal, onde o calor da chama fazia girar um pequeno ventilador no mecanismo.

Essas são as minhas velas preferidas para fazer feitiços devido à variedade de cores disponíveis, ao tamanho conveniente e ao tempo de queima rápido. Velas pequenas são facilmente encontradas em lojas de ocultismo e on-line.

- *Melhor uso:* feitiços

Benefícios das velas chime ou carrilhão

- Fáceis de ungir com óleos e ervas
- Não levam muito tempo para queimar
- Podem ser facilmente fixadas com alfinetes
- Disponíveis em uma variedade de cores
- Podem ser esculpidas/inscritas
- Podem ser usadas como bonecos (*poppets*) para representar uma pessoa

Prática

Feitiço para Novos Começos

As velas chimes são úteis para todos os tipos de intenção. Este feitiço se concentra em novos começos e pode ser adaptado para diversas situações: um novo emprego, um novo estilo de vida, um novo projeto ou empreendimento, entre outros.

Você vai precisar de:

- Azeite de oliva
- Caneta
- Carta de Tarô O Louco
- Castiçal / Suporte para vela
- Faca ou agulha para entalhar
- Folha verde
- Isqueiro ou fósforos
- Óleo essencial de gerânio
- Pedra rolada de malaquita
- Sementes de gergelim
- Vela verde para feitiço

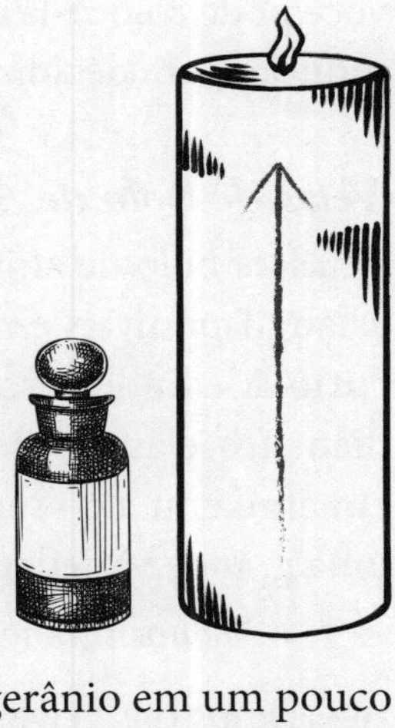

Carregue todos os itens com a intenção de novos começos e oportunidades. Em seguida, prepare a vela enquanto visualiza o novo caminho ou os novos começos que está acolhendo em sua vida.

Usando uma faca ou agulha, entalhe o símbolo de uma flecha na lateral da vela. Eu costumo entalhar a flecha apontando para cima para atrair energia positiva, mas deixe-se guiar pela sua intuição.

Misture algumas gotas de óleo essencial de gerânio em um pouco de azeite de oliva. Unte a vela, trazendo o óleo em sua direção para convidar novas energias para a sua vida.

Enrole a vela revestida com sementes de gergelim e coloque-a em segurança em um castiçal ou suporte para vela.

Pegue a folha verde e escreva "novos começos" com uma caneta. Coloque a folha sob o castiçal, se isso puder ser feito com segurança. Caso contrário, apenas posicione-a em frente ao castiçal.

Coloque a carta de Tarô do Louco atrás da vela. Se possível, apoie a carta na vela, voltada para você.

Posicione a pedra de malaquita rolada à frente da vela.

Acenda o pavio e sente-se em silêncio, observando a chama. Continue visualizando seu objetivo. Após alguns momentos, diga:

Cor verde e clara, brilho a irradiar
Novos começos, venham me guiar.

Sementes férteis, venham renovar
Um novo início para o caminho a trilhar.

Observe a chama enquanto mantém o foco em seu objetivo. Esteja atenta a qualquer mensagem intuitiva e anote os símbolos que surgirem.

Deixe a vela queimar completamente. Em seguida, enterre a folha com o pedido na terra. Carregue a pedra de malaquita rolada com você para manter a energia de novos começos fluindo. A carta de Tarô pode ser deixada em seu altar até que o feitiço tenha funcionado, ou você pode colocá-la de volta no baralho imediatamente – confie na sua intuição para decidir.

Velas de Bolo de Aniversário

Velas de bolo de aniversário são excelentes para feitiços rápidos, pois estão disponíveis em diversas cores e queimam em um tempo muito curto. Medindo cerca de 7 centímetros de altura e 0,8 centímetros de diâmetro, elas não ficam em pé sozinhas, então será necessário fixá-las em argila ou algo semelhante. Essas velas podem ser encontradas em uma grande variedade de lojas.

- *Melhor uso:* feitiços

Benefícios das velas de bolo de aniversário

- Queimam muito rapidamente
- Disponíveis em uma variedade de cores

Prática

Feitiço com Vela de Bolo de Aniversário para dar Sorte

Velas de bolo de aniversário são úteis para feitiços rápidos, especialmente quando você precisa de um pouco de sorte com urgência.

Você vai precisar de:

- Caneta verde
- Castiçal / Suporte para vela
- Pedaço de papel
- Isqueiro ou fósforos
- Vela de aniversário verde

Coloque os ingredientes do feitiço à sua frente e carregue a vela com sua intenção.

Pegue o pedaço de papel e, com a caneta verde, desenhe um trevo-de-quatro-folhas no centro. Escreva a palavra "sorte" três vezes no papel. Enquanto faz isso, visualize-se tendo sorte e alcançando o resultado desejado.

Coloque o papel sob o castiçal ou diante dele. Posicione a vela de aniversário no suporte e a acenda. Observe a chama da vela enquanto continua visualizando seu objetivo.

Depois que a vela tiver se apagado, dobre o papel do pedido e coloque-o em sua bolsa, carteira ou mochila. Mantenha o papel lá até que a magia tenha funcionado ou até sentir que ele precisa ser renovado.

Velas Réchaud (Tea Lights)

Velas réchaud são bastante utilizadas em práticas mágicas, são feitas de cera com um pavio embutido em uma pequena base de metal. Disponíveis em diversas cores e aromas, elas costumam queimar por aproximadamente quatro horas. É possível polvilhar ervas ou aplicar óleos essenciais sobre elas, além de desenhar sigilos na base de metal. Essas velas geralmente possuem menos de 4 centímetros de diâmetro e 2 centímetros de altura. São facilmente encontradas em diversas lojas e, com frequência, vendidas em pacotes.

- *Melhor uso:* podem ser usadas para feitiços, mas são mais indicadas para grades de velas e cristais, em luminárias e como velas de altar.

Benefícios das velas réchaud

- Econômicas e de baixo custo
- Podem ser personalizadas com a adição de ervas ou óleos na parte superior
- Sigilos podem ser desenhados na base da lata
- A vela pode ser retirada da base, permitindo que pequenas petições ou ervas sejam colocadas dentro da lata. Em seguida, a vela pode ser recolocada na parte superior
- Ficam em pé sozinhas, sem a necessidade de um suporte (embora eu recomende colocar algo à prova de calor embaixo se forem usadas em móveis, pois a lata esquenta)

Prática

Feitiço com Velas Réchaud para Paz

Velas réchaud funcionam bem em grades e são ideais para feitiços que exigem um pouco de tempo e paciência, como um feitiço para paz.

Você vai precisar de:

- 2 velas réchaud
- Caneta marcador
- Isqueiro ou fósforos
- Óleo essencial de lavanda
- Tomilho seco

Coloque os ingredientes à sua frente e carregue as velas, o óleo e a erva com sua intenção.

Retire a vela do recipiente de metal. Com a caneta marcador, desenhe um círculo dentro de cada recipiente e, em seguida, coloque a vela de volta no lugar.

Coloque duas gotas de óleo de lavanda no topo de cada vela réchaud. Enquanto faz isso, diga:

Lavanda, traga energia de paz.

Coloque uma pitada de tomilho seco na parte superior de cada luminária e diga:

Tomilho, traga sua magia de paz.

Acenda as velas. Sente-se e observe as chamas enquanto visualiza uma energia pacífica e calmante envolvendo você e preenchendo o ambiente ao seu redor.

Velas réchaud demoram um pouco para queimar, por isso gosto de sentar com elas por um tempo antes de apagá-las. Eu as reacendo no dia seguinte e continuo fazendo isso até que tenham terminado. Recomendo acendê-las no início ou no fim do dia, pois isso traz paz para você e para o seu lar.

Velas Votivas

Pequenas velas com cerca de 6 centímetros de altura e 4 centímetros de diâmetro. A palavra "votiva" refere-se a um voto ou desejo, muitas vezes como uma devoção ou gratidão. Essas velas estão disponíveis em diversas cores e aromas. Elas se sustentam em pé sozinhas ou podem ser colocadas em copos ou potes. Você pode ungir essas velas com óleos e ervas para aumentar a energia mágica. Velas votivas queimam por até quinze horas. Não costumo usá-las em trabalhos mágicos, já que demoram muito para queimar. Entretanto, são excelentes velas para acender regularmente em homenagem a uma Divindade ou como velas de altar em geral. Estão prontamente disponíveis para compra on-line e em uma variedade de lojas.

- *Melhor uso:* velas de altar

Benefícios das velas votivas

- Disponíveis em uma variedade de cores
- Disponíveis em uma variedade de aromas
- Ficam em pé sozinhas sem a necessidade de um suporte
- Podem ser usadas como *poppet* para representar uma pessoa

Prática

Feitiço com Vela Votiva para Mudança

Uma das únicas certezas da vida é a mudança. Às vezes, a mudança é bem-vinda, talvez até necessária. Outras vezes, somos forçadas a mudar. Seja qual for o caso, a magia com velas pode ajudar a acelerar o processo de mudança e/ou ajudar a lidar com seus efeitos.

Você vai precisar de:

- Castiçais / Suportes para velas
- Imagem que represente onde você deseja estar[8]
- Imagem que represente onde você está agora
- Isqueiro ou fósforos
- Vela votiva branca
- Vela votiva laranja (de preferência com aroma de canela; caso contrário, adicione uma pitada de canela em pó no topo da vela)

Carregue a vela votiva branca para representar onde você está agora. Depois, carregue todos os outros itens, inclusive a vela votiva laranja, com sua intenção e o lugar onde deseja estar no futuro.

Coloque as duas velas à sua frente, a branca à sua esquerda e a laranja à sua direita. Posicione a imagem que representa onde você está agora atrás da vela branca e a imagem de onde deseja estar atrás da vela laranja. Se possível, apoie-as e deixe-as voltadas para você.

Acenda a vela branca e diga:

Vela branca que guarda o passado
Ajude-me a tornar o novo sagrado.

Desapego-me agora do que foi
Para seguir em frente com o que vier depois.

Sente-se em silêncio e observe a chama. Visualize tudo o que deseja liberar. Deixe ir tudo o que está impedindo mudanças na sua vida.

8. As imagens podem ser fotografias suas, de algum lugar físico ou de qualquer coisa que represente seu objetivo.

Imagine aquilo que não lhe serve mais se dissolvendo.

Quando se sentir pronta, use a vela branca para acender a vela laranja com a sua chama. Em seguida, apague a chama da vela branca.

Observe a chama da vela laranja e diga:

Hora de seguir em frente para promover a mudança
Ajude-me a encontrar suporte nesta nova instância.

Transições e mudanças começam a acontecer
Deixe ir, libere, antigos hábitos faça romper.

Passe algum tempo observando a chama da vela laranja.

Visualize as mudanças e transições acontecendo de forma suave. Enxergue-se avançando em direção ao seu objetivo com facilidade.

Quando se sentir pronta, apague a chama. Deixe a vela laranja em seu altar ou em um local seguro, pois você pode reacendê-la diariamente para ajudá-la nesse processo de mudança.

Descarte a vela branca no lixo, já que ela representa sua versão antiga que precisa ser liberada.

Velas Taper, Cônicas ou de Jantar

Esse grupo faz parte das velas cônicas, altas e finas, geralmente utilizadas em castiçais de mesas de jantar elegantes. Costumam ter entre 20 e 24 centímetros de altura, são ligeiramente mais largas na base, por volta de 2 centímetros, e vão afilando até formar uma ponta na parte superior. Essas velas queimam cerca de 2,5 centímetros por hora, o que significa que levam mais tempo para se consumir quando utilizadas em trabalhos mágicos. Eu as uso quando faço feitiços com velas de sete dias, caso não tenha uma vela de sete nós. São excelentes para inscrever símbolos, ungir ou decorar com ervas. Também funcionam bem para feitiços com velas fixas. Essas velas estão disponíveis em uma grande variedade de lojas e on-line.

- *Melhor uso:* velas de sete nós caseiras, adivinhação com marcação e velas de altar

Benefícios das velas cônicas ou de jantar

- Disponíveis em uma variedade de cores
- Podem ser facilmente fixadas com alfinetes

- Podem ser divididas em velas de sete dias
- São fáceis de esculpir/inscrever
- Podem ser ungidas com óleos e decoradas com ervas
- Podem ser usadas como bonecos para representar uma pessoa

Prática

Vela Cônica com Marcadores para Decisões

Se você precisa de ajuda para tomar uma decisão ou escolher entre várias opções, um feitiço com vela cônica e marcadores pode ser muito útil.

Você vai precisar de:

- Bússola
- Castiçal / Suporte para vela
- Isqueiro ou fósforos
- Quatro alfinetes, cada um de uma cor diferente para representar os quatro elementos: Terra, Ar, Fogo e Água
- Vela cônica azul
- Xícara de café

Carregue os itens com a intenção de obter clareza e orientação no seu processo de tomada de decisão. Prepare uma xícara de café. Coloque a vela no suporte e posicione-a diretamente à sua frente. Coloque a bússola em frente à vela.

Insira os alfinetes na vela cerca de um terço da altura a partir da base. Faça isso um de cada vez, espaçando os alfinetes igualmente ao redor do diâmetro da vela e mantendo-os nivelados. Cada alfinete representará um ponto cardeal da bússola:

- Norte representa o elemento Terra, simbolizando questões práticas e a vida doméstica.
- Leste representa o elemento Ar, o intelecto e a intuição.
- Sul representa o elemento Fogo, paixão, criatividade e assuntos do coração.
- Oeste representa o elemento Água, emoções e sonhos.

Ao colocar cada alfinete na vela, diga:

Com os quatro elementos e a bússola a seguir,
Trago orientação e o poder de decidir.

Acenda o pavio.

Tome um gole de seu café e faça sua pergunta em voz alta. Diga sobre o que está tentando tomar uma decisão e peça orientação.

Sente-se em silêncio e observe a chama em busca de símbolos ou movimentos que possam lhe ajudar. Ouça atentamente as mensagens. Tome seu café lentamente enquanto observa, ouve e espera.

Assim que a cera da vela atingir os alfinetes, observe com atenção a ordem em que eles caem. Isso terá um significado e poderá lhe dar uma ideia sobre sua decisão. Por exemplo, se o alfinete do elemento Terra cair primeiro, sua solução ou direção poderá ser mais prática ou orientada para a família. Se o alfinete do Ar cair primeiro, a decisão deve ser baseada na lógica e no que parece ser a opção mais sensata. Caso o alfinete do Fogo caia primeiro, isso pode indicar que você deve seguir o coração. Se o alfinete da Água cair primeiro, pode ser um sinal de que deve ouvir suas emoções ao tomar a decisão. No final, confie na sua intuição e no que os alfinetes representam para você.

Depois que os alfinetes caírem, você poderá apagar a vela. Descarte-a ou a reutilize para tomar decisões no futuro.

Velas Pilar

Também chamadas de "velas de igreja", essas velas vêm em diversos tamanhos, são altas e largas. Suas cores mais comuns são branca ou creme, mas é possível encontrá-las em várias outras cores. Velas pilar podem ser usadas sem suporte adicional, além de serem adequadas para serem ungidas com óleos e ervas. Adicionar camadas de cera colorida no topo da vela, deixando-as escorrer pelas laterais, pode ser uma bela decoração e também ajudar a amplificar a energia mágica do feitiço. Gosto de usar velas pilar em meu altar; tenho uma dedicada ao Deus e outra à Deusa e as acendo sempre que estou em meu altar em homenagem às Divindades. Também tenho uma vela pilar grande que acendo toda vez que faço uma leitura de Tarô, dedicando-a à adivinhação e à energia psíquica. Velas pilar podem ser facilmente adquiridas on-line ou em lojas de artigos gerais. Já velas pilar com propósito mágico específico estão disponíveis em lojas de ocultismo e on-line.

- *Melhor uso:* velas para altar e devoção.

Benefícios das velas pilar

- Disponíveis em várias cores
- Encontradas em versões aromatizadas
- Particularmente úteis como velas de altar
- Podem ser ungidas com óleos e ervas
- Fáceis de esculpir/inscrever
- Permitem fixação de imagens ou fotografias
- Extremamente fáceis de decorar

Prática

Feitiço de Gratidão com Vela Pilar

Todos nós temos algo pelo que agradecer. Acredito que incorporar um feitiço de gratidão à sua rotina é uma prática valiosa para honrar a Mãe Terra e tudo o que ela nos oferece. Criar e dedicar uma vela pilar para esse tipo de feitiço funciona muito bem. Você pode reutilizar a mesma vela cada vez que fizer esse feitiço, garantindo que nada seja desperdiçado.

Você vai precisar de:

- Casca de limão seca e moída
- Castiçal / Suporte para vela
- Faca ou agulha para esculpir
- Isqueiro ou fósforos
- Óleo de amêndoas
- Óleo essencial de lavanda
- Óleo essencial de limão
- Vela pilar marrom

Carregue os itens com a intenção de gratidão e agradecimento.

Use uma faca ou agulha para gravar palavras como "gratidão" ou "obrigada" na lateral da vela, seja na horizontal ou de cima para baixo.

No outro lado da vela, grave um símbolo da lua (representando gratidão) e o símbolo de Virgem (para simbolizar a colheita e as recompensas pelas quais você é grata).

Adicione algumas gotas de óleo essencial de limão e lavanda ao óleo de amêndoas. Use essa mistura para ungir a vela, passando o óleo em sua direção para atrair a gratidão.

Em seguida, role a vela em casca de limão seca e moída.

Coloque a vela em um suporte seguro. Acenda a chama e sente-se em silêncio por um tempo, refletindo sobre tudo pelo que você é grata.

Quando estiver pronta, diga:

Mãe Terra, envio minha gratidão a você,
Bênçãos e luz pelo que faz florescer.

Apague a vela e deixe-a em seu altar ou em um local seguro para ser reutilizada na próxima vez que repetir o feitiço.

Velas de Cera de Abelha Enroladas

Basicamente, são folhas de cera de abelha enroladas em torno de um pavio central para formar uma vela. Disponíveis em diversos tamanhos e cores, essas velas são muito úteis, porque você pode desembrulhar cuidadosamente a cera, colocar ervas, especiarias ou pedidos dentro delas e enrolá-las novamente. Tanto as velas de cera de abelha já enroladas como as folhas de cera de abelha podem ser adquiridas on-line ou em lojas de artesanato.

- *Melhor uso:* trabalhos mágicos

Benefícios das velas de cera de abelha enroladas

- Disponíveis em uma variedade de cores
- Queimam relativamente rápido
- Podem ser preenchidas com ervas e pedidos
- Podem ser usadas como bonecos para representar uma pessoa

Prática

Feitiço de Equilíbrio com Vela de Cera de Abelha Enrolada

Trabalhar com duas velas é ideal quando você precisa de equilíbrio. As velas de cera de abelha enroladas são uma ótima escolha para esse tipo de magia, pois queimam rapidamente e podem ser preenchidas com ervas para adicionar energia extra.

Você vai precisar de:

- 2 castiçais / suportes para velas
- 2 pedaços de papel
- 2 velas de cera de abelha azul
- Caldeirão ou recipiente à prova de fogo
- Camomila seca (use a erva ou desfaça um saquinho de chá)
- Caneta azul
- Flores secas de madressilva
- Isqueiro ou fósforos

Carregue todos os itens com sua intenção.

Misture algumas pitadas de camomila e madressilva secas. Se estiver usando folhas de cera de abelha, polvilhe um pouco da mistura de ervas sobre cada uma e enrole-as com cuidado ao redor de um pavio. Se as velas já estiverem prontas, segure-as nas mãos até que a cera aqueça levemente e, com muito cuidado, desenrole-as e polvilhe a mistura de ervas em seu interior.

Em seguida, enrole-as novamente.

Coloque as velas nos suportes.

Pegue um pedaço de papel e escreva as coisas que estão desequilibrando sua vida; pode ser o excesso de trabalho, emoções, vida familiar ou qualquer outra coisa. Anote tudo o que vier à mente. Dobre o papel para longe de você e coloque-o em frente à primeira vela.

Pegue o outro pedaço de papel e escreva as coisas que trarão mais equilíbrio para sua vida. Anote tudo o que vier à mente. Dobre esse papel de pedido em sua direção para trazer a energia para dentro. Coloque-o em frente à segunda vela.

Acenda a chama da primeira vela e diga:

Libero e deixo ir o que já não me faz bem,
Desapego de fardos que já vão além.
Que eu me afaste do que rouba minha paz,
E siga em frente, sem olhar para trás.

Pegue o pedaço de papel com as palavras relacionadas ao desequilíbrio escritas nele e acenda-o usando a chama da vela. Em seguida, deixe-o cair no caldeirão e queime-o completamente.

Observe a chama da primeira vela enquanto ela queima, visualizando tudo o que estava na sua lista desaparecendo ou sendo liberado. Deixe a vela queimar.

Depois que a primeira vela tiver se apagado, acenda a segunda vela e diga:

Poder da magia das velas e da luz
Traga-me equilíbrio e à harmonia me conduz

Pegue o papel com todas as coisas que trarão equilíbrio à sua vida. Acenda-o na chama da vela, depois coloque-o no caldeirão e deixe queimar completamente.

Observe a chama da vela enquanto ela queima. Visualize tudo o que escreveu em sua lista trazendo equilíbrio e harmonia para sua vida. Deixe a vela queimar.

Velas de Recipientes ou de Potes

Essas velas são aquelas colocadas diretamente em um pote de vidro ou em uma lata de metal. Estão disponíveis em diversos tamanhos, formatos e aromas. As maiores têm vários pavios. Eu não utilizo velas de recipiente para trabalhos mágicos, pois elas costumam queimar por muito tempo, mas são ótimas como velas de altar ou de dedicação. Estão disponíveis em uma grande variedade de lojas e on-line.

- *Melhor uso:* em devocionais ou altares

Benefícios das velas de recipiente ou de pote

- Disponíveis em uma variedade de cores
- Disponíveis em uma variedade de aromas
- Fácil de desenhar ou pintar sigilos e símbolos
- Imagens podem ser coladas na parte externa do recipiente

Prática

Feitiço de Felicidade com Vela de Recipiente

Realizar um feitiço de felicidade com vela pode ser uma prática regular. Acender a vela por alguns minutos todas as manhãs funciona muito bem, pois proporciona um ótimo impulso de energia alegre e feliz. Uma vela de recipiente é ideal para isso, já que você pode reacender a mesma vela muitas vezes.

Você vai precisar de:

- Isqueiro ou fósforos
- Vela de recipiente (escolha uma vela que faça você sorrir ao olhar para ela)

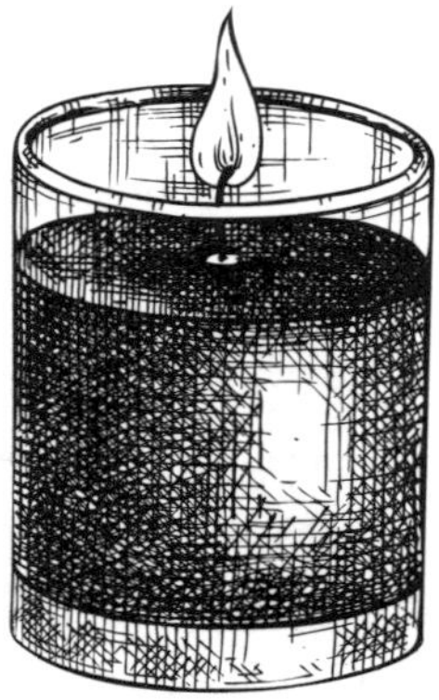

Este feitiço é bastante simples e requer apenas uma vela de recipiente e suas habilidades de visualização.

Carregue a vela com a intenção de atrair energia feliz e alegre para a sua vida.

Acenda o pavio enquanto faz uma afirmação, algo como:

Magia da vela, chama tão brilhante
Traga-me energia feliz, positiva e radiante.

Sente-se por alguns minutos, permitindo que pensamentos felizes preencham sua mente. Absorva a energia positiva da vela em seu corpo e alma.

Quando estiver pronta, apague a vela. Ela pode ser reacendida sempre que desejar repetir o feitiço.

Velas de Oração, Devocionais ou de Sete Dias

Apesar de terem diversos nomes, essas velas são basicamente recipientes de vidro altos e cilíndricos, com a cera despejada neles de forma direta. Mas elas são um pouco diferentes das velas de pote ou de recipiente, pois costumam apresentar uma imagem na parte externa. A imagem pode ser de uma Divindade, um santo, uma carta de Tarô, um sigilo ou outro símbolo, como um *veve* para praticantes de Vodu.

Essas velas são grandes e costumam queimar por sessenta a setenta horas. Às vezes, são chamadas de velas de sete dias, com a ideia de serem acesas por um período ao longo de sete dias durante a realização de um feitiço. Isso cria um impulso para a magia e adiciona mais energia a cada dia, liberando-a no sétimo dia para manifestar sua magia. Não costumo usar velas devocionais para fazer feitiços devido ao seu longo período de queima; para feitiços de sete dias, prefiro usar velas de sete nós.

Mas para fins devocionais elas funcionam bem. Às vezes, coloco uma carta de Tarô atrás da vela, um cristal à frente ou um círculo de ervas ao redor da base como oferenda. Você pode trocar os "extras" cada vez que acender a vela, se desejar. Esse tipo de vela pode ser encontrado em lojas de ocultismo e em alguns sites on-line.

- *Melhor uso:* especialmente úteis para altar ou práticas devocionais

Benefícios das velas de oração, devocionais ou de sete dias

- Disponíveis em uma variedade de modelos

Prática

Feitiço com Vela de Oração

Uma vela de oração é usada para estabelecer conexão com o Divino, com uma Divindade ou com qualquer imagem exibida em seu recipiente. Use este feitiço para obter foco e conexão ou para buscar qualquer insight que esteja procurando.

Você vai precisar de:

- Isqueiro ou fósforos
- Uma vela de oração de sua escolha

Coloque a vela de oração à sua frente, acenda o pavio e concentre-se na imagem do recipiente, seja ela qual for. Se for uma Divindade, faça as perguntas que tiver ou simplesmente agradeça a ela por estar cuidando de você. Se a imagem for uma carta de Tarô, concentre-se no desenho, no significado da carta e no que ela pode trazer para você.

Observe a imagem pelo tempo que precisar e, em seguida, apague a chama. A vela pode ser reacendida sempre que desejar se concentrar nela.

Vela de Sete Nós

Com um formato específico, esta vela é composta por sete nós de cera empilhados um sobre o outro. Cada nó pode ser revestido com óleo e ervas ou esculpido com símbolos ou sigilos.

Um nó é queimado por dia durante um período de sete dias. Essa prática é excelente para intensificar a energia de um feitiço. O intuito é usar a vela para um propósito principal, com diferentes aspectos desse propósito sendo trabalhados a cada dia, enquanto a energia se acumula. No sétimo dia, o poder completo da vela é liberado. Outra opção é usar a mesma intenção durante sete dias. A ideia é que o impulso e a energia do feitiço aumentem a cada dia até que você o libere.

Você pode fazer marcações em intervalos na vela para dividi-la em seções, criando, assim, sua vela pessoal. O mesmo efeito pode ser criado colocando alfinetes em intervalos; queime a vela até que o alfinete caia, apague a vela e continue queimando até o próximo alfinete no dia seguinte. Velas de sete nós já prontas podem ser encontradas em lojas de ocultismo e em alguns sites on-line.

- *Melhor uso:* ganhar impulso em um feitiço

Benefícios das velas de sete nós

- Disponíveis em uma variedade de cores
- Podem ser facilmente preparadas com óleos e ervas
- Símbolos ou sigilos podem ser esculpidos/inscritos em cada nó
- Podem ser marcadas com alfinetes

Prática

Feitiço com Vela de Sete Nós para Autocuidado

Este feitiço funciona bem com velas de sete nós, mas também pode ser realizado com sete velas palito individuais. A intenção pode ser adaptada de maneira simples. Neste exemplo, o foco será o autocuidado.

Você vai precisar de:

- Castiçal / Suporte para vela
- Isqueiro ou fósforos
- Vela de sete nós

Cada um dos sete nós da sua vela representa um dia da semana, um planeta e um tema geral:

- Segunda-feira | Lua | Emoção
- Terça-feira | Marte | Atividade
- Quarta-feira | Mercúrio | Comunicação
- Quinta-feira | Júpiter | Crescimento
- Sexta-feira | Vênus | Amor
- Sábado | Saturno | Estrutura
- Domingo | Sol | Energia

Essas correspondências podem ajudar você a refletir sobre si mesma e identificar onde suas necessidades não estão sendo atendidas.

Na segunda-feira, acenda a vela e diga:

Luz e energia da Lua, a ti eu clamo
Traga equilíbrio às emoções que carrego e chamo

Deixe a vela queimar enquanto você se concentra e visualiza o controle de suas emoções. Quando o primeiro nó tiver sido totalmente consumido, apague a vela.

Na terça-feira, acenda a vela e diga:

Luz e energia de Marte, eu te peço aqui
Uma vida repleta de atividade a me divertir.

Deixe a vela queimar enquanto você se concentra e se visualiza saindo e fazendo coisas que lhe tragam alegria. Quando o segundo nó tiver sido totalmente consumido, apague a vela.

Na quarta-feira, acenda a vela e diga:

Luz e energia de Mercúrio, eu te peço agora
Habilidade de comunicação clara e precisa sem demora.

Deixe a vela queimar enquanto você se concentra e visualiza clareza e comunicação transparente entre você e outras pessoas. Quando o terceiro nó tiver sido totalmente consumido, apague a vela.

Na quinta-feira, acenda a vela e diga:

Luz e energia de Júpiter, eu te chamo aqui
Que a prosperidade e o crescimento comecem a fluir.

Deixe a vela queimar enquanto se concentra e visualiza estabilidade financeira e satisfação consigo mesma. Quando o quarto nó tiver sido totalmente consumido, apague a vela.

Na sexta-feira, acenda a vela e diga:

Luz e energia de Vênus, que brilhas em esplendor,
Conforto, amizade e amor a ti eu peço com fervor.

Deixe a vela queimar enquanto você se concentra e visualiza cercada por bons amigos e uma família feliz. Quando o quinto nó tiver sido totalmente consumido, apague a vela.

No sábado, acenda a vela e diga:

Luz e energia de Saturno, eu te peço agora
Traga ordem, equilíbrio e estrutura sem demora.

Deixe a vela queimar enquanto se concentra e visualiza sua vida pessoal e profissional em perfeita harmonia. Quando o sexto nó tiver sido totalmente consumido, apague a vela.

No domingo, acenda a vela e diga:

Luz e energia do Sol, eu te peço também,
Traz-me a paixão e a força que o dia contém.

Deixe a vela queimar enquanto você se concentra e visualiza sua vida repleta de energia e paixão. Permita que ela queime completamente.

Agora que já trabalhou com cada parte da vela, dedique alguns minutos à reflexão. Anote as mudanças que você pode fazer em sua vida para manifestar essas qualidades.

Extras

Se quiser aumentar as camadas de magia em seu feitiço com vela de sete nós, experimente algumas destas sugestões:

- Cada seção da vela pode ser revestida com óleos e ervas correspondentes (consulte o capítulo 6 para obter sugestões sobre quais ervas e óleos usar). Unja a seção da vela que será queimada naquele dia antes de acendê-la.
- Coloque um cristal em frente à vela que represente a energia e a magia daquela parte do feitiço. Adicione um cristal diferente a cada dia.
- Entalhe o símbolo do planeta correspondente em cada parte da vela.

Velas de Novena

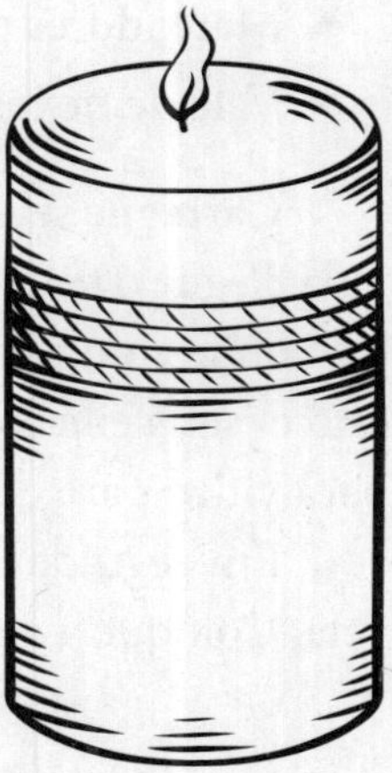

A vela de novena, ou "de nove dias", é usada em algumas igrejas católicas romanas. Ela é acesa e queima continuamente por um período de nove dias, sem ser apagada. O objetivo é enviar a mesma oração, pedido ou desejo a Deus todos os dias. Embora seja semelhante às velas de oração, essas velas queimam ininterruptamente por nove dias seguidos. Estão disponíveis em lojas on-line.

- *Melhor uso:* devocionais, altares e feitiços mais longos

Benefícios das velas de novena

- Algumas vêm em potes com imagens já aplicadas
- As que vêm em potes podem ter sigilos ou símbolos desenhados no recipiente
- As simples podem ser preparadas com óleo e ervas
- Podem ser entalhadas ou inscritas, se forem simples

Prática

Feitiço de Prosperidade com Vela de Novena

Um dinheiro extra é sempre bem-vindo, e a vela de novena é excelente para feitiços de prosperidade, pois um sigilo pode ser desenhado na parte externa do recipiente, aumentando o poder do feitiço. Embora uma vela de novena seja projetada para queimar continuamente por nove dias, nem sempre é seguro fazer isso em casa. Se você tiver um local seguro para permitir que a vela queime sem interrupções, isso é ideal; caso contrário, será necessário apagá-la a cada dia e reacendê-la.

Você vai precisar de:

- Caneta
- Isqueiro ou fósforos
- Manjericão seco
- Pedaço de papel
- Marcadores permanentes ou canetas para vidro
- Vela de novena em um recipiente de vidro

Carregue seus itens com a intenção de atrair prosperidade para sua vida. Pegue o pedaço de papel e desenhe um sigilo (sugestões sobre como trabalhar com sigilos podem ser encontradas no capítulo 8). Quando estiver satisfeita com o desenho, use o marcador permanente ou a caneta para vidro para desenhar o sigilo no recipiente.

Em seguida, adicione uma pitada de manjericão seco no topo da vela. Coloque a vela à sua frente e acenda o pavio. Diga:

Magia do sigilo, traga prosperidade para mim
Energia do manjericão, faça o dinheiro fluir sem fim.
Por nove dias este feitiço será lançado
E o poder da prosperidade será logo ativado.

Passe algum tempo em frente à chama, fixando a imagem do sigilo em sua mente e visualizando o dinheiro chegando até você. Quando se sentir pronta, apague a chama. A vela precisará ser acesa e o encantamento repetido durante nove dias no total. Dedique um tempo por dia para visualizar seu objetivo enquanto observa a chama. Ao final dos nove dias, você pode descartar a vela ou usá-la novamente em outra ocasião para o mesmo feitiço.

Velas Modeladas

As velas estão disponíveis em uma grande variedade de formas e figuras, muitas vezes representando pessoas ou animais. A magia com velas modeladas é realizada por meio de imagens e correspondências sólidas. Ao fazer feitiços com velas moldadas, certifique-se de que a forma/figura corresponda à sua intenção. A conexão deve fazer sentido para você; confie na sua intuição. Velas modeladas podem ser mais difíceis de encontrar, mas algumas lojas de ocultismo e sites on-line as têm em estoque. O ideal é ficar de olho em determinadas épocas do ano. Por exemplo, velas em forma de gato e de caveira podem ser encontradas em lojas durante o mês de outubro por causa do *Halloween*.

- *Melhor uso:* feitiços específicos e direcionados

Velas em Forma de Gato

Gatos pretos têm sido associados à magia e à Bruxaria ao longo da história. Essa ligação remonta ao século 13, quando o Papa Gregório IX declarou que os gatos pretos eram uma encarnação de Satanás. Na Europa medieval, os gatos também foram associados às Bruxas. Dizia-se que tanto os gatos quanto as Bruxas "demonstravam um certo desrespeito pela autoridade".[9] Foi até sugerido que as Bruxas pudessem se transformar em gatos pretos.

Em outras culturas, porém, os gatos eram honrados e considerados símbolos de prosperidade. Por esse motivo, velas em forma de gato podem ser usadas em feitiços de sorte e dinheiro. Elas também funcionam bem para feitiços de transformação e, é claro, para qualquer feitiço que desafie a autoridade!

Velas em Forma de Demônio

Uma vela em forma de demônio pode ser usada para amaldiçoar, mas também para remover energia negativa ou banir espíritos malignos.

9. Elizabeth Yuko, "Why Black Cats Are Associated with Halloween and Bad Luck", History, 13 de outubro de 2021. Disponível em: https://www.history.com/news/black-cats-superstitions.

A carta do Tarô do Diabo representa vícios, portanto, você poderia usar uma vela em forma de diabo para remover maus hábitos. "O Velho Chifrudo" é um trapaceiro que aprecia os excessos terrenos, portanto, esse formato funciona bem com a magia associada.

Velas em Forma de Genitálias

Sim, é possível encontrar velas moldadas como diferentes partes íntimas do corpo. Essas velas são usadas em feitiços de amor e paixão. Elas também são eficazes em feitiços para aumentar a energia sexual. Nomes podem ser entalhados em cada vela.

Velas em Forma de Figura Humana

Essas velas podem ser usadas como bonecos (*poppets*) para representar a pessoa para quem você está fazendo magia – ou contra quem está trabalhando. Nomes podem ser entalhados na figura ou escritos em um papel de petição e fixados nela. Também é possível anexar uma fotografia à vela, assim como qualquer tipo de item pessoal, como unhas ou cabelos.

Velas dos Amantes

Uma vela que mostra duas figuras humanas entrelaçadas faz exatamente o que sugere: aproxima os amantes. A vela dos amantes está associada à paixão, ao romance e à fertilidade. Nomes podem ser entalhados em cada figura da vela.

Velas em Forma de Pirâmide

Pirâmides simbolizam manifestação e poder. Recomendo usar velas nesse formato para feitiços de dinheiro e prosperidade, mas elas também podem ser utilizadas para atrair qualquer coisa que deseja, precisa ou almeja.

Velas em Forma de Caveira

Ótimas para trabalhos com ancestrais, essas velas estão associadas ao mundo espiritual e ao poder da mente. Podem ser ungidas com óleos e ervas associados a determinados espíritos ou antepassados. Nomes também podem ser esculpidos na vela ou fotografias de antepassados podem ser fixadas nela.

Prática

Feitiço com Vela em Forma de Caveira para Habilidades Psíquicas

Se suas habilidades psíquicas precisam de um impulso, trabalhar com uma vela em forma de caveira pode ser muito eficaz. As caveiras estão associadas aos ancestrais e ao mundo espiritual, tornando esse formato ideal para qualquer trabalho mágico relacionado às habilidades psíquicas.

Você vai precisar de:

- Anis-estrelado
- Castiçal / Suporte para vela
- Cristal de pedra da lua rolado
- Faca
- Isqueiro ou fósforos
- Ferramenta de adivinhação de sua escolha
- Vela em forma de caveira, de preferência branca, preta ou roxa

Carregue todos os itens com a intenção de aumentar suas habilidades psíquicas e abrir a comunicação com o mundo espiritual.

Com a faca, raspe um pequeno buraco na base da vela em forma de caveira e insira o anis-estrelado nesse espaço.

Coloque a vela na posição vertical no castiçal e o cristal de pedra da lua diante da vela.

Acenda o pavio e diga:

Luz da vela e energia psíquica a brilhar
Ilumine o oculto e faça tudo clarear.
Habilidades psíquicas que precisam crescer
Traga-me comunicação vinda do alto e faça acontecer.

Agora, pegue sua ferramenta de adivinhação (cartas de Tarô, pêndulos, runas, etc.) e faça uma leitura enquanto a vela em forma de caveira queima. A leitura pode ser sobre qualquer assunto – o objetivo desse feitiço é aumentar suas habilidades psíquicas para aprimorar suas capacidades de adivinhação.

Após concluir sua leitura, apague a vela. Ela pode ser reacendida na próxima vez que suas habilidades psíquicas precisarem de um impulso.

Velas Dedicadas aos Signos do Zodíaco

É possível adquirir velas especificamente dedicadas aos signos do zodíaco. Já vi essas velas em formato bicolor e também como velas de oração em vidro. Podem ser usadas para representar você ou a pessoa para quem está fazendo magia por meio do signo do zodíaco correspondente. Lojas de ocultismo e de espiritualidade costumam ter essas velas, ou elas podem ser encontradas on-line.

- *Melhor uso:* em altar ou para feitiços mais longos

Benefícios das velas dedicadas aos signos do zodíaco

Já vêm prontas e dedicadas a cada signo (ou você pode criar sua própria vela entalhando os símbolos zodiacais em uma vela)

- Podem ser preparadas com óleos e ervas

Prática

Feitiço de Cura com Vela Zodiacal

Incorporar os signos do zodíaco em seus feitiços pode criar uma conexão poderosa para você ou outra pessoa ao realizar magia de cura.

Você vai precisar de:

- 3 pedaços de selenita
- 6 pétalas de rosas secas
- Azeite de oliva
- Castiçal / Suporte para vela
- Faca ou agulha para esculpir
- Isqueiro ou fósforos
- Tomilho seco e moído
- Vela do zodíaco para representar a pessoa que precisa de cura; se possível, compre uma pronta

Carregue todos os seus itens com a intenção de cura e boa saúde.

Pegue a vela e entalhe o signo do zodíaco da pessoa que precisa de cura em um dos lados da vela. (Se você comprou uma vela do zodíaco pronta, pode pular esta etapa).

Em seguida, entalhe o símbolo do signo de Virgem na vela para representar a cura e a saúde.

Unja a vela com azeite de oliva, aplicando-o em sua direção para atrair a energia de cura. Depois, role a vela no tomilho seco e moído.

Coloque a vela em um suporte seguro. Arranje as pétalas de rosa e os pedaços de selenita ao redor da base da vela, formando um círculo – um anel de energia de cura. Acenda o pavio e visualize a energia de cura sendo enviada para a pessoa que necessita. Veja-a ganhando energia e força. Diga:

Energia e magia de cura ativadas
Força e saúde serão restauradas.
Boa saúde e cura ao redor enviadas
Para trazer de volta suas forças renovadas.

Quando estiver pronta, apague a vela. Essa vela pode ser reacendida por vários dias ou até que a pessoa esteja recuperada.

Velas Perfumadas

Somos constantemente bombardeadas pela enorme variedade de velas perfumadas disponíveis hoje. Costumo considerá-las mais como algo para deixar o ambiente com um cheiro agradável do que como uma ferramenta mágica, mas podem ser usadas em trabalhos mágicos, se você desejar. É importante escolher uma vela perfumada com óleos naturais em vez de fragrâncias químicas – ao acender o pavio, esses químicos são liberados no ar que você respira.

Lembre-se também de que alguns aromas podem ser tóxicos para animais de estimação. A maioria das fragrâncias químicas pode ser prejudicial, e alguns óleos essenciais também, como canela, pinho, poejo, melaleuca (tea tree) e hortelã-brava (*wintergreen*). Se você tem animais de estimação, pesquise antes de acender uma vela perfumada.[10]

- *Melhor uso:* velas de altar

10. Recomendo visitar o site www.dogsnaturallymagazine.com.

Benefícios das velas perfumadas

- Disponíveis em uma variedade de tamanhos
- Disponíveis em uma variedade de cores e aromas

Prática

Feitiço com Vela Perfumada para Remover Obstáculos

Às vezes, a vida coloca obstáculos em nosso caminho ou enfrentamos bloqueios ocasionais. Usar a magia dos aromas pode ajudar a remover o que estiver no seu caminho, criando uma trilha livre para que você possa seguir em frente.

Você vai precisar de:

- Caldeirão ou recipiente à prova de fogo
- Caneta
- Castiçal / Suporte para vela
- Pedaço de papel
- Isqueiro ou fósforos
- Pitada de hortelã seca
- Vela perfumada, de preferência de cor branca ou vermelha; os aromas sugeridos são coco, hortelã ou bergamota

Carregue seus itens com a intenção de remover os obstáculos que bloqueiam seu caminho. Pegue o pedaço de papel e escreva as palavras "remova todos os obstáculos do meu caminho". Desenhe um X sobre as palavras e, em seguida, salpique uma pitada de hortelã seca no centro do papel.

Dobre essa petição para longe de você, simbolizando a remoção de energia negativa, tomando cuidado para manter as ervas contidas dentro do papel.

Acenda o pavio da vela e diga:

Aroma que flutua no ar a se espalhar,
Obstáculos do meu caminho, comecem a recuar.

Liberem a passagem e deixem-me livre agir
Revelem uma jornada clara para que eu possa seguir.

Pegue a petição dobrada e coloque-a na chama da vela para queimá-la, depois deixe o papel cair no caldeirão para que se consuma de vez.

Por alguns minutos, sente-se e observe a chama da vela. Visualize os obstáculos sendo removidos ou bloqueios sendo liberados, permitindo que você siga em frente.

Quando estiver pronta, apague a chama. Você pode reacender essa vela durante os próximos cinco dias ou até que o bloqueio seja removido.

Velas Flutuantes

Talvez você já tenha visto pequenas velas projetadas para flutuar na superfície da água (esse efeito também pode ser alcançado com a maioria das velas réchaud). O tempo de queima dessas velas varia de acordo com o tamanho, mas, como referência, velas flutuantes de cinco centímetros (duas polegadas) queimam por cerca de quatro a cinco horas, enquanto as de sete centímetros e meio (três polegadas) queimam por cerca de oito a dez horas. São ótimas para rituais ao ar livre. Podem ser colocadas para flutuar em uma tigela ou em um vaso cilíndrico de vidro com água. Velas flutuantes podem ser encontradas na maioria das lojas e on-line.

- *Melhor uso:* feitiços de longa duração
- Também são ótimas como decorações sazonais ou velas de altar

Benefícios das velas flutuantes

- Disponíveis em uma variedade de cores
- Disponíveis em uma variedade de aromas
- Incorporam o elemento Água

Prática

Feitiço com Vela Flutuante

Velas flutuantes são maravilhosas para trabalhos mágicos, e são simples de usar! Elas podem ser usadas para qualquer intenção – basta adicionar ervas, especiarias e materiais vegetais correspondentes à Água. Para um impulso extra, aproveite o poder da fase da lua utilizando água da lua energizada.

Você vai precisar de:

- Água (água da torneira, de nascente, destilada ou água da lua)
- Ervas, especiarias e plantas correspondentes
- Pote de geleia ou de conserva limpo
- Vela flutuante ou vela réchaud

Segure o pote em suas mãos e carregue-o com sua intenção. Reúna todos os ingredientes que deseja colocar no pote. Lembre-se de não o sobrecarregar, a vela precisa de espaço para flutuar na superfície. Você pode usar uma variedade de itens, como especiarias, folhas, sementes, pétalas de flores, pedaços de casca de árvore ou galhos. Também é possível adicionar cristais seguros para água. Consulte a Parte 2 deste livro para obter os ingredientes correspondentes ou confie em sua intuição.

Carregue cada item com sua intenção antes de colocá-lo no pote. Em seguida, encha-o com água, deixando um espaço de pelo menos dois centímetros e meio no topo. Com cuidado, coloque a vela para flutuar na superfície da água. Acenda a vela e concentre-se em sua intenção.

Nota

A água da lua é fácil de preparar! Encha um pote com água e coloque-o do lado de fora sob a luz do luar. Outra opção é deixar o pote dentro de casa, em um peitoril de janela, certificando-se de que o reflexo da lua seja visível na superfície da água. Deixe o pote durante a noite. Pela manhã, a água estará carregada com a energia da lua. Você pode criar água da lua em qualquer fase lunar, incluindo a lua nova (escura). (Lembre-se de que sob a lua nova, o reflexo da lua não será visível.)

Tochas de Bruxa

Tochas de Bruxa, Velas de Bruxa, Velas da Feiticeira... diferentes nomes para velas que podem ser criadas com um núcleo de verbasco seco e revestidas com cera de abelha e várias flores e ervas secas. O verbasco tem sido usado ao longo da história para afastar o mal e trazer proteção. Na Roma antiga, os talos de verbasco eram mergulhados em sebo e usados como tochas carregadas durante os funerais.[11] Atualmente, as Tochas de Bruxa são usadas para remover energia negativa ou espíritos malignos, além de serem aplicadas em magia destrutiva.

Essas velas são chamadas de "tochas" porque tecnicamente não são velas, já que não possuem pavio. É mais seguro utilizá-las ao ar livre, pois podem gerar chamas intensas. No entanto, podem ser usadas em ambientes internos, desde que com muita cautela. São excelentes para limpar e purificar seu ambiente, espaço sagrado ou área ritual. Também podem auxiliar na conexão com o Outromundo.

Podem ser um pouco difíceis de encontrar, pois são feitas à mão. Já as vi em lojas de ocultismo. Talvez seja possível encontrá-las on-line.

- *Melhor uso:* limpeza e purificação do lar

Benefícios das tochas de bruxas

- Podem ser personalizadas de acordo com as ervas e flores utilizadas

Prática

Feitiço de Limpeza com Tocha de Bruxa

É surpreendente a rapidez com que a energia negativa pode se acumular em nossas casas. Um feitiço com vela é uma alternativa à limpeza usual com fumaça. Lembre-se de que Tochas de Bruxa podem produzir chamas intensas; prefiro mantê-las em um local fixo, é mais seguro do que ficar andando pela casa. Outra opção é posicionar a tocha no jardim para limpar os limites de sua propriedade.

11. Rebecca Beyer, "The Hag's Taper: Mullein," Blood and Spicebush (blog), 26 de setembro de 2017. Disponível em: http://www.bloodandspicebush.com/blog/the-hags-taper-mullein.

Você vai precisar de:

- Castiçal / Suporte para vela
- Isqueiro ou fósforos
- Tocha de Bruxa

Coloque sua Tocha de Bruxa em um suporte seguro. Talvez seja necessário ajustar a base para que encaixe em um castiçal. Se possível, posicione-a no cômodo central da casa.

Ao acender a Tocha de Bruxa, pode ser preciso aparar a parte superior para formar um "pavio", aproveitando a própria haste de verbasco.

Sente-se em silêncio e observe a chama. Visualize a energia da vela se espalhando por todos os cômodos da sua casa, um cômodo de cada vez. Veja essa energia preenchendo cada espaço, espalhando-se pelos cantos, do chão ao teto, eliminando qualquer negatividade e trazendo vibrações positivas. (Se preferir, pode carregar a tocha ao entrar em cada cômodo, mas como as Tochas de Bruxa podem se incendiar, é mais recomendado permanecer no lugar.)

Você pode recitar um encantamento enquanto visualiza, algo como:

Tocha de Bruxa com sua chama brilhante
Limpe a energia negativa com sua força constante.

Deixe minha casa limpa e bem protegida
Preencha-a somente com energia positiva.

As Tochas de Bruxa levam cerca de quinze minutos para se extinguirem, portanto, sente-se e visualize até que ela termine de queimar.

Velas Repelentes de Insetos para Uso Externo

Velas projetadas para uso externo geralmente vêm em recipientes de vidro ou lata para protegê-las dos elementos. Muitas vezes, são perfumadas, algumas com a finalidade de repelir insetos. Embora essas velas não seja usadas com frequência para magia, elas funcionam bem para rituais ao ar livre – pois ajudam a criar um ambiente e fornecem iluminação. Essas velas estão disponíveis em diversos tipos de lojas.

- *Melhor uso:* ambientes externos para iluminação e efeito

Benefícios das velas repelentes de insetos para uso externo

- Ótimas para iluminar áreas externas
- Podem manter os insetos afastados

Velas Cônicas para Iluminação

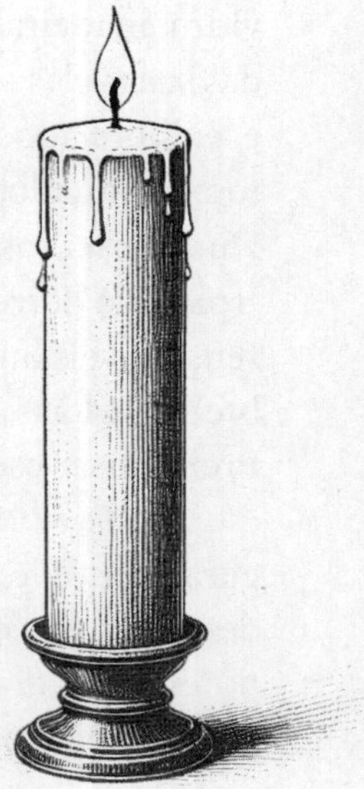

As velas cônicas para iluminação costumam ser longas e finas, apenas um pavio com uma leve camada de cera, e são usadas para acender outras velas. Úteis quando há várias velas que precisam ser acesas ao mesmo tempo ou para acender uma vela réchaud ou pequena no fundo de um pote de vidro ou dentro de uma lanterna. Essas velas estão disponíveis em todos os tipos de lojas.

- *Melhor uso:* acender várias velas o mesmo tempo ou velas réchaud no fundo de um recipiente

Nota Pessoal

Como a magia com velas é minha escolha principal para qualquer trabalho mágico, mantenho um estoque de velas sempre à mão. Achei que seria útil compartilhar quais velas gosto de usar e para quais finalidades as utilizo.

A minha preferida é a vela palito pequena, e eu as tenho em uma variedade de cores. Tenho também várias pequenas velas pilar que uso como velas dedicadas às Divindades e guias animais. Mas quando leio Tarô, gosto de acender uma vela pilar grande. Uso velas réchaud quando crio grades de velas e cristais, mas não costumo usá-las para fazer trabalhos mágicos em geral, pois demoram muito para queimar. Também mantenho algumas velas de jantar à mão; eu as utilizo para criar minhas próprias velas de sete nós ou para adicioná-las aos altares de Sabbat. Tenho algumas velas votivas perfumadas, mas não costumo fazer magias com elas – deixo para usá-las na época do Yule para deixar a casa com um ar festivo!

Castiçais / Suporte para Vela

Um tema óbvio que às vezes é negligenciado é a escolha de um castiçal. Disponíveis em diversos materiais, os castiçais podem ser de vidro, madeira, plástico ou metal. Você precisará de um para a maioria das suas velas – se não for todas. Já trabalhei com vários tipos diferentes e, embora adore a ideia de um castiçal de madeira, descobri que se não tomar cuidado, a chama da vela queima a madeira quando ela fica baixa. Nunca usei castiçais de plástico, mas suspeito que eles façam o mesmo – plástico derretido não seria uma boa adição ao seu feitiço de vela, aos seus móveis ou ao ar. Castiçais tradicionais podem ser encontrados em brechós e lojas de caridade a baixo custo; alguns são bastante sofisticados. Prefiro usar castiçais de cerâmica em meus feitiços.

Velas votivas e de pilar conseguem ficar em pé sozinhas, mas, geralmente, é necessário algo para colocá-las, evitando que a cera derretida se espalhe por todo lugar. Velas votivas funcionam bem em potes ou xícaras de vidro. Já as velas pilar podem ser colocadas sobre porta-copos, pratos de vidro ou cerâmica, ou em pedaços de madeira.

As velas réchaud precisam mesmo de algo para serem colocadas ou apoiadas, pois a latinha de metal fica muito quente. Há muitos suportes para velas réchaud disponíveis para compra. Alguns são feitos de madeira ou até mesmo de cristais escavados, mas um pote de geleia também funciona muito bem.

A maioria dos potes e latas fica quente quando a vela está acesa há algum tempo. Tenha isso em mente. Quando uso uma vela em um pote ou lata, eu a coloco em um porta-copos ou coloco um pedaço de madeira embaixo para proteger a superfície contra danos causados pelo calor.

O tipo de suporte que você usa importa além das questões práticas? Sim, a forma e o design dos castiçais adicionam mais uma camada de energia ao seu trabalho mágico. Um castiçal em forma de caveira é perfeito para magia ancestral ou trabalho com espíritos. Feitiços de amor podem ser realizados com castiçais em formato de coração. E, é claro, há muitos castiçais no mercado com imagens de lua e sol.

Tenho suportes de vidro colorido que uso para corresponder aos quatro elementos: um vermelho para o Fogo, um azul para a Água, um amarelo para o Ar e um verde para a Terra. Tenho também um castiçal em forma de morcego, que funciona bem para trazer a energia mágica desse animal; isso se aplica a todos os suportes em forma de animais. Para os Sabbats, uso um conjunto de suportes para velas réchaud; cada um tem o nome do Sabbat e imagens correspondentes. Além disso, tenho alguns belos castiçais de ferro forjado que trazem os elementos Fogo e Água. (Lembre-se de que esses castiçais não são adequados para trabalhos com o mundo das fadas, pois elas detestam ferro.)

Se estiver interessada em adquirir seus próprios castiçais, suportes para pratos ou porta-copos podem ser reaproveitados. Deixe um pouco de espaço ao redor da vela para adicionar itens como cristais ou ervas. Pratos para batatas *dip chips* também são excelentes como castiçais. Coloque uma vela réchaud na parte central "dip"; outros ingredientes do feitiços, como cristais ou ervas, podem ser colocados na parte "chips".

Pedras grandes e planas ou pedaços de madeira podem servir como superfícies resistentes para colocar velas. Tenho um longo pedaço de carvalho, um recorte da nossa bancada de cozinha, onde realizo feitiços com velas. Coloco as velas diretamente sobre a madeira, fixando-as com algumas gotas de cera quente. Tenho também uma pedra grande e plana que trouxe do litoral e que uso da mesma maneira. Ambas fornecem uma base sólida e resistente e incorporam os elementos: a madeira traz a energia terrosa e a pedra traz não apenas a terra, mas também a energia da água.

Use a criatividade em seus suportes. Castiçais altos podem ser decorados com arame, fita ou linha enrolados ao redor (apenas mantenha esses materiais longe da chama da vela). Fotografias ou imagens também podem ser amarradas aos castiçais. Imagens e símbolos podem ser pintados em castiçais de vidro ou metal. Suportes de madeira podem ser pintados ou ter símbolos esculpidos ou queimados neles. Você pode até colar itens no suporte, como botões, flores e ervas secas ou glitter.

Tudo isso para dizer que é útil pensar sobre os castiçais que você escolhe para seus trabalhos mágicos. Considere o quão bem ele sustentará a vela e qual energia, se houver, ele poderá adicionar ao seu feitiço.

Nota Pessoal

Por experiência própria, recomendo "fixar" velas altas no suporte antes de acendê-las, seja em um candelabro ou em uma base menor. Para isso, acenda uma vela (costumo usar um toco de vela antigo em vez de uma vela nova) e pingue cera quente no suporte. Em seguida, rapidamente, enquanto a cera ainda estiver quente, pressione a nova vela em sua posição. Segure-a por alguns segundos até que a cera endureça. Isso estabiliza a vela em seu lugar.

Velas Econômicas

Se estiver trabalhando com um orçamento apertado ou se quiser apenas economizar um pouco, aqui estão algumas dicas para tornar suas compras de velas mais econômicas:

- Compre velas pequenas ou até mesmo velas cônicas e corte-as em pedaços. Use uma faca afiada para dividi-las em duas ou três partes. Apare o topo de cada pedaço para criar um pavio para acender. Assim, você transforma uma vela em duas ou três!
- Verifique lojas de desconto e brechós, pois geralmente têm velas a preços muito acessíveis. Fique atenta aos ingredientes, pois velas mais baratas costumam ter muitos produtos químicos.
- Costumo comprar velas durante promoções em épocas específicas do ano. Após o *Halloween*, lojas podem promover velas em forma de caveira; após o Yule, promovem velas brilhantes vermelhas e verdes com ótimos descontos.
- Supermercados costumam ter algumas velas em estoque, então fique de olho enquanto faz suas compras.

CAPÍTULO CINCO

Métodos e Modos de Fazer

Além da vela de cera propriamente dita, há outras maneiras de adicionar poder e energia aos seus feitiços e magia com velas. Os métodos apresentados neste capítulo oferecem um reforço extra à sua magia e ajudam a impulsionar os seus feitiços. Assim como as camadas de uma cebola, um feitiço também tem camadas, cada uma fortalecendo a outra. Trabalhar com camadas adicionais não só aumenta o poder do feitiço, mas também melhora seu foco. Esses "extras" exigem mais tempo, mas certamente valem o esforço. Se vale a pena fazer um trabalho, vale a pena fazê-lo corretamente!

Papel de Petição

Um papel de petição é uma representação da sua intenção em forma escrita. É uma solicitação formal por escrito. Os documentos de petição contêm uma palavra (ou várias palavras) que resume a intenção e o foco de um feitiço. Não é necessário escrever um ensaio – basta anotar algumas palavras-chave de poder que representem a intenção do feitiço. Por exemplo, se eu estivesse realizando um feitiço para trazer coragem para uma apresentação, poderia escrever "Coragem e Confiança" no papel de petição. Para um feitiço de liberação de maus hábitos, poderia escrever "Liberte e deixe ir meus maus hábitos". Se isso parece simples, é porque realmente é – papéis de petição não precisam ser complicados.

Você pode escrever no papel de petição com um lápis, caneta, pincel, pena ou o que achar mais adequado. Costumo escrever com uma caneta hidrográfica colorida, combinando a cor com a intenção da minha magia. Outra opção é usar tintas mágicas.

Depois de escrever o papel de petição, o que fazer com ele? Aqui estão algumas maneiras de integrá-lo ao seu trabalho mágico:

- Prenda o papel em sua vela ou no pavio de sua lamparina.
- Coloque-o embaixo da vela.
- Posicione-o diante da vela.
- Use a chama da vela para acendê-lo e queimá-lo com segurança.
- Enrole o papel da petição em uma vela de cera de abelha apagada e acenda-a como parte do feitiço.

Depois de concluir o feitiço, é hora de descartar qualquer papel de petição restante. Existem várias maneiras de fazer isso, algumas das quais compartilharei a seguir, mas confie na sua intuição. Seu método pode variar dependendo do feitiço realizado. Lembre-se de considerar como e onde você descarta o papel de petição: o descarte é seguro e ecologicamente correto? Aqui estão algumas opções:

- Solte o papel na água.
- Deixe-o exposto ao sol, à chuva ou à luz da lua.
- Enterre-o na terra.
- Enrole-o ou dobre-o e carregue consigo ou coloque no altar.
- Rasgue-o e jogue-o ao vento.
- Descarte-o no lixo.
- Jogue-o no vaso sanitário e dê descarga

O que você vai fazer com o papel de petição vai depender de como se sente em relação à energia dele, bem como de suas preferências pessoais ao realizar trabalhos mágicos. Se o feitiço estiver relacionado a emoções, um final aquoso para a petição funcionará bem. Se for sobre dinheiro ou coisas materiais, enterrar o papel da petição no solo trará o elemento Terra. Para algo relacionado à paixão ou criatividade, queimar o papel com a chama da vela incorpora o elemento Fogo. Se achar que o feitiço cumpriu seu propósito, descartar o papel no lixo é suficiente.

Resumindo: escrever um papel de petição manifesta a intenção; fazer magia com velas coloca a energia em movimento; descartar o papel de petição após o feitiço finaliza tudo de forma harmoniosa.

Tipo de papel

Que tipo de papel usar para escrever uma petição? Isso depende de você e do que tiver disponível. Há muitas opções, desde as mais simples e fáceis de obter até as mais elaboradas e sofisticadas. Algumas sugestões incluem: papel para anotações, cartões de visita, papel higiênico, papel colorido para artesanato ou itens naturais, como folhas. Lembre-se de que, se for queimar ou enterrar sua petição, ela precisa ser escrita em um material biodegradável.

Minha escolha padrão é um pedaço de papel para impressora, cortado ou rasgado. Principalmente porque é algo acessível para mim. Se preferir, pode comprar papel sofisticado e usá-lo exclusivamente para trabalhos mágicos. Em lojas de artesanato, é possível encontrar papéis de diversas espessuras, acabamentos e cores; seu papel pode ser personalizado para corresponder à intenção do seu feitiço.

Papéis com Nomes

Semelhante a um papel de petição, o papel com nome é usado em muitas práticas de magia popular como forma de conectar a energia de uma pessoa a um feitiço. Um pedaço de papel (de preferência de um saco de papel marrom) é rasgado, não cortado com uma tesoura. Gosto da energia que o papel rasgado carrega; de alguma forma, parece mais mágico do que um formato cortado com tesoura. Rasgar o papel é o meu método preferido para criar papéis com nomes e petições.

No meio do papel, escreva o nome da pessoa para quem o feitiço é destinado e direcionado. Use o nome completo, se souber. Cartões de visita funcionam muito bem, pois já têm o nome da pessoa e uma conexão com ela. Você também pode usar fotografias, se tiver; basta escrever o nome da pessoa no verso da imagem.

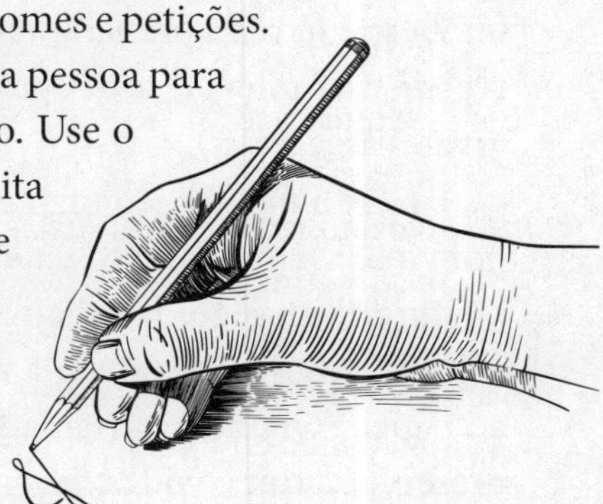

Prática

Criando uma Papel com Nome

Para realizar o feitiço, após escrever o nome no papel, faça o seguinte:

1. Escolha uma ou duas palavras que estejam alinhadas com sua intenção e escreva-as sobre o nome. Se estiver trabalhando com magia de atração, gire o papel no sentido horário e escreva as palavras novamente. Se estiver trabalhando com magia de banimento, gire o papel no sentido anti-horário e reescreva as palavras.
2. Comece por uma das bordas do papel e escreva uma frase com seu objetivo. Mantenha um fluxo contínuo, girando o papel enquanto escreve, para que a frase envolva os nomes e palavras já inscritos.
3. Unte o papel aplicando uma gota de uma mistura de óleos em cada canto.
4. Dobre o papel em sua direção para magia de atração, ou para longe de você para magia de banimento.
5. O papel com o nome pode ser fixado a uma vela, colocado embaixo dela ou inserido em um pote de feitiços.

Tinta Mágica

Sem dúvida, você pode escrever seus feitiços e petições com uma caneta ou lápis. Porém, se quiser adicionar um toque especial, pode usar tinta mágica, que é encontrada na maioria das boas lojas de ocultismo e também é fácil de preparar em casa. A base da tinta mágica é a água. A regra é usar uma parte de água para duas partes de ingredientes (frutas, ervas, cascas, etc.).

Leve a mistura ao fogo até ferver e deixe cozinhar em fogo baixo por vinte a trinta minutos, até atingir a saturação de cor desejada. Coe a mistura e, em seguida, adicione três ou quatro colheres de chá de goma arábica em pó. (Isso ajuda a tinta a ser menos líquida e aderir melhor ao papel.) Quando esfriar, adicione uma colher de chá de álcool para preservar a tinta; vodca funciona bem.

Aqui estão algumas sugestões de ingredientes para tintas mágicas:

- A maioria das bagas e cascas pode ser transformada em tinta. Bagas de espinheiro e casca de canela, em particular, funcionam bem. Ferva-as até obter a cor desejada; quanto mais escura, melhor, pois a tinta tende a clarear à medida que seca.
- Saquinhos de chá e café podem ser usados para criar uma tinta marrom-escura.
- A resina de sangue de dragão é usada para fazer tinta de dragão. Triture a resina até virar um pó fino e adicione à água, mexendo até dissolver. Isso pode ser feito com qualquer resina, incluindo olíbano e mirra.
- Vegetais e frutas, como beterraba e amoras, podem ser usados para criar cores vibrantes de tinta. Cascas de cebola também funcionam bem. Vegetais de raiz precisam ser fervidos, amassados e peneirados. Amoras podem ser amassadas a frio e coadas.
- Pétalas de flores e ervas podem ser fervidas e coadas.
- Algumas gotas de óleo essencial podem ser adicionadas para aumentar a potência e dar um aroma à sua tinta mágica.

Prática

Fazendo Tinta Mágica Vermelha

A tinta vermelha, em particular, é excelente para feitiços de amor, força, paixão e criatividade. Escrever o pedido com sua própria tinta traz energia extra ao trabalho mágico e acrescenta uma conexão pessoal, já que você mesma preparou a tinta. Essa magia pode ser ainda mais intensificada ao adicionar óleos essenciais correspondentes.

Você vai precisar de:

- 1 beterraba grande
- 1 pote pequeno com tampa
- Faca
- Panela pequena
- Peneira ou coador de malha fina
- Tábua de corte

Opcional

- 1 colher de chá de vodca (ou álcool isopropílico)

Variações

Beterrabas carregam a magia do aterramento, do amor e da paixão, então você pode acrescentar óleo essencial de beterraba para incorporar essas qualidades.

- Para criar uma tinta de aterramento: adicione 6 gotas de óleo essencial de patchouli
- Para criar uma tinta de amor: adicione 6 gotas de óleo essencial de rosa
- Para criar uma tinta de paixão: adicione 6 gotas de óleo essencial de cardamomo

Corte a beterraba em pequenos cubos.

Coloque os cubos de beterraba em uma panela e despeje água suficiente para cobri-los.

Leve ao fogão em fogo alto até ferver, depois reduza para fogo médio. Cozinhe em fogo brando até que a beterraba esteja macia, cerca de vinte minutos.

Coe o líquido da panela para o pote. Deixe a beterraba esfriar.

Quando estiverem frios o suficiente para serem manuseados, pegue alguns pedaços pequenos de beterraba e passe-os pela peneira. Coloque a polpa resultante na jarra com a água da beterraba. Mexa bem e deixe esfriar até a temperatura ambiente.

Após a mistura esfriar, adicione o álcool e/ou o óleo essencial, se for utilizar.

Prática

Como Fazer Tinta Mágica Psíquica

Esta receita utiliza pétalas de calêndula para adicionar energia psíquica à sua tinta mágica, mas você pode substituir a calêndula por qualquer outra pétala de flor ou erva.

Você vai precisar de:

- 1 xícara (236 ml) de água
- 2 xícaras (ou um punhado generoso) de pétalas de calêndula
- Pote de vidro com tampa
- Goma arábica
- Panela pequena
- Peneira ou coador de malha fina

Opcional

- As calêndulas carregam a propriedade mágica da energia psíquica; você pode intensificar isso adicionando 3 gotas de óleo essencial de canela

Coloque as pétalas de calêndula e a água na panela e leve ao fogo alto até ferver. Quando a mistura estiver fervendo, reduza o fogo para médio e deixe cozinhar por cerca de meia hora.

Coe o líquido diretamente para o pote de vidro.

Adicione quatro colheres de chá de goma arábica (e o óleo essencial, se estiver usando) e misture bem.

Deixe a mistura esfriar até atingir a temperatura ambiente.

Entalhes e Inscrições

Para adicionar mais intenção à sua vela, você pode entalhar runas, números, letras, palavras, símbolos ou sigilos na cera. Use um palito afiado ou uma faca pequena para gravar seu desenho na vela. Eu uso uma agulha de tatuagem para gravar minhas velas; essa agulha foi utilizada durante um ritual de tatuagem e o artista gentilmente me deu depois. Ela não só tem uma ponta afiada para esculpir a vela, mas também carrega a magia do meu próprio sangue.

Qualquer palavra pode ser entalhada em uma vela. Você pode escrever em linha reta ao longo da lateral da vela, do pavio até a base, para coisas que deseja liberar, ou escrever subindo pela lateral, da base até o pavio, para atrair coisas que quer. Palavras e desenhos também podem ser entalhados em forma de espiral, de cima para baixo ou de baixo para cima.

Há quem acredite que tudo o que for esculpido em uma vela deve ser feito em um único movimento contínuo – sem levantar a faca ou o alfinete da cera até terminar –, isso ajuda a concentrar sua energia. A ideia faz sentido, mas nem sempre é prática, especialmente se o desenho for muito detalhado. Confie na sua intuição nesses casos.

Depois que a cera estiver esculpida, você pode destacar o desenho passando por cima com um marcador (*Sharpie*) ou uma caneta com glitter, se desejar. Outra opção é seguir o entalhe com uma caneta de cola e, em seguida, adicionar ervas trituradas ou glitter.

Fixando Alfinetes na Vela

Fixar alfinetes significa inserir um alfinete na vela no ponto onde a magia será liberada. Esse processo é feito antes de começar o feitiço. Enquanto a vela estiver acesa, você precisará manter o foco e a intenção nela até que derreta o suficiente para que o alfinete caia. Quando o alfinete for liberado pela vela, o feitiço estará concluído. Isso pode levar algum tempo, e pode exigir muita energia. Costumo colocar um alfinete no terço superior de uma vela por esse motivo.

Os alfinetes também podem ser usados para dividir uma vela em seções. É possível criar uma vela de sete ou nove dias inserindo alfinetes ao longo dela em intervalos regulares. Se quiser adicionar um pouco de magia colorida ao feitiço, você pode usar alfinetes coloridos. Se não tiver alfinetes com cabeça à mão, use os de costura simples e retos. Alfinetes de chapéu também funcionam bem. Espinhos de plantas longos o suficiente também podem ser usados, as agulhas do espinheiro-preto são uma ótima opção.

Para fins de adivinhação, usar alfinetes pode ser uma boa escolha. Dois ou mais alfinetes são inseridos na seção superior da vela. Uma pergunta é feita, e o pavio é aceso. Quando os alfinetes caem, a maneira como são dispostos é lida como uma resposta à consulta. (Mais detalhes no capítulo 16.) Cecil Williamson registrou como uma mulher sábia (Mary Sale, de Taunton, Inglaterra) perfurava uma vela colorida com alfinetes. A cor da vela e dos alfinetes correspondia ao tipo de consulta que ela estava realizando. A vela era então colocada em um castiçal de madeira sobre uma mesa redonda coberta com um pano. A direção em que os alfinetes caíam e a distância do castiçal eram usadas para fazer a leitura.[12]

Selando o Acordo

Selar documentos e cartas remonta a tempos antigos. Originalmente, os selos eram usados como um meio de verificar a autenticidade de um documento, em vez de apenas selar o conteúdo. No entanto, eles também ajudavam a impedir que a pessoa encarregada de entregar a correspondência desse uma espiada no conteúdo!

Os antigos sumérios, egípcios e gregos selavam suas comunicações com símbolos de argila. Na Roma Antiga, inicialmente utilizava-se betume. Depois, passaram a usar cera de abelha, prática que se espalhou pela Europa. Durante a Idade Média, a cera de abelha tornou-se o selo preferido, pois era fácil de usar e captava bem a imagem de um selo. Além disso, acreditava-se que as abelhas eram sagradas para Deus, o que conferia pureza à sua cera.

12. Cecil Williamson, "17 – Candlestick + Candle," Museum of Witchcraft and Magic, acessado em 13 de abril de 2023, https://museumofwitchcraftandmagic.co.uk/object/candlestick-candle/.

O uso do "lacre de cera" pode ter se originado na Europa durante o século 16 – embora a maioria não contivesse cera de fato. As cores mais comuns para o lacre de cera eram vermelho ou preto. A partir do século 19, o verde também passou a ser utilizado. Alguns lacres de cera também tinham óleos essenciais adicionados à sua composição.[13]

Adoro o uso de lacres de cera; ele faz com que as cartas pareçam especiais, portanto, para mim, faz sentido usá-lo também na magia. A cera pode "selar o acordo" nos trabalhos mágicos. Utilizo lacres no trabalho com feitiços de várias maneiras:

- Quando crio uma Garrafa de Bruxa (basicamente um feitiço em um pote), gosto de selar a tampa pingando cera por cima. Isso não apenas lacra todos os ingredientes, como também finaliza o feitiço. Ah, e isso faz com que o frasco pareça muito Bruxo!
- Você pode usar cera em seus papéis de petição depois de escrevê-los. Pingue cera quente sobre as palavras, cobrindo-as; gosto de fazer isso para selar as palavras do feitiço e minha intenção. Você também pode polvilhar as ervas correspondentes sobre as palavras da petição e selá-las no papel com cera.
- Ao trabalhar com um envelope ou papel dobrado cheio de ingredientes do feitiço, pingue cera nas dobras para selar tudo junto.

Amuletos e Talismãs de Cera

Se você realizou um feitiço e sobrou cera, pode descartá-la conforme discutido no capítulo 3 ou transformá-la em um amuleto para manter o feitiço ativo. Pequenos pedaços de cera podem ser aquecidos em suas mãos e moldados em amuletos para serem levados com você ou colocados em seu altar. Fragmentos de cera também podem ser usados em Garrafas de Bruxa, fixados em *poppets* ou adicionados a bolsas de feitiços que compartilhem a mesma intenção do feitiço original da vela.

A cera de um feitiço de proteção pode ser espalhada ao redor dos limites de sua casa, enterrada no solo (de preferência perto do portão ou na entrada do terreno) ou colocada sob o capacho. Restos de cera

....

13. Kathryn Kane, "Sealing ... Wax?" (Selando... Cera?) The Regency Redingote (blog), 16 de novembro de 2012, https://regencyredingote.wordpress.com.

também podem ser colocados em bolsas de feitiços ou Garrafas de Bruxa para proteção.

Ceras remanescentes dos feitiços de prosperidade e dinheiro podem ser moldadas em um pequeno disco. Coloque o disco em sua bolsa para atrair dinheiro ou adicione-o a bolsas mágicas.

As únicas peças de cera que não recomendo guardar são aquelas usadas em feitiços de banimento, liberação ou remoção.

Amuletos e talismãs também podem ser criados a partir de cera nova e não utilizada. Derreta a cera e despeje-a em pequenos moldes de chocolate ou biscoito. Lascas de cristal, especiarias, plantas e ervas podem ser adicionadas enquanto a cera ainda estiver quente. Deixe a cera endurecer e, em seguida, retire os amuletos dos moldes. Podem ser colocados no altar, carregados com você ou usados em trabalhos mágicos.

Prática

Amuleto de Cera para Proteção

Crie um amuleto de cera para carregar com você! Use cera restante de um feitiço com vela de proteção ou utilize uma vela nova.

Você vai precisar de:

- 6 grãos de pimenta-do-reino
- Faca
- Isqueiro ou fósforos
- Pequeno molde ou lata vazia de vela réchaud
- Vela preta (restos de um feitiço de proteção ou uma vela nova)

Carregue seus itens com a intenção de trazer proteção para você. Coloque os grãos de pimenta-do-reino no fundo do molde.

Acenda o pavio da vela e segure-a para que a cera derreta e pingue dentro do molde. Continue até que todos os grãos de pimenta tenham sido cobertos e haja cera suficiente para criar um amuleto de tamanho razoável. (O ideal é que ele caiba na palma de sua mão).

Apague a vela e deixe a cera esfriar.

Quando a cera estiver endurecida, use a faca para entalhar o símbolo rúnico *Algiz* em sua superfície.

Com cuidado, retire o amuleto do molde. Coloque-o no bolso, bolsa ou mochila; se quiser preservá-lo, guarde-o primeiro em um saquinho de tecido.

Grades de Velas

Você pode amplificar o poder da sua magia com velas criando uma grade de velas. Talvez você já esteja familiarizada com grades de cristais; eu uso grades de velas da mesma forma que uso com cristais. Também gosto de combinar as duas. Para criar uma grade de velas, tudo o que precisa é de um conjunto de velas e quaisquer outros itens que desejar, como cristais, ervas ou cartas de Tarô. Velas réchaud funcionam bem para grades, mas qualquer tipo de vela pode ser usado.

Prática

Criando uma Grade de Velas

1. Comece em um espaço agradável, plano e seguro.
2. Coloque uma vela no centro como ponto focal, e disponha as outras velas formando um desenho, semelhante a uma mandala. O desenho pode ter um formato familiar, como uma espiral, uma estrela ou um pentagrama, ou você pode usar sua intuição e criar um padrão livre. Carregue cada vela com sua intenção ao colocá-la em seu desenho.
3. Depois de configurar o padrão com as velas, adicione cristais, cartas de Tarô ou ervas que correspondam à sua intenção para intensificar a magia. Use sua intuição para posicionar esses itens dentro do desenho da grade de velas.
4. Com o desenho pronto, declare sua intenção em voz alta e acenda a vela central. Continue acendendo as velas, movendo-se para fora. Você pode acender cada vela individualmente ou usar a chama da vela anterior. Ao acender os pavios, diga às velas o que precisa delas. Pode ser útil recitar um encantamento ou tocar música ao fundo durante o processo.

5. Quando todas as velas estiverem acesas, a magia da grade de velas foi ativada. Passe um tempo em silêncio, observando as chamas e visualizando seu objetivo. Se desejar, medite também.
6. Quando sentir que o feitiço foi concluído, apague as velas ou deixe-as queimar completamente. Limpe os cristais e as cartas de Tarô. Descarte as ervas e quaisquer restos das velas.

Velas Poppets (Vela Boneco)

Trabalhar com velas como bonecos (*poppets*) pode ser extremamente eficaz. Em vez de criar um boneco de tecido, gravetos ou barbante, você pode simplesmente usar uma vela. As mais indicadas para essa finalidade são as velas de feitiço ou de jantar.

Se estiver se sentindo criativa e tiver cera de vela sobrando, pode derretê-la e criar uma forma de boneco moldando a cera com as mãos, assim que estiver fria o suficiente para manusear, mas ainda maleável. Velas em forma de figura humana também funcionam bem como *poppets*, já que têm o formato necessário! A ideia de um *poppet* com características humanas é poder representar você mesma ou outra pessoa.

Poppets também podem ser criados com uma vela nova. O formato da vela representa o corpo. Para criar os braços, pode amarrar limpadores de cachimbo ou barbante ao redor da vela. Alfinetes podem ser usados para fazer os olhos (ou até mesmo os braços). Para criar um rosto, pode desenhá-lo na vela com uma caneta. Outra opção é prender ou amarrar à vela uma fotografia da pessoa que o *poppet* deve representar. Se preferir, pode fixar uma petição no boneco. Após finalizar a modelagem, carregue-o com sua intenção. O próximo passo é de sua escolha: *poppets* podem ser colocados no altar para que a magia atue, ou podem ser queimados para liberar a energia.

Um *poppet* de cera pode ser queimado jogando-o no fogo – desde que você tenha usado apenas itens decorativos que queimem facilmente e com segurança. Se não adicionou muitos extras à vela, ela pode ser queimada como se fosse uma vela comum. Quando o feitiço estiver concluído, descarte os restos do *poppet* longe de sua propriedade. Jogue-os em uma lixeira pública ou enterre-os (se os itens forem biodegradáveis).

Prática

Feitiço de Amarração com *Poppet* de Cera

Feitiços de amarração são úteis quando alguém está lhe causando sofrimento, mas você não deseja trabalhar com banimento ou maldição. Um feitiço de amarração impede a pessoa de causar danos a você, sem infligir qualquer tipo de lesão física a ela.

Você vai precisar de:

- Caneta preta
- Espinho ou alfinete
- Fio ou barbante
- Fogueira ou local para queimar
- Óleo de gergelim
- Óleo essencial sangue de dragão
- Pedaço de papel pardo, rasgado nas bordas
- Vela palito na cor bordô ou preta

A fogueira pode ser acesa antes ou depois de começar a criar o *poppet* – escolha o que for mais conveniente.

Carregue todos os itens com a intenção de amarrar a pessoa para trazer proteção a você ou à sua família.

Adicione algumas gotas de óleo essencial de sangue de dragão ao óleo de gergelim e unte a vela, trabalhando em um movimento espiral no sentido horário ao redor dela.

Escreva o nome da pessoa que deseja deter no pedaço de papel pardo.

Em seguida, risque o nome com a caneta.

Prenda o papel com o nome à vela usando um alfinete ou espinho.

Pegue o barbante e comece a enrolá-lo ao redor da vela em movimento no sentido horário.

Visualize a pessoa que está causando o mal sendo impedida de fazê-lo e ficando fora do seu caminho. Enquanto trabalha, diga:

Energia do dragão e dos poderes presente
Amarre essa pessoa e me proteja plenamente.
Impeça-a de causar danos tão pesados
Amarre sua energia para cessar os fardos.

Dê um nó no barbante para finalizar. Em seguida, jogue a vela inteira nas chamas e diga:

As chamas agora queimam para selar o feitiço
A amarração foi feita, trazendo equilíbrio e alívio.
Nenhum mal foi feito, e estou protegido enfim
A proteção agora está firmada em mim.

Mesclando Velas

Adoro realizar feitiços com várias velas juntas. Quando colocadas bem próximas umas das outras, elas queimam e derretem juntas, criando padrões interessantes de chamas, gotejamentos e poças de cera. Isso também ajuda a mesclar a intenção mágica das velas. Para esse método, descobri que velas pequenas para feitiço ou velas de cera de abelha funcionam melhor.

À medida que queimam, as velas mescladas combinam suas intenções. Por exemplo, posso acender uma vela verde para prosperidade, laranja para sucesso e vermelha para poder. Conforme queimam, as energias das velas se misturam; essas três cores criam um excelente feitiço de magia com velas para um novo projeto ou empreendimento. Posso até obter uma leitura interessante se as diferentes cores de cera derretida se misturarem.

Prática

Feitiço de Fusão de Velas para Clareza, Percepção e Verdade

Quando preciso me aprofundar em uma situação, gosto de usar um feitiço de fusão de velas, pois ele combina várias intenções em torno de um objetivo comum. Neste caso, o feitiço trará clareza sobre um problema, revelará a verdade e fornecerá percepções sobre como resolvê-lo ou lidar com ele.

Você vai precisar de:

- 3 cravos-da-índia
- 3 velas palito (ou velas de cera de abelha enroladas) de cores diferentes: 1 azul, 1 preta e 1 branca
- Carta de Tarô A Sacerdotisa
- Isqueiro ou fósforos
- Óleo de cravo misturado com óleo base de girassol
- Pitada de café moído
- Prato para apoiar velas; gosto de usar um espelho para refletir

Faça esse feitiço em uma lua escura, se possível em uma segunda-feira.

Coloque os ingredientes à sua frente e carregue todos com sua intenção. Depois de carregados, é hora de revestir as velas com a mistura de óleos. Comece com a vela preta. Unte-a afastando o óleo de você, para revelar a verdade.

Agora, unte a vela branca em sua direção, para trazer clareza. Por fim, unte a vela azul em sua direção, para trazer percepção.

Coloque as três velas uma ao lado da outra, próximas o suficiente para se tocarem. Para que as velas fiquem firmes no lugar, pode ser necessário pingar um pouco de cera quente (de outra vela) no prato e posicionar as velas sobre ele.

Posicione a carta da Sacerdotisa atrás das velas. Pegue uma pitada de café e salpique sobre as três velas, dizendo:

Poder do café, dê um impulso a esse feitiço
Revele a verdade com clareza e sem artifício.

Coloque um cravo diante de cada vela e diga:

Poder mágico do cravo, traga para mim
Percepção, verdade e clareza sem fim.

Acenda a vela preta e diga:

Vela preta, brilhe e mostre a verdade para mim.

Acenda a vela branca e diga:

Vela branca, brilhe e mostre a clareza sem fim.

Acenda a vela azul e diga:

Vela azul, brilhe e traga-me ação e percepção.

Sente-se em silêncio e observe as velas enquanto as chamas se fundem e as ceras derretem juntas. Veja a situação que deseja resolver em sua mente. Procure por mensagens no movimento das chamas e ouça qualquer palavra ou ideia que surgir em sua mente.

Deixe as velas queimarem completamente. Se sobrar uma poça de cera, observe quaisquer imagens ou formas que possam lançar luz sobre sua situação.

Descarte qualquer resíduo no lixo.

Passando a Chama

A magia com velas pode ser usada para "passar a chama". O que quero dizer com isso é que a magia da chama de uma vela pode ser passada para outra vela. Um exemplo disso é uma vela que mantenho no meu altar, que carrega a energia da Deusa Brighid e as bênçãos do Dalai Lama. Há vários anos, participei de um festival que tinha uma vela central. Essa vela havia sido acesa a partir de uma chama eterna no Templo de Brighid, que também havia sido abençoada pelo Dalai Lama. A vela carregava a energia original da chama, e essa energia foi transferida para todas as velas que foram acesas a partir dela.

Costumo passar a chama com minhas próprias velas, especialmente com uma dedicada à amizade que tenho. A vela central era dedicada ao meu círculo íntimo de amigos, e as velas foram acesas a partir dela e entregues aos meus amigos permitindo que cada um tivesse sua própria vela de amizade, imbuída com a energia do nosso grupo. Isso também pode ser feito com velas de altar dedicadas a uma Divindade. Ao acender uma nova vela a partir da original, você transfere a energia para ela.

Prática

Feitiço Vela da Amizade

Este feitiço foi criado em um momento em que meu círculo íntimo de amigos estava separado e não podia se encontrar. É uma magia destinada a amigos, membros de um Coven ou familiares, para fortalecer e manter sua conexão sólida.

Você vai precisar de:

- 1 pequeno cristal de quartzo-rosa para cada pessoa do grupo
- 1 vela para cada pessoa do grupo
- Isqueiro ou fósforos
- Prato resistente ao calor, grande o suficiente para acomodar todas as velas
- Vela central

Segure a vela central com ambas as mãos e carregue-a com a energia de amizade, amor e harmonia. Visualize você e cada membro do grupo juntos, felizes e em harmonia.

Coloque a vela central no centro do prato e acenda o pavio.

Pegue cada uma das outras velas, uma de cada vez, e acenda o pavio a partir da chama da vela central. Posicione as velas recém-acesas no prato, formando um círculo ao redor da vela central.

Quando todas as velas estiverem acesas, passe cada pedra de cristal sobre a chama da vela central, mantendo a pedra a uma distância segura acima da chama. Em seguida, coloque cada pedra diante de uma vela e diga:

Amizade, comunidade e bênçãos do alto
Estas velas simbolizam nosso grupo, eu exalto.

Acesas a partir da chama central
Nossa energia permanece; conexão sem igual.

A distância pode surgir e nos separar,
Mas a magia das velas vem em paz nos aproximar.

Apague cada uma das velas individuais, deixando apenas a vela central acesa.

Cuidadosamente, embrulhe juntas uma vela de amizade e uma das pedras. Repita o processo até que todas as velas e pedras estejam emparelhadas. Envie cada conjunto para as pessoas do grupo, acompanhado de uma cópia da bênção. Agora, cada pessoa terá sua própria vela e pedra que estão conectadas à vela central do grupo e entre si.

Nota Pessoal

- Usei uma bela vela pilar torcida e ornamentada como minha vela central. Senti que precisava ser algo especial para nos manter especialmente unidos.
- Escolhi o quartzo-rosa porque representa amor e amizade, mas você pode usar qualquer cristal que lhe atraia. Pedrinhas ou conchas também podem ser usadas.
- Para as velas individuais, optei pelas de jantar/tipo *taper*, utilizando cores diferentes para representar cada pessoa.

PARTE II

AMPLIFICANDO SUA MAGIA

CAPÍTULO SEIS

Magia Sensorial

Nesta seção, você encontrará sugestões de correspondências que podem ser adicionadas à sua magia com velas para amplificar a energia mágica. Correspondências desempenham um papel importante em qualquer tipo de trabalho mágico. A cor é um bom ponto de partida. Ela impacta nossos pensamentos, sentimentos e emoções, além de se alinhar perfeitamente com a intenção ao realizar um feitiço. Também compartilho correspondências para ervas e especiarias. Não consigo trabalhar magia sem elas – essas adições trazem uma energia essencial para todos os meus feitiços, incorporando a magia da Mãe Natureza. O espírito ou energia presente nos elementos vegetais realmente acrescenta algo especial ao trabalho mágico.

Lembre-se de que essas correspondências são apenas um guia. Elas funcionam para mim, mas você pode sentir de maneira diferente. Confie na sua intuição. Se não tiver algo à mão, considere o que pode servir como um bom substituto. Não existem regras.

Magia das Cores

Se quiser dar mais poder ao seu feitiço com velas, use uma vela colorida que reflita seu objetivo. O uso de cores pode alterar nosso humor e provocar emoções. As cores têm suas próprias vibrações, assim como o som. O uso de cores na magia ajuda você a se sintonizar com as vibrações de sua intenção mágica. Trabalhar com as cores pode envolver a escolha de uma vela específica ou a inclusão de um castiçal colorido, uma toalha de altar ou um item decorativo.

Tradicionalmente, as cores são associadas a intenções específicas, como o preto para a morte e vermelho para amor. (Essas são generalizações.) Nesta seção, compartilharei algumas das correspondências que associo às cores, mas isso é algo muito pessoal. Como uma cor faz você se sentir?

Branca

Uma vela branca básica cobre praticamente todas as intenções. Se você não conseguir decidir com qual cor trabalhar, o branco é uma cor útil para todos os fins.

Intenções: serve a todos os propósitos: anjos, início, bênçãos, clareza, limpeza, consagração, foco, graça, harmonia, esperança, iniciação, inocência, discernimento, modéstia, magia da lua, força pessoal, proteção, purificação, pureza, sinceridade, verdade e unidade.

Preto

O preto não é uma cor negativa ou maligna. Na verdade, pode ser usado em qualquer feitiço, assim como as velas brancas, pois é uma cor neutra.

Intenções: absorção de energia negativa, banimento, quebra de feitiços, cautela, fechamento, controle, maldições, morte e renascimento, dissipação de energia negativa, magia da terra, justiça severa, feitiço, iniciação, energia negativa, magia do Outromundo, proteção, liberação, responsabilidade, trabalho espiritual, estabilidade, força, verdade.

Cinza

O cinza é uma cor "intermediária", pois é uma mistura de branco e preto. Dessa forma, torna-se uma cor neutra. Velas cinza podem ser usadas no lugar de velas pratas ou marrom, tendo propriedades comparáveis.

Intenções: idade, depressão, adivinhação, invisibilidade, maturidade, luto, reversão de feitiços, impasses.

Marrom

Indispensável quando se trabalha com magia doméstica ou familiar. O marrom tem uma forte energia de aterramento. Assim como o verde, está associado ao elemento Terra e à direção Norte.

Intenções: abundância, ancestralidade, equilíbrio, tédio, confiança, mente consciente, magia da terra, resistência, fertilidade, finanças, fundação, aterramento, casa e lar, necessidades materiais, natureza, proteção, recursos, tristeza, segurança, estabilidade, tenacidade.

Rosa

A cor rosa é uma mistura de vermelho e branco. Tem uma energia mais suave, mais ligada ao romance e à amizade do que o vermelho.

Intenções: beleza, emoção, relacionamentos emocionais, fé, energia feminina, amizade, energia da Deusa, felicidade, harmonia, saúde, esperança, bondade, amor, moralidade, reavivamento, romance, amor-próprio, unidade.

Vermelho

Associada frequentemente ao amor, a cor vermelha representa o tipo mais intenso de paixão, ligada ao sexo e ao "sangue quente"! O vermelho também é a cor do elemento Fogo e da direção Sul.

Intenções: raiva, amarração, nascimento, magia de sangue, bravura, coragem, criatividade, desejo, energia, entusiasmo, foco, saúde, vida, amor, motivação, superação, paixão, proteção, vingança, sexualidade, magia sexual, estímulo, força, triunfo, vitória, vigor, vitalidade, vontade.

Bordô

Esta cor é uma variação do vermelho, só que mais escuro. O bordô traz consigo uma energia muito dominadora.

Intenções: amarração, maldição, dominação, persuasão.

Laranja

O laranja é a minha cor preferida para qualquer tipo de magia de sucesso. Costumo combiná-la com o verde para feitiços de dinheiro. Essa cor transmite muita confiança e vibração positiva.

Intenções: ajuste, ambição, atração, concentração, coragem, criatividade, energia, diversão, alegria, motivação, nutrição, energia positiva, prosperidade, autoconfiança, autovalorização, resistência, sucesso, vitalidade.

Amarelo

Uma cor brilhante e ensolarada que traz uma energia feliz. O amarelo também é a cor do elemento Ar e da direção Leste.

Intenções: garantia, prêmios, charme, clareza, comunicação, concentração, confiança, criatividade, adivinhação, feitiços de glamour, metas, felicidade, inspiração, intelecto, inventividade, ciúme, alegria, conhecimento, sorte, energia positiva, poder, reconhecimento, habilidades sociais, magia solar, força.

Verde

A cor do dinheiro. Essa é a minha cor preferida para feitiços de prosperidade. O verde também é a cor da natureza, portanto, traz a energia da fertilidade. Usada para representar o elemento Terra e a direção Norte.

Intenções: abundância, equilíbrio, início, covardia, discórdia, inveja, destino, fertilidade, fortuna, crescimento, cura, saúde, imortalidade, inspiração, ciúme, vida, sorte, maturidade, dinheiro, natureza, prosperidade, revitalização, primavera, estabilidade, suspeita, riqueza, juventude.

Azul

O azul representa o elemento Água e a direção Oeste. Sua energia é profundamente curativa e traz conexões com o reino espiritual.

Intenções: apatia, equilíbrio, início, calma, clareza, comunicação, contemplação, depressão, devoção, sonhos, emoção, resistência, fidelidade, perdão, harmonia, cura, esperança, inovação, inspiração, instinto, intuição, assuntos jurídicos, meditação, paz, energia psíquica, habilidades psíquicas, relaxamento, tristeza, espiritualidade, trabalho espiritual, proteção espiritual, transformação, viagem, verdade, compreensão, magia da Água.

Roxo

O roxo é a cor que associo à espiritualidade e ao Divino.

Intenções: anjos, autoridade, adivinhação, o Divino, metas, inspiração, intuição, lealdade, luxo, meditação, poder pessoal, prosperidade, habilidades psíquicas, riquezas, espiritualidade, trabalho espiritual, sucesso, tranquilidade, riqueza, sabedoria.

Violeta

Embora semelhante ao roxo, a violeta é mais azulada e menos saturada. Seu uso na magia com velas é diferente do roxo.

Intenções: avanço, equilíbrio, adivinhação, sonhos, encontrar coisas, inspiração, intuição, progresso.

Dourado

A cor dourada tem uma energia solar e fortes conexões com a abundância.

Intenções: abundância, celebração, magia do fogo, energia divina, sorte, energia masculina, poder mental, dinheiro, originalidade, habilidades pessoais, prosperidade, magia solar, vitória, riqueza.

Prateado

A cor prata traz equilíbrio ao dourado e tem uma forte energia lunar.

Intenções: sonhos, energia feminina, magia da Deusa, intuição, imaginação, magia da lua, proteção, trabalho espiritual.

Espírito do Ingrediente

Independentemente do ingrediente mágico com o qual você está trabalhando – seja um óleo essencial, erva, especiaria ou planta – ele tem uma energia. Essa energia permanece a mesma, esteja o ingrediente fresco ou seco. Os cristais também têm energia e espírito. Conectar-se ao espírito de um ingrediente é importante porque ajuda a determinar o tipo de magia que ele pode auxiliar e se é adequado para o feitiço em questão.

Para se conectar ao espírito de um ingrediente, segure-o na mão. (Se necessário, pode estar em um recipiente.) Abra sua mente e pergunte ao ingrediente como ele pode ajudar. Escute qualquer palavra ou pensamento que surja em sua mente. Preste atenção a qualquer sentimento ou emoção que se manifeste. Depois, anote os tipos de magia para os quais o ingrediente é mais adequado; ao fazer isso, você começa a criar seu próprio registro de correspondências. Não há respostas certas aqui. Confie em sua conexão com o espírito de cada ingrediente.

Conhecer o espírito do ingrediente é importante, assim como compreender suas correspondências. Cada ingrediente estará relacionado a um dos quatro elementos: Terra, Ar, Fogo ou Água. A maioria deles é regida por um planeta. Incluí tudo isso neste capítulo. Correspondências são especialmente úteis ao criar misturas para serem usadas em trabalhos mágicos.

Óleos

Existem uma quantidade quase infinita de óleos e aromas disponíveis. Por onde começar? Pessoalmente, prefiro adicionar óleos essenciais a velas sem perfume, em vez de comprar velas aromáticas. Se estou queimando uma vela e espalhando o aroma no ar que respiro, quero que ele seja natural, e não cheio de produtos químicos.

Muitas vezes, trabalho com um único óleo essencial. Uso um pequeno pincel para aplicá-lo na vela, já que óleos essenciais podem irritar a pele. Se preferir usar as mãos para adicionar ingredientes à vela, primeiro misture o óleo essencial com um óleo de base, como o de oliva ou de amêndoas. (Até mesmo o azeite guardado no armário da cozinha pode ser usado sozinho para ungir uma vela.) Preciso dizer que usar as mãos ajuda a "sentir" melhor a magia, fortalecendo sua conexão com o feitiço. Mas aviso: fica uma bagunça!

Uma mistura de óleos essenciais também pode ser usada. Na verdade, o ato de criar uma mistura de óleos pode enriquecer o ritual mágico de um feitiço. Isso demonstra que você dedicou um tempo para pensar nos diferentes aromas e como eles funcionam juntos. Além disso, você adiciona sua intenção à mistura enquanto a cria. Para desenvolver sua própria mistura, use seus sentidos. Sinta intuitivamente quais óleos essenciais funcionariam bem juntos. Se precisar de uma confirmação, use um pêndulo para perguntar se um determinado item é adequado ou não. Em seguida, adicione algumas gotas de cada óleo essencial em um pedaço de papel-toalha para testar o aroma combinado. Misturar óleos essenciais diretamente com um óleo carreador sem testar antes pode ser um desperdício.

Como regra geral, ao criar uma mistura, uso dez mililitros de óleo base para cada vinte a vinte e cinco gotas de óleo essencial. Também prefiro trabalhar com não mais do que quatro ou cinco óleos essenciais diferentes em uma mistura. Na verdade, costumo limitar-me a três. Por um lado, três é um número mágico. Por outro, quanto mais aromas você adiciona, mais complicado fica. Sinto que as energias começam a se confundir quando muitos ingredientes são incluídos.

Se misturas de óleos são novidade para você, comece pelo básico. Incluí algumas sugestões de óleos essenciais de uso diário na seção Ervas e Especiarias; esses seriam um bom ponto de partida. Alguns óleos essenciais são realmente exóticos, mas isso pode significar um custo elevado. Assim que pegar o jeito de trabalhar com óleos (ou quando a alegria de criar misturas tomar conta de você!), poderá expandir sua coleção e experimentar novos aromas.

Se você não é fã de óleos essenciais, sua magia ainda pode ser bem-sucedida. Às vezes, uma vela simples é suficiente, embora eu prefira ungi-la com pelo menos um óleo base. O ato de ungir a vela é uma forma ritualística, preparando-a para o trabalho mágico.

Seja Cautelosa

Óleos essenciais são extremamente potentes e devem ser diluídos em um óleo base antes de serem aplicados à pele. Recomendo fazer essa diluição também ao ungir velas e outras ferramentas mágicas, considerando que a mistura pode entrar em contato com sua pele. Se for adicionar óleos essenciais a um queimador, banho ou difusor, você pode criar uma mistura sem usar óleo base. Uma pequena quantidade é muito útil! Como regra geral, utilizo dez mililitros de óleo base para cada vinte a vinte e cinco gotas de óleo essencial.

Depois de criar uma mistura de óleos essenciais, teste uma ou duas gotas em uma pequena área da sua pele antes de aplicar uma quantidade maior, para garantir que você não seja alérgica às substâncias. Além disso, dedique um tempo para adquirir óleos essenciais puros. Muitos disponíveis no mercado podem estar diluídos ou conter produtos químicos prejudiciais.

Óleos Base/Carreadores

Há uma variedade de óleos base disponíveis no mercado, alguns mais acessíveis (e baratos) do que outros. Aqui está uma lista dos óleos carreadores que utilizo e suas propriedades mágicas.

Amêndoa

Propriedades mágicas: intuição, amor, paixão, prosperidade, poderes psíquicos, tesouros perdidos

Regido por: Mercúrio

Elemento: Ar

Energia: masculina

Coco

Propriedades mágicas: castidade, proteção, purificação

Regido pela: Lua

Elemento: Água

Energia: feminina

Oliva

Propriedades mágicas: fertilidade, cura, integridade, sorte, paixão, paz, proteção, espiritualidade

Regido pelo: Sol

Elementos: Fogo e Ar

Energia: masculina

Gergelim

Propriedades mágicas: energia, prosperidade, proteção, segredos, força

Regido pelo: Sol

Elementos: Fogo e Terra

Energia: masculina

Girassol

Propriedades mágicas: confiança, coragem, fertilidade, felicidade, prosperidade, força, magia solar

Regido pelo: Sol

Elemento: Fogo

Energia: masculina

Óleos infundidos

Uma maneira simples de criar um óleo para uso mágico é infundir ervas ou matéria vegetal em um óleo base ou carreador. Isso costuma ser mais barato do que comprar óleos essenciais e o óleo infundido é muito fácil de preparar. Algumas plantas produzem infusões melhores do que outras, assim como alguns óleos base são mais estáveis que outros – muitas vezes, é uma questão de tentativa e erro. Certifique-se de que a matéria vegetal esteja limpa e seca antes do uso. Quanto ao óleo base, o azeite de oliva é uma excelente escolha. O óleo de girassol também funciona bem.

Prática

Método Solar para Óleo Infundido

1. Encha um frasco seco e limpo com as flores, ervas ou folhas de sua escolha. Deixe cerca de 5 centímetros (2 polegadas) de espaço na parte superior.
2. Despeje o óleo de sua preferência, cobrindo completamente toda a matéria vegetal.
3. Tampe o frasco e agite bem.
4. Coloque o frasco em um parapeito de janela quente e ensolarado. Agite uma vez por dia durante cerca de três semanas.
5. Após três semanas, coe as ervas. Transfira o óleo infundido para um frasco ou garrafa limpa.
6. Rotule e armazene em um local fresco e escuro. Em condições ideais, um óleo em infusão pode durar até um ano.

Prática

Método Rápido para Óleo Infundido

Se preferir um método mais rápido, você precisará de uma panela elétrica ou recorrer ao banho-maria.

1. Coloque as folhas ou flores em uma panela elétrica ou em banho--maria. Cubra-as com o óleo de sua preferência. Certifique-se de que haja pelo menos dois centímetros e meio de óleo acima da matéria vegetal.
2. Deixe em fogo muito baixo (37°C) por cerca de cinco horas. Após esse tempo, verifique se o óleo adquiriu a cor e o aroma das ervas. Caso contrário, deixe aquecer por mais algumas horas.
3. Assim que o óleo atingir a cor e o aroma desejados, desligue o fogo e deixe a mistura esfriar.
4. Coe as ervas e transfira o óleo infundido para um frasco ou garrafa limpa.
5. Rotule e armazene em um local fresco e escuro, com validade de até seis meses.

Ervas e Especiarias

Enrolar sua vela em ervas e especiarias pode adicionar mais poder ao seu trabalho mágico. Se estiver trabalhando com uma vela pilar, você também pode polvilhar ervas e especiarias ao redor da base de uma vela ou no topo. Flores e folhas frescas podem ser usadas para decorar o altar, mas, ao moer ingredientes para enrolar as velas ou pressionar a cera, as secas funcionam melhor.

Na magia com velas, você pode usar apenas uma erva ou uma especiaria; manjericão, talvez, para um feitiço de dinheiro, ou canela para um feitiço de sucesso. No entanto, criar sua própria mistura usando duas ou três opções pode ser muito satisfatório. Não é necessário que sejam ervas e especiarias sofisticadas ou exóticas. Na verdade, prefiro usar itens do meu próprio armário de cozinha! Toda planta tem sua energia mágica, então todas podem ser usadas em trabalhos mágicos, desde uma humilde folha de grama até especiarias vindas do Oriente.

Eu evito feitiços que exijam oitenta e sete ingredientes diferentes; isso acaba se tornando muito complicado. Prefiro ingredientes que possam ser obtidos facilmente. Não trabalho com raízes exóticas que custam uma fortuna e precisam ser enviadas do outro lado do mundo, não apenas pelo custo do envio e pelo impacto ecológico da entrega, mas também porque esses itens não teriam um significado pessoal para mim. Sempre que possível, utilizo ervas e plantas nativas da minha região. Se consigo colhê-las no meu próprio jardim, buscar na área onde moro ou comprá-las em uma loja local, fico satisfeita. Buscar por uma erva ou planta acrescenta um pouco mais de energia ao meu trabalho mágico. Mas acontece de, às vezes, isso não ser viável. Por mais que tente, nunca conseguirei cultivar em meu jardim uma árvore da qual possa colher canela. Em vez disso, compro a canela em uma loja local.

Lojas especializadas são excelentes fontes para os ingredientes que não consigo cultivar. Elas vendem certas especiarias, em particular, por preços razoáveis. Mercados de agricultores também são ótimas opções para adquirir ervas frescas, frutas e vegetais para trabalhos mágicos. Nem todos os meus ingredientes para feitiços são de origem local, mas faço o que posso para ajudar o meio ambiente, os comerciantes locais e, é claro, o meu bolso.

O número de plantas, ervas, temperos e flores que podem ser usados na magia é imenso. Nesta seção, compartilho uma lista dos ingredientes que mais utilizo, suas correspondências e sugestões de como empregá-los.

Açúcar, branco ou marrom

Propriedades mágicas: amor, tornar a vida doce, proteção

Regido por: Vênus

Elemento: Água

Energia: feminina

Uso: o açúcar granulado funciona melhor

Alecrim *(Rosmarinus officinalis)*

Propriedades mágicas: exorcismo, cura, amor, luxúria, poderes mentais, proteção, purificação, sono

Regido pelo: Sol

Signo do zodíaco: Áries

Elemento: Fogo

Energia: masculina

Uso: use as folhas, os caules e as flores, frescas ou secas; também disponível como óleo essencial

Anis-estrelado *(Illicium verum)*

Propriedades mágicas: sonhos, sorte, habilidades psíquicas, proteção, purificação, sono, espiritualidade

Regido por: Júpiter

Elemento: Ar

Energia: masculina

Uso: use a especiaria seca em trabalhos mágicos; também disponível como óleo essencial

Azevinho *(Ilex aquifolium, Ilex opaca)*

Propriedades mágicas: equilíbrio, sonhos, sorte, proteção, sucesso

Regido por: Marte e Saturno

Elemento: Fogo

Energia: masculina

Uso: folhas, frescas ou secas; as bagas podem ser usadas para fins mágicos, mas manuseie-as com cuidado, pois são tóxicas para humanos e animais de estimação

Baunilha *(Vanilla planifolia)*

Propriedades mágicas: espiritualidade, criatividade, magia sexual, amor, paixão

Regida por: Vênus

Elementos: Água e Ar

Energia: feminina

Uso: vagens, sementes, extrato ou óleo essencial de baunilha. Excelente para trabalhos mágicos

Benjoim *(Styrax benzoin)*

Propriedades mágicas: confiança, amor, luxúria, prosperidade, purificação, propriedades calmantes

Regido por: Sol e Vênus

Signo do zodíaco: Capricórnio

Elemento: Ar

Energia: masculina

Uso: a resina pode ser moída em pó ou em óleo essencial

Café *(Coffee arabica)*

Propriedades mágicas: clareza, energia, adivinhação

Regido por: Marte

Elementos: Fogo e Água

Energia: feminina

Uso: grãos de café inteiros ou moídos. Granulados de café instantâneo também funcionam

Calêndula *(Calendula officinalis)*

Propriedades mágicas: sonhos, felicidade, sorte, proteção, habilidades psíquicas, silenciar fofocas

Regida pela: Sol

Signo do zodíaco: Leão

Elemento: Fogo

Energia: masculina

Uso: flores e folhas, frescas ou secas, ou óleo essencial

Camomila *(Chamæmelum nobile, Anthemis nobilis)*

Propriedades mágicas: equilíbrio, calmante, sonhos, amor, dinheiro, purificação, relaxamento, sono

Regida pelo: Sol

Signo do zodíaco: Leão

Elemento: Água

Energia: masculina

Uso: flores e folhas frescas ou secas, ou óleo essencial

Canela *(Cinnamomum zeylanicum, Cinnamomum verum)*

Propriedades mágicas: mudança, foco, cura, amor, luxúria, poder, proteção, poderes psíquicos, espiritualidade, sucesso

Regida pelo: Sol

Signo do zodíaco: Áries

Elemento: Fogo

Energia: masculina

Uso: há dois tipos principais de canela: a canela do Ceilão são os paus e o pó moído usados para fins culinários, e a canela cássia é a casca dura que é muito mais difícil de esmagar ou quebrar. Costumo usar a cássia em trabalhos mágicos, pois é muito mais barata para comprar e queima bem. Moída para enfeitar velas, a canela do Ceilão é mais fácil de usar e tem um aroma mais doce. Use os paus de canela inteiros, esmagados em pedaços, moídos ou como óleo essencial.

Cardamomo *(Elettaria cardamomum)*

Propriedades mágicas: clareza, amor, paixão, proteção, elevação

Regido por: Vênus e Marte

Elemento: Água

Energia: feminina

Uso: vagens das sementes ou óleo essencial

Carvalho (Quercus alba, Quercus robur, Quercus petræa)

Propriedades mágicas: fertilidade, cura, saúde, sorte, dinheiro, poder, proteção, força, vitalidade

Regido por: Sol, Júpiter e Marte

Signo do zodíaco: Sagitário

Elementos: Fogo e Água

Energia: masculina

Uso: folhas, casca e bolotas, frescas ou secas

Cedro *(Cedrus spp.)*

Propriedades mágicas: magia da Deusa, dinheiro, purificação, proteção

Regido por: Sol e Júpiter

Signo do zodíaco: Sagitário

Elemento: Fogo

Energia: masculina

Uso: folhas frescas ou secas, cones de sementes ou cascas, ou óleo essencial, geralmente feito de uma variedade de árvores de cedro e zimbro, chamado de "óleo de cedro".

Chá[14] *(Camellia sinensis)*

Propriedades mágicas: coragem, meditação, prosperidade, força

Regido pelo: Sol

Elemento: Fogo

Energia: masculina

Uso: use o chá seco de folhas soltas ou esvazie um saquinho de chá

14. Tecnicamente, o *chá* é a bebida feita a partir da infusão da planta *Camellia sinensis*, uma espécie vegetal nativa da Ásia. O chá branco, chá verde, chá amarelo, chá preto, chá oolong e chá-da-índia são todos originários de subespécies da mesma planta. (N. R.)

Chocolate e cacau *(Theobroma cacao)*

Propriedades mágicas: felicidade, amor, energia positiva, prosperidade

Regido por: Marte

Elemento: Fogo

Energia: feminina

Uso: costumo usar quadrados de barras de chocolate como oferendas ou colocá-los simbolicamente diante de uma vela; cacau em pó ou cacau moído funcionam bem para enfeitar uma vela

Coentro *(Coriandrum sativum)*

Propriedades mágicas: cura, saúde, amor, paz, proteção, liberação (especialmente da negatividade), riqueza

Regido por: Marte

Elemento: Fogo

Energia: masculina

Uso: sementes. As folhas podem ser usadas secas ou frescas. O óleo essencial de coentro também está disponível e é feito a partir das sementes

Cominho *(Cumimum cyminum)*

Propriedades mágicas: abundância, antirroubo, exorcismo, fidelidade, amor, luxúria, paz, proteção, sucesso

Regido por: Marte

Elemento: Fogo

Energia: masculina

Uso: sementes ou pó de cominho moído

Copal *(Bursera odorata, Bursera fugaroides)*

Propriedades mágicas: amor, proteção, purificação

Regido por: Sol e Júpiter

Signo do zodíaco: Capricórnio

Elemento: Fogo

Energia: masculina

Uso: o copal é uma resina que pode ser moída até virar pó ou usada como óleo essencial

Cravo-da-índia *(Eugenia caryophyllus, Syzygium aromaticum, Caryophyllus aromaticus)*

Propriedades mágicas: abundância, clareza, exorcismo, amor, dinheiro, evita fofocas, proteção, repele a negatividade, alívio do estresse, revela a verdade

Regido por: Júpiter

Elemento: Fogo

Energia: masculina

Uso: seco, inteiro ou triturado, ou óleo essencial

Dente-de-leão *(Taraxacum officinale)*

Propriedades mágicas: abundância, adivinhação, amor, habilidades psíquicas, desejos

Regido por: Júpiter

Signo do zodíaco: Touro

Elemento: Ar

Energia: masculino: masculina

Uso: flores e folhas, frescas ou secas, ou as cabeças das sementes; compre óleo com infusão de dente-de-leão, feito com as flores ou folhas, ou faça o seu próprio óleo adicionando flores de dente-de-leão a um óleo base, como o de oliva

Erva-cidreira *(Melissa officinalis)*

Propriedades mágicas: antidepressivo, redutor de ansiedade, cura, amor, memória, sucesso

Regida por: Lua e Vênus

Signo do zodíaco: Câncer

Elemento: Água

Energia: feminina

Uso: folhas, secas ou frescas, ou como óleo essencial, geralmente sob o nome de Melissa

Espinheiro *(Cratægus oxyacantha, Cratægus monogyna)*

Propriedades mágicas: magia das fadas, fertilidade, perdão, felicidade, esperança, amor, proteção, purificação

Regido por: Marte e Vênus

Signo do zodíaco: Sagitário

Elemento: Fogo

Energia: masculina

Uso: flores, folhas, bagas e os espinhos, frescos ou secos

Espinheiro-preto *(Prunus spinosa)*

Propriedades mágicas: adivinhação, exorcismo, cura, proteção

Regido por: Saturno e Marte

Signo do zodíaco: Escorpião

Elemento: Fogo

Energia: masculina

Uso: flores, folhas ou cascas frescas ou secas. Os espinhos também funcionam bem na magia

Funcho *(Foeniculum vulgare)*

Propriedades mágicas: confiança, coragem, fertilidade, cura, iniciação, proteção, purificação

Regido por: Mercúrio

Signos do zodíaco: Leão, Virgem e Aquário

Elemento: Fogo

Energia: masculina

Uso: flores, folhas e sementes, frescas ou secas; também disponível como óleo essencial

Gengibre *(Zingiber officinale)*

Propriedades mágicas: limpeza, consagração, amor, dinheiro, poder, proteção, sucesso

Regido por: Marte

Signo do zodíaco: Áries

Elemento: Fogo

Energia: masculina

Uso: use como óleo essencial ou como pó de gengibre moído. O gengibre fresco é bom para adicionar como correspondência, mas não é fácil de moer.

Gerânio *(Geranium maculatum, Pelargonium odoratissimum, Pelargonium × Hortorum)*

Propriedades mágicas: limpeza da aura, fertilidade, amor, proteção, socialização

Regido por: Vênus

Signo do zodíaco: Peixes

Elemento: Água

Energia: feminina

Uso: flores e folhas (qualquer gerânio da família *Pelargonium*) frescas ou secas; também disponível como óleo essencial

Gergelim *(Sesamum indicum)*

Propriedades mágicas: energia, prosperidade, proteção, segredos, força

Regido pelo: Sol

Elementos: Fogo e Terra

Energia: masculina

Uso: use as sementes em trabalhos mágicos. O gergelim é usado como óleo de base

Girassol *(Helianthus annuus)*

Propriedades mágicas: fertilidade, felicidade, integridade, lealdade, sorte, proteção, verdade, desejos

Regido pelo: Sol

Signo do zodíaco: Leão

Elemento: Fogo

Energia: masculina

Uso: flores, folhas ou sementes, secas ou frescas. É um bom óleo para ser usado como carreador, mas também funciona sozinho

Grama *(Graminoides)*

Propriedades mágicas: abundância, magia dos nós, habilidades psíquicas, proteção

Elemento: Terra

Uso: lâminas de grama ou cabeças de sementes, frescas ou secas

Hamamélis *(Hamamelis virginiana)*

Propriedades mágicas: equilíbrio, adivinhação, alívio da dor, proteção

Regida por: Sol e Saturno

Signo do zodíaco: Capricórnio

Elemento: Fogo

Energia: masculina

Uso: folhas e casca, frescas ou secas, ou óleo essencial

Hortelã *(Mentha* spp., *Mentha aquatica, Mentha × piperita)*

Propriedades mágicas: calmante, limpeza, exorcismo, cura, dinheiro, proteção

Regida por: Mercúrio e Vênus

Signos do zodíaco: Gêmeos, Touro, Câncer, Leão e Aquário

Elemento: Ar

Energia: masculina

Uso: folhas e talos, frescos ou secos, ou óleo essencial. Também tive sucesso com balas de hortelã-pimenta trituradas!

Jasmim *(Jasminum grandiflorum, Jasminum officinale, Jasminum odoratissimum)*

Propriedades mágicas: sonhos, amor, luxúria, meditação, dinheiro

Regido por: Vênus e a Lua

Signo do zodíaco: Câncer

Elemento: Água

Energia: feminina

Uso: flores e folhas, secas ou frescas, ou óleo essencial

Junípero *(Juniperus communis)*

Propriedades mágicas: clareza, exorcismo, cura, justiça, amor, proteção, habilidades psíquicas, purificação, localização de objetos roubados

Regido por: Sol, Júpiter e Lua

Signo do zodíaco: Áries

Elemento: Fogo

Energia: masculina

Uso: folhas e bagas, frescas ou secas, ou óleo essencial

Laranja Bergamota *(Citrus bergamia)*

Propriedades mágicas: banimento, dinheiro, purificação, sucesso, magia solar, elevação

Regida por: Mercúrio e Sol

Signos do zodíaco: Virgem e Aquário

Elemento: Ar

Energia: masculina

Uso: folhas e flores frescas ou secas, ou frutas secas; mais comumente encontrado como óleo essencial

Lavanda *(Lavandula officinalis, Lavandula vera)*

Propriedades mágicas: clareza, magia das fadas, felicidade, amor, paz, proteção, sono, força

Regida por: mercúrio

Signos do zodíaco: Leão e Gêmeos

Elemento: Ar

Energia: masculina

Uso: flores, folhas e caules, secos ou frescos; também disponível como óleo essencial

Limão *(Citrus limon)*

Propriedades mágicas: decisões, fidelidade, amizade, felicidade, amor, magia da lua, proteção, purificação, elevação

Regido pela: Lua

Elemento: Água

Energia: feminina

Uso: folhas ou a casca, frescas ou secas; o suco e/ou as sementes. Pode ser usado como óleo essencial

Louro *(Laurus nobilis)*

Propriedades mágicas: criatividade, cura, poder, proteção, poderes psíquicos, purificação, espiritualidade, força

Regido pelo: Sol

Signos do zodíaco: Áries e Leão

Elemento: Fogo

Energia: masculina

Uso: folhas secas ou frescas (inteiras, trituradas ou moídas elas queimam bem) ou óleo essencial

Madressilva *(Lonicera caprifolium, Lonicera japonica, Lonicera periclymenum)*

Propriedades mágicas: prosperidade, proteção, poderes psíquicos, equilíbrio, luxúria, meditação, memória

Regida por: Júpiter

Signos do zodíaco: Gêmeos e Câncer

Elemento: Terra

Energia: masculina

Uso: flores e folhas, secas ou frescas, ou óleo essencial

Manjericão *(Ocimum basilicum)*

Propriedades mágicas: exorcismo, felicidade, dinheiro, paz, prosperidade, proteção, riqueza

Regido por: Marte

Signo do zodíaco: Escorpião

Elemento: Fogo

Energia: masculina

Uso: folhas secas ou frescas ou óleo essencial

Manjerona *(Origanum majorana)*

Propriedades mágicas: felicidade, saúde, amor, casamento, superação da tristeza, proteção

Regida por: Mercúrio

Signos do zodíaco: Áries e Capricórnio

Elemento: Ar

Energia: masculina

Uso: folhas e flores, frescas ou secas, ou óleo essencial

Margarida *(Chrysanthemum leucanthemum, Bellis perennis)*

Propriedades mágicas: coragem, sonhos, felicidade, amor, luxúria, proteção, força

Regida por: Vênus

Signos do zodíaco: Câncer e Touro

Elemento: Água

Energia: feminina

Uso: flores e folhas frescas ou secas, ou óleo essencial

Milefólio *(Achillea millefolium)*

Propriedades mágicas: coragem, adivinhação, sonhos, exorcismo, felicidade, amor, paz, habilidades psíquicas, proteção

Regido por: Vênus

Elemento: Água

Energia: feminina

Uso: flores, folhas e sementes, frescas ou secas; também disponível como óleo essencial

Mirra *(Commiphora myrrha)*

Propriedades mágicas: coragem, magia anciã, cura, proteção, purificação, o Submundo

Regida por: Marte e Sol

Signos do zodíaco: Áries e Aquário

Elemento: Água

Energia: feminina

Uso: a resina pode ser moída em um pó para uso mágico; também pode ser obtida como óleo essencial

Mostarda *(Brassica juncea, Brassica nigra, Sinapis* spp.*)*

Propriedades mágicas: viagem astral, clareza, fé, proteção, habilidades psíquicas, sucesso

Regida por: Marte

Elemento: Fogo

Energia: masculina

Uso: sementes secas, em pó ou até mesmo como condimento, que é uma mistura de sementes de mostarda, água, sal e um pouco de suco de limão

Noz-moscada *(Myristica fragrans)*

Propriedades mágicas: fidelidade, sorte, dinheiro, proteção

Regida por: Júpiter

Signo do zodíaco: Sagitário

Elemento: Fogo

Energia: masculina

Uso: moída ou óleo essencial

Olíbano *(Boswellia sacra)*

Propriedades mágicas: abundância, foco, amor, purificação, relaxamento, espiritualidade

Regido pelo: Sol

Signos do zodíaco: Áries, Leão e Aquário

Elemento: Fogo

Energia: masculina

Uso: a resina pode ser moída em pó ou usada como óleo essencial

Papoula *(Papaver* spp.*)*

Propriedades mágicas: alívio da dor, fertilidade, amor, sorte, dinheiro, renascimento, sono

Regida por: Lua, Marte e Vênus

Signo do zodíaco: Capricórnio

Elemento: Água

Energia: feminina

Uso: disponível como óleo essencial, feito a partir das sementes. Use as pétalas, frescas ou secas, ou trabalhe com as sementes e as cabeças das sementes

Patchouli *(Pogostemon cablin)*

Propriedades mágicas: equilíbrio, calma, magia da terra, aterramento, dinheiro, prosperidade, proteção, magia sexual

Regido por: Saturno

Signo do zodíaco: Virgem

Elemento: Terra

Energia: feminina

Uso: folhas, secas ou frescas, ou óleo essencial

Pimenta-preta *(Piper nigrum)*

Propriedades mágicas: confiança, exorcismo, fofoca, ciúme, negatividade, proteção, força

Regida por: Marte

Elemento: Fogo

Energia: masculina

Uso: grãos de pimenta-do-reino inteiros ou moídos. Pode ser usada como óleo essencial

Pimentas *(Capsicum* spp.*)*

Propriedades mágicas: criatividade, energia, quebra de feitiços, paixão, poder, proteção

Regidas por: Marte

Elemento: Fogo

Energia: masculina

Uso: pimentas secas ou frescas ou suas sementes. O óleo de pimentas pode ser feito facilmente mergulhando as pimentas e/ou as sementes em um óleo base, como azeite de oliva ou óleo de girassol

Pinho *(Pinus* spp.*)*

Propriedades mágicas: abundância, centralização, magia do dragão, fertilidade, foco, cura, proteção, purificação, verdade

Regido por: Marte e Saturno

Signo do zodíaco: Capricórnio

Elementos: Ar e Fogo

Energia: masculina

Uso: agulhas do pinheiro, secas ou frescas, ou a casca; também pode ser encontrado como óleo essencial

Pulmonária (lágrimas de maria) *(Pulmonaria officinalis)*

Propriedades mágicas: calmante, purificadora, curativa, libertadora

Regida por: Mercúrio

Signos do zodíaco: Touro e Peixes

Elemento: Terra

Energia: masculina

Uso: flores e folhas, secas ou frescas

Rosa *(Rosa spp.)*

Propriedades mágicas: abundância, morte e renascimento, sonhos, amizade, cura, conhecimento, amor, sorte, mistérios, paz, proteção, poderes psíquicos

Regida por: Vênus e a Lua

Signo do zodíaco: Peixes

Elemento: Água

Energia: feminina

Uso: use principalmente os espinhos e as pétalas, mas as folhas também carregam a magia da rosa; também está disponível como um bom óleo essencial

Sal

Propriedades mágicas: limpeza, proteção, purificação

Regido pela: Terra

Elemento: Terra

Energia: feminina

Uso: qualquer tipo de sal pode ser usado para fins mágicos; não precisa ser caro – o sal de mesa funciona tão bem quanto o sal fino

Salsa *(Petroselinum spp.)*

Propriedades mágicas: fertilidade, felicidade, luxúria, proteção, purificação, trabalho espiritual

Regida por: Mercúrio

Signos do zodíaco: Gêmeos e Leão

Elemento: Ar

Energia: masculina

Uso: folhas, frescas ou secas, ou compre o óleo essencial de salsa, feito a partir das sementes

Sálvia *(Salvia officinalis)*

Propriedades mágicas: abundância, intuição, proteção, purificação, estímulo, sucesso, desejos, sabedoria

Regida por: Júpiter

Signo do zodíaco: Touro e Sagitário

Elemento: Ar

Energia: masculina

Uso: folhas, frescas ou secas, ou como fonte de óleo essencial

Sangue de dragão *(Dæmonorops draco, Dæmonorops propinquos)*

Propriedades mágicas: magia do dragão, felicidade, amor, poder, proteção

Regido por: Marte

Signo do zodíaco: Áries

Elemento: Fogo

Energia: masculina

Uso: a resina pode ser moída até virar um pó fino. Também pode ser obtida como óleo essencial

Sorveira *(Sorbus aucuparia)*

Propriedades mágicas: adivinhação, magia das fadas, cura, inspiração, amor, poder, proteção, habilidades psíquicas, espiritualidade, sucesso

Regida por: Sol e Mercúrio

Signo do zodíaco: Sagitário

Elemento: Fogo

Energia: masculina

Uso: folhas, talos e bagas, frescos ou secos; as bagas de sorveira crua são tóxicas, portanto, manuseie-as com cuidado

Tomilho *(Thymus vulgaris, Thymus serpyllum)*

Propriedades mágicas: beleza, coragem, cura, saúde, amor, paz, habilidades psíquicas, purificação, liberação, sono

Regido por: Vênus

Elemento: Água

Energia: feminina

Uso: folhas, talos e flores, frescos ou secos; também disponível como óleo essencial

Urtiga *(Urtica dioica)*

Propriedades mágicas: exorcismo, cura, luxúria, dinheiro, proteção

Regida por: Marte

Signos do zodíaco: Escorpião e Áries

Elemento: Fogo

Energia: masculina

Uso: folhas, frescas ou secas; uma infusão pode ser feita facilmente adicionando folhas de urtiga a um óleo base, como o de oliva

Urze ***(Calluna vulgaris, Erica spp.)***

Propriedades mágicas: limpeza, sonhos, magia das fadas, amizade, amor, sorte, proteção, magia da chuva, mudança de forma. Ideal para trabalhos espirituais

Regida por: Vênus

Elemento: Água

Energia: feminina

Uso: flores e folhas frescas ou secas.

CAPÍTULO SETE

Tempo e Energia

O momento em que você realiza seu trabalho mágico pode dar um impulso significativo à sua magia. Feitiços podem ser associados a dias específicos da semana, alinhamentos planetários, fases solares e lunares, e signos do zodíaco. Velas podem ser feitas, carregadas ou ungidas para se alinhar a uma fase específica da lua ou a um signo, adicionando ainda mais poder. Dito isso, se você sentir a necessidade de realizar um trabalho mágico imediatamente, faça-o. Mas se tiver tempo e quiser adicionar um toque extra de energia à sua magia, espere até que seu trabalho esteja alinhado com a fase da lua, o dia da semana ou a posição planetária desejada.

Dias da Semana

Se você deseja ser mais específica, realize seu trabalho mágico no dia da semana que melhor apoie sua intenção.

Segunda-feira

Propriedades mágicas: ancestrais, clareza, sonhos, emoções, energia feminina, fertilidade, cura, ilusões, intuição, magia da lua, paz, proteção, habilidades psíquicas, viagem, sabedoria

Cor: branca

Planeta: Lua

Terça-feira

Propriedades mágicas: desafios, confiança, coragem, defesa, magia de fogo, iniciação, paixão, poder pessoal, proteção, força, sucesso, riqueza

Cor: vermelho

Planeta: Marte

Quarta-feira

Propriedades mágicas: magia do ar, assuntos de negócios, mudança, comunicação, criatividade, astúcia, fortuna, orientação, sorte, artes, viagens, magia selvagem

Cor: roxo

Planeta: Mercúrio

Quinta-feira

Propriedades mágicas: abundância, magia da terra, finanças, boa saúde, aterramento, crescimento, cura, sorte, prosperidade, proteção, força, riqueza

Cor: azul

Planeta: Júpiter

Sexta-feira

Propriedades mágicas: atração, beleza, fertilidade, amizade, crescimento, harmonia, amor, paixão, relacionamentos, romance, magia da água

Cor: verde

Planeta: Vênus

Sábado

Propriedades mágicas: banimento, amarração, limpeza, justiça, proteção, segurança, espiritualidade, sabedoria

Cor: preto

Planeta: Saturno

Domingo

Propriedades mágicas: reconhecimento, avanço, fama, esperança, inspiração, realizações pessoais, promoção, prosperidade, sucesso, magia solar, vitória, riqueza

Cor: amarelo

Planeta: Sol

Fases Lunares

A lua passa por todas as suas fases em um período que gira em torno de aproximadamente vinte e oito dias. Se quiser aproveitar a energia da lua, recomendo inscrever o formato da fase atual da lua na sua vela. Calendários e aplicativos de fases lunares são ferramentas extremamente úteis para identificar a fase exata da lua.

Uma observação sobre a lua nova e a lua escura: a maioria dos calendários lunares apresenta a lua escura como o primeiro dia da lua nova. Para fins mágicos, eu as separo, pois acredito que elas têm energias diferentes. A lua escura – quando não há nenhum vestígio de lua visível no céu – tem uma magia especial própria em comparação com a lua nova, que classifico como o primeiro raio de lua visível no céu. Cabe a você decidir como trabalhar com elas.

Lua nova

Propriedades mágicas: qualquer coisa nova (aventuras, projetos, etc.), começos, mudanças, criatividade, sonhos, esperança, ideias, inspiração, intenção, intuição, sorte, manifestação, oportunidades, planejamento, potencial, proteção, desejos

Cores: verde, laranja, branco

Ervas/óleos: manjericão, louro, cardamomo, camomila, pimenta, canela, jasmim, mirra, urtiga, noz-moscada, carvalho, sálvia, baunilha

Lua crescente

Propriedades mágicas: abundância, atração, negócios, carreira, comunicação, coragem, criatividade, determinação, exploração, fé, fertilidade, florescimento, amizades, crescimento, cura, aumento, inspiração, intenção, conhecimento, manifestação legal, amor, sorte, motivação, seguir em frente, poder, prosperidade, visualização, desejos

Cores: laranja, rosa, azul

Ervas/óleos: manjericão, cedro, canela, coentro, erva-doce, gengibre, madressilva, zimbro, mirra, pinho, alecrim, tomilho

Quarto crescente

Propriedades mágicas: abundância, ação, beleza, desafios, compromisso, confiança, coragem, criatividade, magia elementar, emoções, família, fertilidade, amizades, crescimento, saúde, imaginação, intuição, amor, sorte, manifestação, motivação, proteção, habilidades psíquicas, autoestima, autocura, amor-próprio, espiritualidade, sucesso, visualização, desejos

Cores: amarelo, roxo, azul

Ervas/óleos: amêndoa, benjoim, pimenta-preta, canela, dente-de-leão, erva-doce, sorva, sálvia, girassol

Lua crescente gibosa

Propriedades mágicas: ajustes, construção, mudança, clareza, compromisso, determinação, edição, esforço, energia, foco, ir com o fluxo, metas, aprimoramento, abertura, organização, paciência, persistência, potencial, reconstrução, reavaliação, refinamento, revisão, rotina, resistência

Cores: azul, vermelho, laranja

Ervas/óleos: pimentas, canela, café, papoula, rosa, gergelim

Lua cheia

Propriedades mágicas: abundância, ansiedade, bênçãos, celebração, caos, confiança, comprometimento, comunicação, adivinhação, encorajamento, emoção, energia, perdão, realização, gratidão, amor, manifestação, poder, habilidades psíquicas, relacionamentos, renovação, resultados, revisão, socialização, trabalho com feitiços de todos os tipos, sucesso, verdade, selvageria, sabedoria

Cores: branco, roxo, prata, vermelho

Ervas/óleos: manjericão, bergamota (laranja), pimenta-preta, pimenta-malagueta, chocolate, canela, jasmim, hortelã, rosa, tomilho, baunilha, milefólio

Lua minguante gibosa

Propriedades mágicas: aceitação, quebra de hábitos, limpeza, maldições, experiência, deixar ir, proteção, reagrupamento, relaxamento, liberação, remoção, repulsão, reversão, separação, compartilhamento, sabedoria

Cores: branco, preto, azul-claro

Ervas/óleos: louro, coentro, olíbano, jasmim, limão, manjerona, hortelã, salsa, alecrim, sálvia, anis-estrelado, milefólio

Quarto minguante

Propriedades mágicas: ajustes, equilíbrio, quebra de maus hábitos, desafios, limpeza, decisões, diminuição, direção, emoções, perdão, deixar ir, purificação, redução, reavaliação, reflexão, reorientação, liberação, descanso, autocuidado

Cores: branco, azul-claro, rosa

Ervas/óleos: camomila, canela, coentro, azevinho, madressilva, limão, pulmonária, patchouli, tomilho, hamamélis

Lua minguante

Propriedades mágicas: aceitação, quebra de maus hábitos, encerramento, sonhos, finais, perdão, cura, esperança, recuperação, reflexão, descanso, calmante, rendição

Cores: azul, verde-claro, amarelo-pálido

Ervas/óleos: louro, coentro, erva-doce, zimbro, pulmonária, hortelã, mirra, urtiga, pinho, alecrim, anis-estrelado, tomilho

Lua escura

Propriedades mágicas: beleza, contemplação, saúde, trabalho interno, introspecção, olhar para frente, aprimoramento pessoal, planejamento, planejamento, reflexão, rejuvenescimento, autoanálise

Cores: preto, roxo profundo, azul-escuro

Ervas/óleos: louro, benjoim, dente-de-leão, sangue de dragão, erva-doce, olíbano, gengibre, espinheiro, urze, jasmim, mirra, noz-moscada, patchouli, alecrim, sálvia, anis-estrelado, tomilho

Fases Solares

Se você prefere trabalhar com magia solar, o sol passa por diferentes fases ao longo do dia, que podem ser utilizadas para potencializar o seu trabalho mágico.

Nascer do sol

Propriedades mágicas: início, mudança, limpeza, direção, emprego, saúde, renascimento, renovação

Manhã

Propriedades mágicas: atividade, construção (projetos e planos), coragem, expansão de ideias, crescimento, felicidade, harmonia, energia positiva, prosperidade, resoluções, força

Meio-dia

Propriedades mágicas: qualquer trabalho de feitiço, saúde, conhecimento, energia física, sabedoria

Tarde

Propriedades mágicas: qualquer coisa profissional, assuntos de negócios, comunicação, clareza, exploração, viagens

Pôr do sol

Propriedades mágicas: clareza, deixar ir, liberar, remover, liberação de estresse, verdade.

Signos do Zodíaco

Você provavelmente já está familiarizada com os signos do zodíaco. O sol percorre os doze signos uma vez por ano, permanecendo em cada um deles por cerca de um mês. As datas gerais em que o sol transita por cada signo são as seguintes, mas lembre-se de que elas podem variar um pouco dependendo do ano. Consulte um almanaque ou pesquise on-line para saber a data e o horário exatos em que o sol mudará de signo.

Se estiver realizando um feitiço para si mesma ou para outra pessoa, incorpore o(s) signo(s) do zodíaco em seu trabalho mágico de alguma forma. Alinhar o feitiço ao signo em que o sol está pode intensificar sua magia. Sugiro inscrever o símbolo do signo atual na vela. Os signos do zodíaco também podem ser representados com magia das cores; combine a cor de sua vela com as cores correspondentes ao signo. Adicionei a seguir algumas sugestões de ervas e óleos para que você possa ungir e criar suas próprias velas astrológicas.

Áries ♈

Sol em Áries: 21 de março a 19 de abril

Regido por: Marte

Cores: vermelho, branco, rosa

Ervas/óleos: louro, canela, cravo, sangue de dragão, olíbano, gengibre, zimbro, manjerona, mostarda, mirra, urtiga, alecrim

Touro ♉

Sol em Touro: 20 de abril a 20 de maio

Regido por: Vênus

Cores: verdes brilhantes e vívidos, vermelho, amarelo

Ervas/óleos: margarida, dente-de-leão, samambaia, íris, pulmonária, hortelã, sálvia, azeda, tomilho

Gêmeos ♊

Sol em Gêmeos: 21 de maio a 20 de junho

Regido por: Mercúrio

Cores: amarelo brilhante, vermelho, azul

Ervas/óleos: endro, madressilva, lavanda, ulmária, hortelã, salsa, atanásia, tomilho

Câncer ♋

Sol em Câncer: 21 de junho a 22 de julho

Regido por: Lua

Cores: branco, prata, azul muito claro, verde, marrom

Ervas/óleos: erva-gateira, margarida, endro, madressilva, hissopo, jasmim, erva-cidreira, hortelã, artemísia, anis-estrelado

Leão ♌

Sol em Leão: 23 de julho a 22 de agosto

Regido por: Sol

Cores: ouro, laranja, amarelo-escuro, vermelho, verde

Ervas/óleos: louro, camomila, endro, erva-doce, olíbano, lavanda, calêndula, hortelã, salsa, anis-estrelado, girassol

Virgem ♍

Sol em Virgem: 23 de agosto a 22 de setembro

Regido por: Mercúrio

Cores: cores outonais, como marrom dourado, verdes e vermelhos profundos, dourado e preto

Ervas/óleos: bergamota (laranja), erva-doce, patchouli, sândalo (vermelho e branco), valeriana

Libra ♎

Sol em Libra: 23 de setembro a 22 de outubro

Regido por: Vênus

Cores: rosa, azul royal brilhante, preto

Ervas/óleos: bergamota, erva-gateira, sabugueiro (folhas), flor de sabugueiro, erva-de-são-joão, tomilho, violeta

Escorpião ♏

Sol em Escorpião: 23 de outubro a 21 de novembro

Regido por: Plutão

Cores: vermelhos em tons escuros, carmesim profundo, prata, marrom, preto

Ervas/óleos: manjericão, abrunheiro, prímula, hera, lírio, urtiga

Sagitário ♐

Sol em Sagitário: 22 de novembro a 21 de dezembro

Regido por: Júpiter

Cores: todos os tons de roxo, dourado e vermelho

Ervas/óleos: faia, bétula, cedro, espinheiro, noz-moscada, carvalho, sorveira, sálvia, sândalo (vermelho e branco)

Capricórnio ♑

Sol em Capricórnio: 22 de dezembro a 19 de janeiro

Regido por: Saturno

Cores: verdes em tons escuros, marrom-escuro, cinza e vermelho

Ervas/óleos: benjoim, confrei, copal, botão-de-ouro, manjerona, pinho, banana-da-terra, papoula, azedinha, hamamélis

Aquário ♒

Sol em Aquário: 20 de janeiro a 18 de fevereiro

Regido por: Urano

Cores: azuis brilhantes, misturas brilhantes de cores, verde

Ervas/óleos: bergamota (laranja), cipreste, erva-doce, olíbano, hortelã, mirra

Peixes ♓

Sol em Peixes: 19 de fevereiro a 20 de março

Regido por: Netuno

Cores: verde-marinho, cores iridescentes, branco

Ervas/óleos: samambaia, gerânio, verbena-limão, pulmonária, ulmária, rosa, salgueiro

A Lua e o Zodíaco

A lua também percorre o zodíaco, passando de um signo para o outro a cada dois dias, aproximadamente, o que significa que ela atravessa todo o zodíaco a cada mês. Calendários lunares indicam em qual signo a Lua está e quando mudará para o próximo. Uma maneira simples e eficaz de honrar o signo lunar atual é inscrever seu símbolo na vela. Isso aumenta naturalmente a energia do seu feitiço.

Lua em Áries

Propriedades mágicas: ação, autoridade, bravura, coragem, criatividade, independência, iniciativa, empreendimentos profissionais, liderança, luxúria, movimento, novos projetos, novas habilidades, oportunidades, superação de obstáculos, poder, proteção, purificação, renascimento, renovação, força, assumir riscos, força de vontade

Lua em Touro

Propriedades mágicas: conforto, conexão, confiança, criatividade, determinação, eficiência, segurança financeira, glamour, crescimento, paz interior, amor, organização, paciência, desempenho, assuntos práticos, propriedade, prosperidade, pensamento racional, alívio, desenvoltura, sexo, estabilidade, poder de permanência

Lua em Gêmeos

Propriedades mágicas: ajustes, maus hábitos, comunicação, acordos, disputas, energia, cura, ideias, aprendizado, multitarefa, negociação, conexões pessoais, viagens de curta distância, socialização, ensino, transações, transformação, descruzamento

Lua em Câncer

Propriedades mágicas: abundância, crianças, compaixão, adivinhação, família, fertilidade, lar, casa, procura de casa, inventividade, magia da lua, maternidade, nutrição, vidas passadas, gravidez, habilidades psíquicas, romance, vidência, magia da água

Lua em Leão

Propriedades mágicas: autoridade, carreira, confiança, coragem, criatividade, dignidade, entretenimento, fama, dinheiro rápido, fertilidade, coração, honra, liderança, aprendizado, lealdade, oportunidade, força, sentimentos fortes, sucesso, vitalidade

Lua em Virgem

Propriedades mágicas: carreira, detalhes, educação, emprego, fertilidade, condicionamento físico, foco, trabalho árduo, colheita, cura, saúde, organização, paz, planejamento, praticidade, prosperidade, purificação, colheita de recompensas, habilidade, estabilidade, sucesso

A Lua em Libra

Propriedades mágicas: talento artístico, equilíbrio, negócios, charme, compromisso, contratos, decisões, diplomacia, eloquência, justiça, amizade, harmonia, percepção, justiça, assuntos jurídicos, amor, casamento, parcerias, paz, vida social, verdade

A Lua em Escorpião

Propriedades mágicas: banimento, concentração, adivinhação, emoção, energia, foco, cura, percepção, lealdade, ocultismo, propriedade, mistérios, paixão, poder pessoal, desenvolvimento psíquico, renovação, segredos, magia sexual, transformação

A Lua em Sagitário

Propriedades mágicas: aventura, igualdade, metas, aterramento, honestidade, imaginação, integridade, viagens, aprendizado, viagens de longa distância, moderação, movimento, novas técnicas, otimismo, filosofia, publicação, estudo, tolerância, força de vontade, escrita

A Lua em Capricórnio

Propriedades mágicas: ambição, construção, negócios, carreira, determinação, disciplina, impulso, ganho financeiro, lógica, mistérios, organização, paciência, persistência, planejamento, política, reconhecimento, regulamentos, regras, segredos, espiritualidade, estabilidade

A Lua em Aquário

Propriedades mágicas: maus hábitos, escolhas, clareza, criatividade, adivinhação, empatia, liberdade, amizades, metas, grupos, idealismo, independência, inovação, inspiração, intuição, invenção, vidas passadas, vida social

A Lua em Peixes

Propriedades mágicas: ação, arte, banimento, cuidado, compaixão, engano, criatividade, trabalho com sonhos, empatia, fluxo, imaginação, trabalho interno, instinto, intuição, sorte, magia, vidas passadas, progresso, habilidades psíquicas, romance, segredos, espiritualidade, transições

Planetas

Os planetas também podem dar um impulso extra de energia mágica ao seu trabalho. Use uma vela da cor correspondente e inscreva o símbolo do planeta na cera. Se preferir, adicione uma vela separada ao feitiço, também ungida com óleos e ervas correspondentes. Não importa quantas camadas você decida adicionar, carregue cada ingrediente com a energia do planeta enquanto estiver criando a vela. Aqui está uma sugestão de bênção genérica que você pode usar após preparar a vela:

Planeta [nome do planeta], traga sua energia
Abençoe esta vela para a magia deste dia

Júpiter ♃

Propriedades mágicas: abundância, autoridade, carreira, compaixão, educação, ganho, boa sorte, crescimento, cura, saúde, justiça, conhecimento, amor, sorte, paz, habilidades psíquicas, prosperidade, proteção, riqueza, espiritualidade, sucesso, riqueza, sabedoria

Cores: azul, índigo, roxo, amarelo

Ervas/óleos: cedro, cravo, dente-de-leão, madressilva, hissopo, zimbro, ulmária, noz-moscada, carvalho, sálvia, sândalo (vermelho), anis-estrelado

Cristais: âmbar, ametista, obsidiana-negra, citrino, pedra do sol, lápis-lazúli, quartzo-fumê, sodalita

Marte ♂

Propriedades mágicas: agressividade, ambição, afirmação, conflito, competitividade, coragem, morte, defesa, disciplina, energia, metas, independência, motivação, paixão, poder, solução de problemas, proteção, resolução de discussões, vingança, sexualidade, força, sucesso, vitória, vitalidade, energia guerreira, força de vontade

Cor: vermelho

Ervas/óleos: manjericão, pimenta-preta, abrunheiro, cardamomo, cominho, sangue de dragão, gengibre, espinheiro, mostarda, mirra, urtiga, carvalho, pinho, papoula, tabaco

Cristais: heliotrópio, granada, aventurina-verde, pirita, jaspe-vermelho, turmalina, unakita

Mercúrio ☿

Propriedades mágicas: negócios, comunicação, engano, adivinhação, trabalho com sonhos, educação, emprego, troca, ganho, cura, percepção, aprendizado, magia, memória, proteção, velocidade, estudo, tecnologia, ensino, roubo, viagem, compreensão

Cores: amarelo profundo, laranja brilhante, multicolorido

Ervas/óleos: bergamota (laranja), endro, erva-doce, samambaia, lavanda, verbena-limão, pulmonária, manjerona, hortelã, salsa, sorveira, sândalo (branco), teixo

Cristais: ágata, ágata de renda azul, aventurina-verde, jaspe

Lua ☾

Propriedades mágicas: nascimento, mudança, compaixão, emoção, dissipação da negatividade, adivinhação, família, fertilidade, gratidão, saúde, cura, ilusão, itens perdidos, amor, magia lunar, manifestação, mistérios, proteção, riquezas, espiritualidade, transformação, viagem, magia da água

Cores: branco, prata, cinza

Ervas/óleos: hissopo, hera, jasmim, zimbro, erva-cidreira, artemísia, papoula, rosa, sândalo (branco), salgueiro

Cristais: quartzo-transparente, jaspe-cinza, labradorita, pedra da lua, ágata-musgo, quartzo-rosa, selenita

Saturno ♄

Propriedades mágicas: amarração, limites, foco, dissipação da negatividade, boa sorte, cura, lar, trabalho interno, intelecto, manifestação, meditação, dinheiro, resiliência, poder, proteção, responsabilidade, segurança, estrutura, sucesso nos negócios

Cores: preto, cinza

Ervas/óleos: abrunheiro, confrei, cipreste, dedaleira, hera, amor-perfeito, patchouli, pinho, hamamélis, teixo

Cristais: obsidiana-negra, hematita, quartzo-fumê

Sol ☉

Propriedades mágicas: ambição, clareza, comunicação, confiança, criatividade, diplomacia, energia, fertilidade, amizades, ganho, metas, crescimento, harmonia, cura, saúde, esperança, inspiração, alegria, liderança, amor, manifestação, energia masculina, paz, poder, prosperidade, renovação, magia solar, sucesso, transformação, verdade, riqueza, vontade

Cores: dourado ou amarelo

Ervas/óleos: louro, benjoim, bergamota (laranja), cedro, camomila, canela, copal, olíbano, zimbro, calêndula, mirra, carvalho, alecrim, sorveira, girassol, hamamélis

Cristais: âmbar, cornalina, citrino, quartzo-claro, calcita-laranja, pirita, pedra do sol, olho de tigre

Vênus ♀

Propriedades mágicas: atração, beleza, criatividade, educação, emoção, fertilidade, boa sorte, felicidade, harmonia, inspiração, ciúme, alegria, amor, luxúria, dinheiro, paixão, paz, prazer, prosperidade, relacionamentos, autoconfiança, sexualidade, sucesso, vitória

Cores: verde, pastéis

Ervas/óleos: benjoim, cardamomo, erva-gateira, margarida, dedaleira, gerânio, espinheiro, jasmim, erva-cidreira, hortelã, artemísia, banana-da-terra, papoula, rosa, sândalo (vermelho), tomilho, milefólio

Cristais: celestita, pedra do sol, jaspe-verde, lápis-lazúli, malaquita, quartzo-rosa, sodalita, turmalina, turquesa, unakita

CAPÍTULO OITO

Correspondências Adicionais

O mundo mágico oferece uma variedade de sinais, símbolos e imagens que podem acrescentar poder extra à sua magia. Alguns deles se baseiam em nosso senso de visão e no que associamos a determinados símbolos; outros são extraídos de idiomas ou meios de comunicação antigos. Este capítulo se concentra em todos os tipos de imagens visuais.

Sigilos são um dos meus favoritos. Quando você cria um sigilo, está criando algo cheio de poder e intenção que também é secreto – ninguém sabe o que ele significa, exceto você. Isso adiciona uma dimensão completamente nova ao seu trabalho mágico. Há mistério em um símbolo secreto!

Outras imagens, como as das Runas e cartas de Tarô, também serão abordadas neste capítulo. Você não precisa saber interpretar cartas de Tarô ou Runas para usá-las na magia com velas; compreender as palavras-chave de cada uma já é suficiente. Espero que, depois de ler este capítulo, você experimente diferentes ferramentas e perceba a diferença que elas podem trazer para sua magia.

Sigilos

Sigilos são símbolos mágicos, esculpidos ou desenhados, que carregam poder. Eles são pessoais, únicos para quem os cria, e sempre diferentes. Um sigilo representa exatamente o que você deseja trazer para o seu trabalho mágico.

Prática

Criando um Sigilo

Existem várias maneiras de criar um sigilo. Aqui está uma delas:

Você vai precisar de:

- 1 caneta
- 1 pedaço de papel

Antes de criar um sigilo, você precisa de uma intenção clara e uma frase que resuma o resultado desejado, mantendo-as positivas e simples. Por exemplo, se estiver realizando um feitiço para atrair dinheiro, pode começar com a frase: "dinheiro, venha até mim".

As letras da frase criarão o sigilo, mas elas precisam ser simplificadas primeiro. Remova todas as vogais e quaisquer letras duplicadas. Com isso, você terá as letras que serão usadas em seu sigilo. Baseando-se no exemplo anterior, "dinheiro, venha até mim", torna-se DNHRVTM.

Em seguida, pegue papel e caneta e escreva as letras que serão usadas no seu sigilo. Crie uma imagem agradável utilizando essas letras. Deixe-se guiar pela sua intuição e seja tão criativa (ou simples) quanto desejar. Você pode desenhar as letras sobrepostas umas às outras ou espaçá-las e conectá-las de alguma forma. Pode levar algumas tentativas até que você chegue a um design de sigilo que realmente goste.

Depois de finalizar o seu design, o sigilo estará pronto! Para utilizá-lo na magia com velas, você pode gravá-lo na lateral da vela ou prender um pequeno pedaço de papel com o sigilo desenhado nela.

d~~i~~nh~~ei~~r~~o~~, v~~e~~n~~ha~~ ~~a~~t~~é~~ m~~im~~

d n h r v t m

Sigilo

Prática

Sigilo de Círculo Mágico

Esse tipo de sigilo utiliza as letras do alfabeto e uma afirmação, assim como no exercício anterior. Desta vez, porém, adicionamos a energia mágica de um círculo. Os círculos possuem uma energia própria e representam um ciclo contínuo e infinito de magia.

Você vai precisar de:

- 1 caneta
- 1 pedaço de papel

Comece escrevendo o seu pedido. Como exemplo, vou usar a mesma intenção de antes: "dinheiro, venha até mim". Remova as vogais e quaisquer letras duplicadas. (Ficamos então com DNHRVTM.)

d n h r v t m

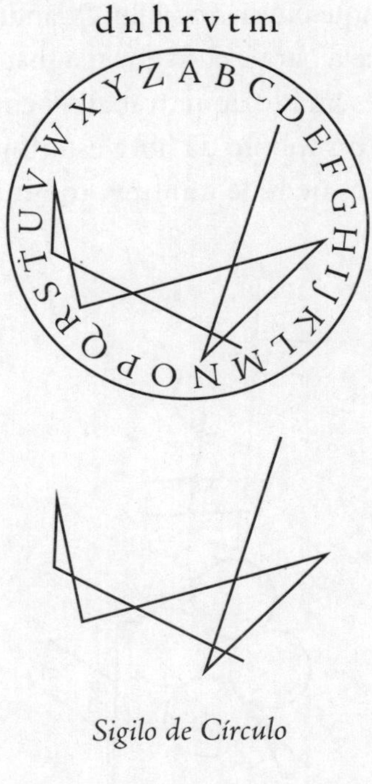

Sigilo de Círculo

Em seguida, desenhe um círculo no pedaço de papel. Se preferir precisão, use a base de um copo ou taça para traçar o círculo.

Agora escreva o alfabeto. Mantenha todas as letras ao longo da borda interna do círculo o mais espaçadas possível. Quando o círculo e o alfabeto estiverem completos, lembre-se de sua frase. Trace uma linha reta conectando a primeira letra da frase reduzida à segunda, a segunda à terceira, e assim por diante. Portanto, no exemplo utilizado ficaria uma linha de D para N, depois de N para H, de H para R, e assim por diante, até conectar todas as letras.

Observe a forma que você criou com as linhas retas. Esse é o seu sigilo! Transfira o sigilo para uma vela. Não é necessário incluir o círculo ou as letras, apenas o formato gerado pelas linhas.

Sigilo Livre

Outra opção é deixar sua criatividade fluir e criar um sigilo no estilo livre. Pegue quaisquer símbolos que representem sua intenção e transforme-os em um desenho. Adicione linhas, espirais, pontos, rabiscos ou o que mais sentir vontade de desenhar. Concentre-se no resultado desejado, em seus objetivos e intenções enquanto cria o sigilo. Quando sentir que está pronto, transfira-o para uma vela para usá-lo em sua magia.

No exemplo apresentado aqui, trabalhei com a intenção de atrair dinheiro e incorporei o símbolo da libra esterlina (£), a Runa Fehu e o Ogham Duir/Carvalho, além de um trevo-de-quatro-folhas.

Exemplo de Sigilo Livre

Formas e Símbolos

Há uma infinidade de formas e símbolos disponíveis, o que pode tornar difícil decidir quais usar em seus feitiços. Aqui estão algumas sugestões, mas escolha o que funciona melhor para você. No final, o símbolo deve ter um significado claro. Alguns símbolos têm um significado universal, como um coração que representa o amor, enquanto outros podem ter um significado muito pessoal para você.

Awen: inspiração, tríplice aspecto da divindade, criação, verdade

Balança: equilíbrio, justiça

Chave ou fechadura: abrir portas, segredos, revelar, verdade, acesso ao Outromundo, proteção, percepção

Círculo: unidade, proteção, ciclo da vida, lua cheia, sol

Coração: amor, romance, paixão, felicidade, harmonia

Crescente: dependendo da direção, lua crescente ou minguante

Cruz: decisões, direções, ponto de encontro, equilíbrio

Cruz solar: magia solar, as estações do ano

Deus: um círculo simples com um semicírculo no topo representa o Deus e a energia masculina

Deusa: uma forma corporal simples e curva com os braços levantados representa a Deusa e a energia feminina

Espiral: magia solar, viagens

Ferradura: sorte, proteção

Flecha: direções, seguir em frente

Infinito: tempo eterno e sem fim

Libra ou cifrão: dinheiro, prosperidade, riqueza

Linhas onduladas: água, oceano, movimento

Lua: magia lunar

Olho: onisciência, adivinhação, intuição, espiritualidade, habilidades psíquicas, proteção

Pentagrama: proteção, os elementos

Ponto final: encerramentos, ponto de destino

Quadrado: limites, amarras, segredos

Roda: jornada, viagem, velocidade, movimento, mudança. Também pode representar um escudo e, portanto, proteção

Rosto sorridente (Smiley) ☺: felicidade

Sol: magia solar

Trevo-de-quatro-folhas: sorte

Triquetra: Deusa tripla, terra, mar e céu, a mente

Tríscele: fertilidade, Deusa Mãe, interconexão

X: proteção, multiplicação, um beijo, assinatura, tesouro

Os Elementos: se quiser incorporar a energia dos elementos, utilize seus símbolos em forma de triângulo.

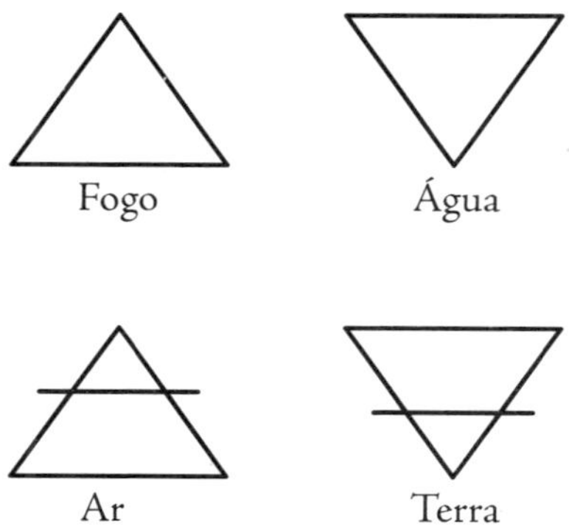

Triângulos Elementais

Runas

Embora a verdadeira história das runas seja desconhecida, sabemos que elas formam um alfabeto. Cada runa representa uma letra, mas seu significado vai além disso. Embora sejam mais comumente usadas na adivinhação, aqui as apresento como um recurso para a magia com velas. As runas podem ser gravadas na vela ou escritas em um pedido, acrescentando uma onda de poder ao feitiço.

Aqui está uma lista de runas e seus significados mágicos, mas lembre-se de que essa é uma lista geral. Você pode desenvolver uma conexão pessoal com as runas e descobrir que seus significados são ligeiramente diferentes dos meus.

Fehu ᚠ

Propriedades: abundância, realização, carreira, confiança, fertilidade, boa sorte, harmonia, saúde, sorte, bens materiais, dinheiro, reconhecimento, desenvolvimento espiritual, riqueza

Elementos: Fogo e Terra

Uruz ᚢ

Propriedades: mudança, coragem, criatividade, energia, liberdade, metas, gratidão, felicidade, harmonia, cura, saúde, independência, sorte, organização, paixão, poder, força, vitalidade

Elemento: Terra

Thurisaz ᚦ

Propriedades: decisões, sorte, oportunidade, proteção, força

Elemento: Fogo

Ansuz ᚨ

Propriedades: clareza, comunicação, percepção, inspiração, conhecimento, espiritualidade, ensino, verdade, sabedoria

Elemento: Ar

Raidho ᚱ

Propriedades: ação, mudança, decisões, direção, destino, jornada, movimento, transformação, viagem

Elemento: Ar

Kenaz ᚲ

Propriedades: mudança, criatividade, inspiração, conhecimento, paixão, revelação, apoio, ensino, visão

Elementos: Água e Fogo

Gebo ᚷ

Propriedades: abundância, conexão, contratos, liberdade, felicidade, sorte, possibilidades, prosperidade, relacionamentos, apoio, talento

Elementos: Ar e Água

Wunjo ᚹ

Propriedades: felicidade, harmonia, saúde, esperança, alegria, prosperidade, recarga, sucesso

Elemento: Terra

Hagalaz ᚺ

Propriedades: desafios, mudança, perturbação, foco, lições, liberação

Elementos: Terra e Água

Naudhiz ᚾ

Propriedades: conquistas, mudança, direção, inovação, necessidade, obstáculos, sobrevivência

Elementos: Terra e Fogo

Isa ᛁ

Propriedades: calmante, aterramento, meditação, relaxamento

Elementos: Água e Fogo

Jera ᛃ

Propriedades: conquistas, conclusão, crescimento, felicidade, colheita, justiça, motivação, paciência, paz, prosperidade, estações do ano, sucesso, transições

Elementos: Ar e Terra

Eihwaz ᛇ

Propriedades: início, morte, resistência, proteção, renascimento, renovação, espiritualidade, força, estabilidade, transformação, confiança, sabedoria, confiabilidade

Elementos: Terra, Ar, Fogo e Água

Pertho ᛈ

Propriedades: ancestrais, comunidade, criatividade, família, amizade, intuição, sorte, magia, meditação, mistérios, habilidades psíquicas, renascimento, trabalho espiritual

Elemento: Água

Algiz ᛉ

Propriedades: defesa, dissipação da negatividade, proteção, segurança, sabedoria

Elemento: Ar

Sowilo ᛊ

Propriedades: banimento, início, confiança, direção, energia, boa sorte, felicidade, cura, saúde, liderança, poder, renascimento, espiritualidade, força, sucesso, magia solar, vitória

Elemento: Fogo

Teiwaz ᛏ

Propriedades: confiança, coragem, honra, justiça, proteção, sacrifício, força, verdade, vitória, energia guerreira, sabedoria

Elemento: Ar

Berkana ᛒ

Propriedades: começos, energia feminina, fertilidade, Deusa, crescimento, sorte, maternidade, nutrição, oportunidade, paciência, planejamento, purificação, liberação, sucesso

Elemento: Terra

Ehwaz ᛖ

Propriedades: mudança, conexões, medos, iniciação, jornada, movimento, parcerias, espiritualidade, força, sucesso, transformação, transições

Elemento: Terra

Mannaz ᛗ

Propriedades: equilíbrio, mudança, comunidade, cooperação, família, felicidade, amizade, identidade, percepção, responsabilidade, autocompreensão, habilidades, foco, apoio, trabalho em equipe

Elemento: Ar

Laguz ᛚ

Propriedades: limpeza, emoção, energia, flexibilidade, fluxo, intuição, jornada, meditação, movimento, mistérios, habilidades psíquicas, espiritualidade, trabalho espiritual, força, magia da água

Elemento: Água

Inguz ᛜ

Propriedades: começos, confiança, criatividade, fertilidade, aterramento, crescimento, harmonia, saúde, intuição, motivação, paz, relaxamento, espiritualidade, unidade

Elementos: Terra e Água

Dagaz ᛞ

Propriedades: abundância, despertar, equilíbrio, mudança, clareza, determinação, iluminação, esperança, manifestação, oportunidade, prosperidade, espiritualidade, sucesso, transformação, transição, riqueza

Elementos: Terra e Ar

Othila ᛟ

Propriedades: abundância, ancestrais, argumentos, equilíbrio, quebra de ciclos, comunicação, comunidade, família, amizades, aterramento, inspiração, harmonia, lar, paz, posses, prosperidade, relacionamentos, espiritualidade, riqueza

Elemento: Terra

Ogham

O Ogham é um antigo sistema de símbolos usado para adivinhação. Durante um tempo, acreditou-se que fosse um alfabeto associado às árvores. Esses símbolos podem ser incorporados à magia com velas para adicionar uma camada extra de energia mágica. Grave o símbolo Ogham na vela ou desenhe-o em um pedido.

Beith/Bétula ᚁ

Propriedades: início, mudança, limpeza, criatividade, esperança, iniciação, proteção, purificação

Elementos: Ar e água

Luis/Sorveira ᚂ

Propriedades: criatividade, defesa, cura, inspiração, magia, habilidades psíquicas, poder, proteção, sucesso

Elemento: Terra

Fearn/Amieiro ᚃ

Propriedades: desafios, confiança, coragem, criatividade, decisões, trabalho com sonhos, alívio do medo, emoções, orientação, intuição, conhecimento, proteção, orientação espiritual

Elementos: Água e Fogo

Saille/Salgueiro ᚄ

Propriedades: equilíbrio, adivinhação, sonhos, emoções, fertilidade, flexibilidade, cura, inspiração, intuição, amor, magia lunar, proteção, alívio da dor, magia da água

Elemento: Água

Nuinn/Fresno ᚅ

Propriedades: equilíbrio, mudança, coragem, destino, amizade, crescimento, harmonia, cura, saúde, manifestação, organização, paz, proteção, renovação, transição

Elemento: Ar

Huathe/Espinheiro ᚆ

Propriedades: limpeza da negatividade, fertilidade, felicidade, cura, discernimento, intuição, superação de obstáculos, paciência, proteção, relaxamento, sabedoria

Elemento: Ar

Duir/Carvalho ᚇ

Propriedades: coragem, resistência, cura, saúde, justiça, liderança, sorte, dinheiro, proteção, segurança, força, confiança, sabedoria

Elemento: Terra

Tinne/Azevinho ᚈ

Propriedades: bravura, criatividade, defesa, trabalho com sonhos, harmonia, sorte, paciência, perspectiva, proteção, sacrifício, habilidades, transformação

Elementos: Terra e Fogo

Coll/Aveleira ᚉ

Propriedades: adivinhação, sonhos, iluminação, fertilidade, insight, inspiração, intuição, conhecimento, sorte, meditação, proteção, rituais, sabedoria, desejos

Elementos: Ar e Água

Quert/Maçã ᚊ

Propriedades: conexão, decisões, harmonia, cura, saúde, amor, magia, meditação, prosperidade, renovação, descanso, espiritualidade

Elemento: Água

Muinn/Videira ᚋ

Propriedades: abundância, comunicação, criatividade, diversão, metas, crescimento, colheita, cura, persuasão, proteção, relaxamento, descanso, espiritualidade, verdade, riqueza

Elementos: Ar e Terra

Gort/Hera ᚌ

Propriedades: abundância, banimento, amarração, desenvolvimento, amizade, gratidão, crescimento, harmonia, cura, proteção, descanso, restrição, força, apoio, tenacidade, magia selvagem

Elemento: Ar

Ngeadal/Giesta ᚍ

Propriedades: calmante, limpeza, adivinhação, harmonia, cura, saúde, meditação, purificação, força, vitalidade

Elemento: Água

Straif/Espinheiro-negro ᚎ

Propriedades: banir a negatividade, desafios, conflitos, coragem, energia, exorcismo, esperança, proteção, purificação, segredos, trabalho espiritual

Elementos: Ar e Fogo

Ruis/Sabugueiro ᚏ

Propriedades: ciúme, carma, conhecimento, magia, obsessão, renascimento, renovação, trabalho nas sombras, sono, transformação, sabedoria

Elemento: Fogo

Ailm/Pinho ᚐ

Propriedades: ancestrais, atração, clareza, conexão, direção, expressão, iluminação, fertilidade, crescimento, cura, intuição, alegria, percepção, purificação, espiritualidade, compreensão

Elemento: Fogo

Onn/Tojo ᚑ

Propriedades: abundância, direção, gratidão, colheita, esperança, luxúria, dinheiro, movimento, remoção de obstáculos, sexualidade, espiritualidade, viagem, vitalidade

Elementos: Ar e Fogo

Ur/Urze ᚒ

Propriedades: limpeza, conexão, morte, ciclos, magia das fadas, amor, sorte, magia, memória, parceria, paixão, relacionamentos, remoção da negatividade, respeito, espiritualidade

Elemento: Fogo

Ebhadh/Álamo ᚓ

Propriedades: bravura, conexão, derrotar o medo, comunicação divina, adivinhação, resistência, iluminação, flexibilidade, insight, superar a preocupação, percepção, prosperidade, proteção, liberar a negatividade, trabalho nas sombras, verdade, riqueza

Elemento: Ar

Idho/Teixo ᚔ

Propriedades: ancestrais, início, ciclos, morte, vida, meditação, memória, transição, sabedoria

Elemento: Terra

Correspondências de Números

A seguir estão as intenções que associo aos números. Se você se sente atraída pela numerologia, vale a pena explorar mais a fundo, pois é um assunto fascinante!

1 Conexão, controle, determinação, eficiência, metas, aterramento, harmonia, independência, inovação, liderança, força vital, motivação, poder pessoal, autossuficiência, Fonte, o Universo.

2 Equilíbrio, cooperação, dualidade, energia feminina, graça, influência, Intuição, luz e escuridão, parcerias, paz, polaridade, poder, proteção, relacionamentos, apoio.

3 Ação, conexão do corpo, comunicação, criatividade, energia, saúde, mente e espírito, interação, otimismo, socialização, espiritualidade, a Deusa Tríplice, o Deus Triplo.

4 Direções cardeais, compaixão, criatividade, magia da terra, elementos, emoção, alicerces, trabalho árduo, lealdade, organização, paciência, praticidade, estações, força.

5 Aventura, caos, mudança, flexibilidade, independência, movimento, habilidades psíquicas, sentidos, socialização, espiritualidade, transformação.

6 Cuidado, compaixão, empatia, harmonia, cura, amor, nutrição, parcerias, poder, proteção, responsabilidade, romance, segurança, energia solar, apoio.

7 Curiosidade, energia feminina, trabalho interno, intelecto, intuição, energia lunar, mistérios, percepção, espiritualidade, magia da água, sabedoria.

8 Realizações, autoridade, equilíbrio, comunicação, dedicação, metas materiais, mensagens, poder, prosperidade, sucesso.

9 Aceitação, compaixão, conclusão, experiência, realização, bondade, espiritualidade, transição, verdade, sabedoria.

Prática

Feitiço O Poder do Treze

Este feitiço foi originalmente escrito para ser realizado em uma sexta-feira treze, mas também pode ser trabalhado para trazer a energia do número treze ao ser realizado no décimo terceiro dia de qualquer mês ou até mesmo na décima terceira hora do dia (13h). Pode ser adaptado para trabalhar com qualquer número, sendo lançado na data correspondente do mês. A intenção do meu feitiço era usar o poder para trazer treze energias positivas, como felicidade e equilíbrio, mas você pode adaptá-lo para atender às suas próprias intenções, trocando alguns dos meus ingredientes e acrescentando os seus.

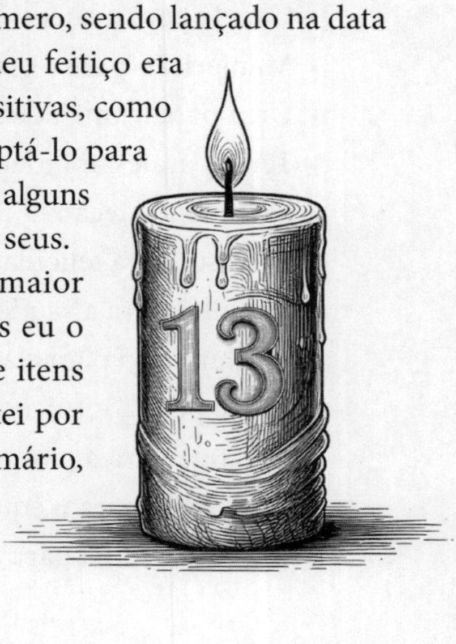

Sem dúvida, este foi o feitiço com maior número de ingredientes que já usei, mas eu o projetei dessa forma porque queria treze itens de cada coisa. Segui minha intuição e optei por cristais e ervas que selecionei em meu armário, sabendo que eram o que eu precisava, em vez de procurar seus significados.

Você vai precisar de:

- 13 velas, uma para cada intenção: amor, sucesso, prosperidade, amizade, estabilidade, proteção, felicidade, saúde, clareza, intuição, paz, equilíbrio e abundância

  13 cristais:
  - Quartzo-rosa para o amor
  - Pedra do sol (sintética) para o sucesso
  - Pirita para a prosperidade
  - Turquesa para amizade
  - Hematita para estabilidade
  - Obsidiana para proteção
  - Pedra do sol para a felicidade
  - Labradorita para a saúde
  - Quartzo-transparente para clareza
  - Selenita para intuição
  - Celestita para a paz
  - Pedra da lua para o equilíbrio
  - Lápis-lazúli para abundância

  13 ervas/mineral:
  - Pétalas de rosa para o amor
  - Canela para o sucesso
  - Manjericão para a prosperidade
  - Urze para a amizade
  - Terra para estabilidade
  - Sal para proteção
  - Girassol para felicidade
  - Tomilho para a saúde
  - Cardamomo para clareza
  - Sálvia para a intuição
  - Lavanda para a paz
  - Camomila para o equilíbrio
  - Cravo-da-índia para abundância

Carregue cada vela, cristal e erva com sua intenção antes de organizá-los no altar. Disponha todos os itens de uma maneira que pareça adequada para você; confie na sua intuição. Eu coloquei todos os meus ingredientes em uma bandeja redonda de prata, que, coincidentemente, representava a lua (há treze luas em um ano).

Agora, acenda cada vela e diga o seguinte encantamento:

Poder dos treze, que você traga para mim
Todas as coisas boas que há na vida enfim.
Inclua gratidão e agradecimentos
Permita-me receber tudo ao dar livramentos.
A vida é boa, a vida é abençoada
Venha comigo, e que a alegria seja espalhada.

Repita o encantamento um total de treze vezes. Quando o feitiço estiver concluído, mantenha os treze cristais em seu altar por algum tempo. Polvilhe as ervas no seu jardim ou em alguma grama, ou crie uma mistura de incenso solto com elas.

Nota Pessoal

Usei uma mistura de velas pequenas em potes de vidro e velas votivas para esse feitiço, pois todas se mantinham seguras na bandeja. No entanto, se preferir, você pode usar velas palito ou de cera de abelha.

Escolhi os treze cristais puramente por intuição; a maioria deles eram pequenas pedras roladas que eu tinha em minha coleção. Se você tiver um estoque de cristais, confie em sua intuição para saber quais escolher. Caso não tenha cristais suficientes (ou nenhum), pode usar pedras comuns ou conchas, ou pensar de forma criativa e usar itens do seu armário de cozinha, como nozes, feijões ou pedaços de massa secos. Se preferir, não precisa usar nenhum desses itens; o feitiço pode ser realizado apenas com velas.

As ervas que usei estavam inteiras; não as triturei. Também não untei as velas com as ervas – apenas as coloquei dentro e ao redor das velas e dos cristais. Se preferir, pode usar apenas um tipo de erva, cortada em treze pedaços.

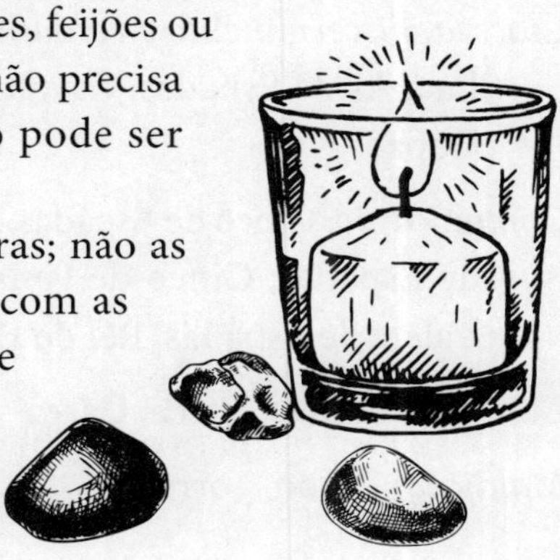

Cartas de Tarô

Cartas de Tarô são um excelente ponto focal para qualquer trabalho mágico. Escolha a carta que melhor representa sua intenção e coloque-a diante do feitiço ou atrás da vela. Use a carta escolhida para ajudar a visualizar seu objetivo ou desejo. Após realizar um feitiço, sempre limpo a carta de Tarô passando-a pela fumaça de um incenso antes de devolvê-la ao baralho. Mantenho um baralho de Tarô especificamente para trabalhos mágicos, e nunca o utilizo para leituras. Também reservo um baralho oracular com o mesmo intuito.

Qual é a diferença entre um baralho de Tarô e um de oráculo? Os baralhos oraculares são mais personalizáveis. O número de cartas, as mensagens e a arte variam de acordo com o baralho. Embora as mensagens de um baralho de oráculo possam ser diferentes, cada carta geralmente apresenta uma ou mais palavras-chave. Os baralhos de Tarô têm um número definido de cartas (setenta e oito), e cada carta tem um significado padrão. A maioria também inclui certos símbolos ou imagens, independentemente de quem criou a arte. Aqui estão algumas sugestões de cartas que podem corresponder à sua intenção mágica.

Equilíbrio: Amantes, Justiça, Temperança, Dois de Espadas, Quatro de Paus, Dois de Copas

Amarração: Temperança, Dois de Espadas, Oito de Espadas, o Enforcado

Mudanças: Roda da Fortuna, Mago, Oito de Paus, Julgamento

Clareza, discernimento e verdade: Sacerdotisa, Amantes, Justiça, Torre, Lua, Ás de Espadas, Cavaleiro de Paus, Sete de Copas, Rainha de Copas

Comunicação: Cinco de Espadas, Dois de Espadas, Sacerdotisa, Cavaleiro de Espadas, Cinco de Paus, Sete de Espadas, Quatro de Copas, Valete de Espadas, Rei de Espadas

Coragem: Estrela, Força, Carro

Maldição: Diabo, Torre

Decisões e direção: Justiça, Eremita, Estrela, Amantes

Fertilidade: Sol, Dez de Copas, Ás de Paus

Amizade: Três de Copas, Dois de Copas, Cavaleiro de Copas

Gratidão: Dez de Pentáculos, Nove de Copas, Seis de Pentáculos, Sol, Seis de Paus, Quatro de Espadas, Imperatriz, Força, Ás de Copas

Felicidade: Sol, Mundo, Ás de Copas

Cura: Força, Mundo, Mago, Sol, Estrela, Três de Copas

Inspiração e criatividade: Mago, Sol, Ás de Paus

Amor: Amantes, Cavaleiro de Copas, Estrela

Sorte: Mundo, Estrela, Roda da Fortuna

Novos começos: Louco, Imperador, Mundo, Carro, Eremita, Morte, Sol, Dois de Pentáculos, Dez de Espadas, Ás de Paus, Cavaleiro de Paus, Quatro de Copas, Oito de Copas

Paz e harmonia: Estrela, Cinco de Copas, Eremita, Temperança

Habilidades psíquicas: Sacerdotisa, Diabo, Lua

Proteção: Estrela, Carro, Temperança, Quatro de Paus

Prosperidade: Dez de Pentáculos, Cavaleiro de Pentáculos, Valete de Pentáculos, Seis de Pentáculos, Ás de Pentáculos

Remoção de obstáculos: Dois de Copas, Carro, Força

Liberação: Lua, Julgamento, Mundo

Força: Seis de Paus, Força, Imperador, Estrela, Amantes, Nove de Paus, Sete de Paus, Seis de Espadas, qualquer um dos Reis

Alívio do estresse: Enforcado, Ás de Copas, Temperança, Quatro de Copas

Sucesso: Carro, Seis de Paus, Cinco de Paus

Transformação: Temperança, Mundo, Julgamento, Mago, Força, Sacerdotisa, Carro

Descruzamento/desencontro: qualquer uma das seguintes cartas, mas vire-as de cabeça para baixo para que fiquem Invertidas: Temperança, Dois de Espadas, Oito de Espadas, Enforcado

Cristais

Cada cristal carrega uma energia única. Ao acessar essa energia, descobrimos como o cristal pode nos auxiliar magicamente. Adoro usar pedras roladas em minha magia com velas. Uma única pedra rolada colocada em frente a uma vela encantada será carregada com a intenção do feitiço e pode ser levada com você depois. Os cristais também podem ser dispostos em um círculo ao redor de uma vela para adicionar sua energia ao trabalho mágico. Confie na sua intuição (e no seu orçamento) ao escolher os cristais a serem usados. Aqui estão algumas de minhas sugestões.

Ágata (com faixas, marrom e preta)

Propriedades mágicas: equilíbrio, amarração, clareza, maldição, gratidão, felicidade, harmonia, cura, percepção, paz, proteção, força, sucesso, verdade

Elemento: Fogo

Planeta: Mercúrio

Âmbar

Propriedades mágicas: equilíbrio, clareza, limpeza, cura, percepção, habilidades psíquicas, purificação, sucesso, verdade

Elemento: Fogo

Planeta: Sol

Ametista

Propriedades mágicas: mudança, clareza, gratidão, felicidade, harmonia, discernimento, sorte, paz, proteção, sucesso, transformação, verdade, descruzamento, diminuição da excitação

Elemento: Água

Planeta: Júpiter

Turmalina-negra

Propriedades mágicas: equilíbrio, mudança, maldição, amizade, felicidade, harmonia, paz, proteção, liberação, transformação

Elemento: Terra

Planetas: Vênus, Marte

Heliotrópio (Pedra de sangue)

Propriedades mágicas: clareza, cura, discernimento, prosperidade, proteção, força, verdade, descruzamento, desbloqueio

Elementos: Terra e Fogo

Planeta: Marte

Ágata de renda azul

Propriedades mágicas: limpeza, comunicação, purificação

Elemento: Água

Planeta: Mercúrio

Cornalina

Propriedades mágicas: confiança, coragem, maldição, decisões, direção, harmonia, amor, sorte, paz, proteção, sucesso, descruzamento, diminuição da excitação

Elemento: Fogo

Planeta: Sol

Celestita

Propriedades mágicas: clareza, comunicação, felicidade, harmonia, cura, percepção, paz, trabalho espiritual, verdade

Elementos: Ar e Água

Planetas: Vênus, Netuno

Citrino

Propriedades mágicas: mudança, clareza, confiança, coragem, gratidão, felicidade, cura, percepção, habilidades psíquicas, sucesso, transformação, verdade

Elemento: Fogo

Planetas: Sol, Júpiter

Quartzo-transparente

Propriedades mágicas: equilíbrio, clareza, limpeza, comunicação, decisões, direção, cura, percepção, proteção, habilidades psíquicas, purificação, trabalho espiritual, força, verdade

Elementos: Fogo e Água

Planetas: Sol, Lua

Fluorita

Propriedades mágicas: equilíbrio, limpeza, comunicação, confiança, coragem, decisões, direção, gratidão, harmonia, cura, paz, purificação, liberação, remoção de obstáculos

Elementos: Água e Ar

Planeta: Netuno

Granada

Propriedades mágicas: limpeza, purificação, trabalho espiritual

Elemento: Fogo

Planeta: Marte

Pedra de sol (sintética)

Propriedades mágicas: clareza, confiança, coragem, decisões, direção, discernimento, sorte, prosperidade, sucesso, verdade

Elementos: Terra e Fogo

Planetas: Vênus, Júpiter

Aventurina-verde

Propriedades mágicas: equilíbrio, decisões, direção, gratidão, felicidade, harmonia, cura, sorte, paz, prosperidade, habilidades psíquicas

Elemento: Ar

Planetas: Mercúrio, Marte

Hematita

Propriedades mágicas: equilíbrio, comunicação, decisões, direção, cura, proteção, remoção de obstáculos, força, descruzamento, desbloqueio

Elementos: Terra e Fogo

Planeta: Saturno

Jaspe

Propriedades mágicas: equilíbrio, confiança, coragem, maldição, felicidade, harmonia, cura, paz, libertação, descruzamento, desbloqueio

Elementos: Terra, Ar, Fogo (dependendo da cor)

Planetas: Vênus, Mercúrio, Urano, Lua, Marte (dependendo da cor)

Labradorita

Propriedades mágicas: mudança, clareza, limpeza, confiança, coragem, decisões, direção, cura, insight, sorte, proteção, habilidades psíquicas, purificação, força, sucesso, transformação, verdade

Elemento: Água

Planetas: Terra, Lua, Urano

Lápis-lazúli

Propriedades mágicas: clareza, confiança, coragem, decisões, direção, harmonia, percepção, amor, sorte, paz, remoção de obstáculos, sucesso, verdade

Elemento: Água

Planetas: Vênus, Júpiter

Malaquita

Propriedades mágicas: mudança, clareza, harmonia, cura, insight, amor, novos começos, paz, prosperidade, habilidades psíquicas, liberação, força, sucesso, transformação, verdade, descruzamento, desbloqueio

Elemento: Terra

Planeta: Vênus

Pedra da lua

Propriedades mágicas: equilíbrio, clareza, limpeza, confiança, comunicação, coragem, fertilidade, gratidão, harmonia, cura, percepção, amor, novos começos, paz, habilidades psíquicas, purificação, verdade

Elemento: Água

Planeta: Lua

Ágata-musgo

Propriedades mágicas: limpeza, fertilidade, amizade, novos começos, prosperidade, purificação, liberação

Elemento: Terra

Planeta: Lua

Obsidiana

Propriedades mágicas: amarração, limpeza, maldição, proteção, remoção de obstáculos, trabalho espiritual, força, liberação, purificação

Elementos: Fogo, Terra, Água

Planetas: Júpiter, Saturno

Calcita-laranja

Propriedades mágicas: mudança, clareza, limpeza, confiança, coragem, harmonia, percepção, paz, purificação, liberação, transformação, verdade

Elemento: Terra

Planeta: Sol

Seixo/Pedra de Bruxa

Propriedades mágicas: fertilidade, proteção

Elementos: Terra e Água

Planeta: Terra

Pirita

Propriedades mágicas: clareza, confiança, comunicação, coragem, maldição, decisões, direção, percepção, sorte, prosperidade, proteção, habilidades psíquicas, liberação, remoção de obstáculos, força, sucesso, verdade

Elemento: Fogo

Planetas: Marte, Sol

Quartzo-rosa

Propriedades mágicas: equilíbrio, limpeza, fertilidade, amizade, felicidade, harmonia, cura, amor, sorte, paz, purificação, sucesso

Elementos: Terra e Água

Planetas: Vênus, Lua

Selenita

Propriedades mágicas: equilíbrio, clareza, limpeza, decisões, direção, cura, insight, amor, proteção, habilidades psíquicas, purificação, trabalho espiritual, sucesso, verdade

Elemento: Água

Planeta: Lua

Quartzo-fumê

Propriedades mágicas: clareza, decisões, direção, discernimento, sorte, liberação, remoção de obstáculos, verdade, descruzamento, desbloqueio

Elemento: Terra

Planetas: Saturno, Júpiter

Sodalita

Propriedades mágicas: confiança, coragem, amizade, harmonia, amor, paz, habilidades psíquicas, liberação

Elemento: Água

Planetas: Júpiter, Vênus

Pedra do Sol

Propriedades mágicas: equilíbrio, clareza, decisões, direção, gratidão, felicidade, harmonia, cura, percepção, amor, sorte, paz, prosperidade, proteção, força, verdade

Elemento: Fogo

Planeta: Sol

Olho de Tigre

Propriedades mágicas: equilíbrio, ligação, clareza, confiança, coragem, cura, discernimento, sorte, prosperidade, proteção, habilidades psíquicas, liberação, remoção de obstáculos, força, sucesso, verdade, descruzamento, desbloqueio

Elementos: Fogo e Terra

Planeta: Sol

Turquesa

Propriedades mágicas: equilíbrio, clareza, limpeza, comunicação, maldição, amizade, harmonia, percepção, amor, sorte, paz, proteção, habilidades psíquicas, purificação, verdade

Elemento: Terra

Planetas: Vênus, Netuno

Unakita

Propriedades mágicas: mudança, confiança, coragem, decisões, direção, felicidade, harmonia, amor, paz, liberação, força, sucesso, transformação

Elemento: Água

Planetas: Marte, Vênus

PARTE III

ENCANTAMENTOS COM VELAS

CAPÍTULO NOVE

Antes de Começar

A maioria dos encantamentos segue uma estrutura básica. Eu vejo um feitiço como uma receita: você tem uma lista de ingredientes, mas pode ajustá-la de acordo com o que tem em mãos ou com suas preferências pessoais. Nas próximas páginas, apresentarei um método básico de como fazer magia, além de vários ingredientes diferentes para sua escolha. Assim, você terá uma base e inspiração para personalizar seus feitiços conforme suas necessidades.

Salvo indicação em contrário, os encantamentos desta parte do livro funcionam melhor com pequenas velas palito ou velas de cera de abelha enroladas. Velas réchaud ou votivas podem ser usadas, mas levarão muito mais tempo para queimar.

As cores que incluí são sugestões para a escolha da vela de acordo com cada intenção. Cores também podem ser incorporadas por meio de toalhas de altar, suportes para velas, tintas ou outros instrumentos mágicos.

Para revestir as velas, sugeri óleos de base/carreadores, óleos de unção e ervas. Escolha se deseja ungir sua vela com óleo, ervas ou ambos.

A opção de gravar símbolos na vela, que sugeri, pode ser omitida ou substituída por um sigilo criado por você. Também listei algumas runas e palavras ogham correspondentes a cada intenção, que podem ser gravadas na vela ou escritas em uma petição, se assim desejar.

Petições podem ser escritas e usadas de diferentes formas. Se optar por criar uma, ela pode ser fixada na vela, colocada sob ela ou posicionada à sua frente. Seus pedidos também podem ser queimados na chama da vela, usando um recipiente seguro.

Sugeri alguns cânticos que podem ser recitados em voz alta ou usados como inspiração para criar o seu próprio cântico. Use sua intuição.

Quanto às correspondências numéricas apresentadas, fica a seu critério decidir como utilizá-las. Minhas sugestões: use o número indicado para definir a quantidade de vezes que recita o cântico, o número de cristais dispostos ao redor da vela ou a quantidade de ingredientes no feitiço. Outra opção é gravar o número na vela.

Incluí as fases lunares e solares recomendadas para cada intenção, oferecendo um impulso extra ao poder do feitiço. No entanto, você pode ignorar essas recomendações se preferir não esperar para realizar o trabalho mágico. Isso vale para os dias da semana também: eles potencializam o feitiço, mas não são obrigatórios.

Os planetas mencionados correspondem a cada intenção. Você pode aproveitar a energia deles em seus feitiços gravando o símbolo planetário na vela ou adicionando uma vela extra ao ritual, dedicada ao planeta específico.

Signos do zodíaco foram associados a cada intenção e podem representar uma pessoa ou servir como referência para realizar o feitiço quando a lua estiver nesse signo. Assim como em outras sugestões de tempo, essa recomendação é opcional.

Você vai encontrar sugestões de cartas de Tarô que correspondem à energia de cada feitiço. As cartas podem ser usadas como foco para qualquer tipo de magia, fornecendo uma imagem à qual você pode recorrer para adicionar energia ao trabalho mágico. Coloque uma carta de Tarô ou de um oráculo de sua escolha à frente ou atrás de sua vela durante o feitiço. Quando terminar, deixe a carta em seu altar até que o feitiço se concretize.

Apresento também algumas sugestões de cristais. Escolhi opções comuns e fáceis de encontrar. Uma pedra rolada é suficiente; os cristais não precisam ser grandes ou caros. Após o feitiço, podem ser limpos e reutilizados.

Para cada intenção, associei um dos quatro elementos correspondentes. Essas referências podem servir de inspiração para incluir outros ingredientes ou para desenhar o símbolo do elemento na vela.

Não se esqueça de conferir a seção "extras" de cada feitiço. Ali, você encontrará itens adicionais que podem ser incorporados ao seu trabalho mágico.

Por fim, e acima de tudo, não se limite às minhas listas. Confie em sua intuição para selecionar os itens e decidir como utilizá-los no trabalho mágico.

Modelo para Trabalhos Mágicos

Este é um modelo básico para trabalhos mágicos. Eu o incluí aqui para dar uma ideia de como proceder com seus feitiços. É assim que eu trabalho, mas lembre-se de que é apenas um esboço. Recomendo que personalize seus feitiços, usando minhas sugestões como ponto de partida.

Modelo de Feitiço

1. Energize a vela, as ervas, os óleos e quaisquer itens extras com sua intenção.
2. Esculpa os símbolos correspondentes em sua vela.
3. Unte a vela com óleo. Role a vela untada nas ervas escolhidas ou polvilhe-as ao redor da base da vela. Coloque a vela em um suporte seguro.
4. Se a ideia é fazer uma petição, coloque o pedido sob a vela ou diante dela. Outra possibilidade é queimá-lo na chama e deixar o pedido terminar de queimar em um recipiente à prova de fogo.
5. Quando utilizar cartas de Oráculo ou Tarô, posicione-as atrás da vela. Para reforçar a intenção, coloque um cristal à frente da vela.
6. Acenda a vela, recite seu cântico e visualize sua intenção.
7. Deixe que a vela queime completamente.

CAPÍTULO DEZ

Feitiços para Crescimento e Abundância

Talvez o tipo mais comum de feitiço seja o de atrair dinheiro. Os feitiços a seguir são voltados para a prosperidade, embora esse termo também inclua fertilidade, sucesso e novos começos. E, claro, todos precisamos de um pouco de sorte de vez em quando! Você também pode combinar algumas dessas intenções para atingir seu objetivo.

Algumas dicas: concentre-se no que precisa e em como pode trabalhar para obtê-lo, em vez de apenas pedir montes de dinheiro. E não se esqueça de agradecer o que receber! Use sua inspiração e criatividade ao criar o feitiço. Pense fora da caixa – você pode se surpreender de forma inesperada.

Prosperidade

Feitiços de prosperidade, abundância, riqueza e dinheiro abordam, em essência, o mesmo tema. As intenções podem variar desde a necessidade de dinheiro rápido até um valor significativo para uma conta inesperada, ou ainda, o desejo de uma renda estável para o seu negócio e a cobertura de despesas gerais.

Dito isso, abundância e riqueza também se referem a outras coisas além de dinheiro. Uma vida próspera e abundante pode significar viver de forma boa e positiva. Você pode ter abundância ou riqueza de amigos e pessoas queridas, por exemplo. Não limite seus feitiços de prosperidade – eles podem fazer mais do que manifestar dinheiro.

Correspondências sugeridas

Cores	Verde, dourado, roxo, laranja, marrom.
Óleo carreador	Amêndoa, gergelim, girassol.
Direção da aplicação	Puxe o óleo em sua direção para revestir a vela.
Ervas/óleos	Manjericão, bergamota (laranja), cedro, camomila, cravo-da-índia, cominho, dente-de-leão, olíbano, gengibre, grama, madressilva, jasmim, hortelã, noz-moscada, patchouli, pinho, papoula, rosa, sálvia, gergelim, girassol, folhas de chá (preto).
Símbolo	Sinal de moeda, como dólar, libra, euro, cifrão; infinito.
Runa	Fehu, Gebo, Wunjo, Jera, Dagaz, Othila.
Ogham	Duir/Carvalho, Quert/Maçã, Ebhadh/Álamo, Onn/Tojo, Muinn/Videira, Gort/Hera.
Petição	Escreva com tinta verde, roxa ou dourada. Escreva a petição em uma nota de moeda estrangeira.
Número	8
Fase lunar	Crescente, quarto crescente, cheia.
Fase solar	Meio da manhã.
Dia da semana	Quinta-feira para abundância, finanças, prosperidade e riqueza. Domingo para prosperidade, sucesso e riqueza. Quarta-feira para fortuna. Terça-feira para sucesso.
Planeta	Júpiter para abundância, prosperidade e riqueza. Vênus para boa sorte, dinheiro e sucesso. Lua para manifestação e riqueza. Sol para prosperidade. Marte para o sucesso.

Signo do zodíaco	Touro para prosperidade. Virgem para abundância. Câncer para fartura. Leão para dinheiro rápido.
Carta de Tarô	Roda da Fortuna, Dez de Pentáculos, Cavaleiro de Pentáculos, Valete de Pentáculos, Imperatriz, Estrela, Mundo, Ás de Pentáculos, Seis de Pentáculos, Nove de Pentáculos, Ás de Copas.
Cristal	Aventurina-verde, heliotrópio, pedra do sol sintética, pedra do sol, ágata-musgo, malaquita, pirita, olho de tigre.
Elemento	Terra.

Sugestão de Cântico

Óleos e ervas, tragam a riqueza docemente
Tragam prosperidade para mim constantemente.
Cheguem agora, sem hesitação
Magia da vela, cumpra minha intenção.

Extras

Para potencializar seus feitiços de prosperidade, você pode usar dinheiro e/ou comida – duas coisas que a maioria de nós tem à disposição.

- Moedas são ótimos itens para usar em feitiços de prosperidade, pois representam dinheiro de forma literal. Eu gosto de trabalhar com pequenas moedas de prata, já que trazem a magia da cor prateada. As moedas podem ser colocadas em frente a uma vela durante o feitiço; recomendo criar um círculo de pequenas moedas ao redor da vela. Você pode esculpir uma fenda e colocar uma moeda na lateral da vela; quando ela queimar e liberar a moeda, o feitiço estará concluído. Outra opção é empurrar uma pequena moeda na base da vela. As moedas podem ser usadas como amuletos de prosperidade após a conclusão de um feitiço; coloque a moeda em seu altar ou em sua bolsa.

- O chocolate é uma ótima representação de abundância e riqueza. Divida-o em tabletes e coloque-os em frente à sua vela.
- As nozes trazem energia mágica positiva em forma de abundância. Coloque-as em frente à sua vela ou dispostas em um círculo ao redor dela.
- Você pode dobrar cédulas de dinheiro e colocá-las sob a vela ou em frente a ela, mas tome cuidado para que não sejam atingidas pela chama ou danificadas pela cera.

Novos Começos

Um feitiço de novos começos pode ser realizado para diversos propósitos. Você pode querer iniciar um novo empreendimento ou negócio, ou talvez deseje começar a viver sua vida de uma maneira diferente ou mudar de direção. A magia com velas pode fornecer um impulso energético ao iniciar essa nova jornada. Também pode ser usada para abrir novos caminhos e trazer oportunidades que você nem sabia que existiam. Começos surgem de várias formas – basta estar aberta para descobri-los.

Correspondências sugeridas

Cores	Azul, verde, branco.
Óleo carreador	Oliva, girassol, gergelim.
Direção da aplicação	Unte o óleo em sua direção para iniciar uma nova energia.
Ervas/óleos	Dente-de-leão, gerânio, espinheiro, limão, pinho, erva-cidreira, carvalho, rosa, sálvia, girassol; podem ser usadas sementes de todos os tipos.
Símbolo	Awen, círculo, tríscele, flecha, lua crescente.
Runa	Eihwaz, Sowilo, Berkana, Inguz.

Ogham	Beith/Bétula, Idho/Teixo.
Petição	Escreva a petição com tinta verde ou azul. Escreva a petição em uma folha de sálvia ou em uma folha verde grande.
Número	1, 5
Fase lunar	Nova, crescente.
Fase solar	Nascer do sol, manhã.
Dia da semana	Segunda-feira para fertilidade ou sucesso, pois é o início da semana de trabalho. Terça-feira para o sucesso. Quinta-feira para crescimento. Sexta-feira para fertilidade. Domingo para realizações pessoais e sucesso.
Planeta	Vênus para fertilidade e sucesso. Júpiter para crescimento e sucesso. Sol para fertilidade e crescimento. Lua para nascimento e fertilidade.
Signo do zodíaco	Áries para novos projetos, habilidades e oportunidades. Gêmeos para ideias e aprendizado Leão para oportunidades. Sagitário para aprendizado, otimismo e novas técnicas.
Carta de Tarô	Louco, Imperador, Mundo, Carro, Eremita, Morte, Sol, Dois de Pentáculos, Dez de Espadas, Ás de Paus, Cavaleiro de Paus, Quatro de Copas, Oito de Copas.
Cristal	Malaquita, pedra da lua, ágata-musgo.
Elementos	Terra, Ar.

Sugestão de Cântico

Chama da vela, traga uma abertura
Abra caminhos para um novo início com estrutura.

Que oportunidades surjam sem hesitar
E que a vitória venha me alcançar.

Extras

Novos começos sempre me remetem a "crescimento", o que me faz pensar na primavera, quando tudo está fresco e renovado.

- Plante algumas sementes em um vaso. Coloque o vaso em frente ao seu feitiço com vela enquanto trabalha, depois mova-o para o parapeito de uma janela ou para o lado de fora.
- Coloque cinco folhas verdes de qualquer tipo ao redor do seu feitiço como decoração.
- Flores brancas podem ser dispostas ao redor do feitiço para simbolizar um novo começo.
- Posicione a vela sobre um tapete branco ou um pedaço de papel branco para representar uma tela em branco.
- Retire tudo do altar, limpe o espaço e coloque uma toalha branca. Deixe o altar vazio por alguns dias para representar que você está aberta a novas oportunidades e recomeços.

Fertilidade

A fertilidade pode se manifestar de várias formas, sendo a mais óbvia o início de uma família. A magia das velas certamente pode ajudar com isso (de uma perspectiva mágica – vocês precisam fazer o "trabalho"!). Mas novos integrantes não chegam apenas na forma de bebês. A fertilidade também se relaciona com novos começos, como "dar à luz" a um novo emprego ou empreendimento. Permita que a magia com velas amplie sua ideia de fertilidade; essa palavra abrange inúmeras possibilidades.

Correspondências sugeridas

Cores	Verde, marrom, branco.
Óleo carreador	Oliva, girassol, gergelim.
Direção da aplicação	Coloque o óleo em sua direção para trazer fertilidade.
Ervas/óleos	Erva-doce, gerânio, espinheiro, mostarda, pinho, carvalho, sementes de papoula, girassol; sementes de todos os tipos.
Símbolo	Awen, círculo, lua, triscele.
Runa	Fehu, Berkana, Inguz.
Ogham	Saille/Salgueiro, Huathe/Espinheiro, Coll/Aveleira, Ailm/Pinho.
Petição	Escreva a petição com tinta verde. Escreva a petição no verso de um pacote de sementes.
Números	1, 2, 4, 5, 6
Fase lunar	Nova, crescente.
Fase solar	Nascer do sol, manhã.
Dia da semana	Segunda-feira para fertilidade. Sexta-feira para fertilidade.

Planeta	Vênus para fertilidade. Lua para nascimento e fertilidade. Sol para fertilidade.
Signo do zodíaco	Câncer para fertilidade. Leão para fertilidade. Virgem para fertilidade. Áries para novos projetos e habilidades.
Carta de Tarô	Sol, Louco, Imperatriz, Dez de Copas, Ás de Paus.
Cristal	Ágata-musgo, pedra da lua, seixo, pedra de Bruxa, quartzo-rosa.
Elemento	Terra, Água.

Sugestão de Cântico

Magia da vela, traga-me a habilidade
De criar e manifestar fertilidade.

Ideias frescas, plenas e a crescer
Fertilidade realizada, agora posso ver.

Extras

Para fertilidade, pense em tudo que está associado à primavera. Ovos são uma representação maravilhosa, assim como lebres e coelhos.

- Triture cascas de ovo e use-as para enfeitar sua vela.
- Disponha ovos (ou decorações de ovos) em um círculo ao redor da vela.
- Coloque um anel de ovos de chocolate ao redor do feitiço.
- Imprima uma fotografia de uma lebre ou coelho e coloque-a em frente ao seu feitiço. A imagem pode ser mantida no altar para atrair energia fértil.
- A aveia é um símbolo de fertilidade. Triture-a até virar pó e use para revestir sua vela.

Sucesso

O sucesso pode se manifestar de diversas formas e por diferentes motivos. Ele pode ser financeiro, claro, mas nem sempre está ligado a dinheiro. Talvez você queira alcançar sucesso em um empreendimento comercial ou criativo, ou espere um bom resultado em um jogo ou competição. Pode ser que esteja em busca de um desfecho favorável para uma reunião ou evento. Realize um feitiço com vela para sucesso e aumente as chances de que tudo corra bem.

Correspondências sugeridas

Cores	Laranja, roxo, dourado.
Óleo carreador	Oliva, gergelim, girassol.
Direção da aplicação	Unte a vela puxando o óleo em sua direção.
Erva/óleo	Bergamota (laranja), canela, cominho, gengibre, azevinho, limão, erva-cidreira, mostarda, sorveira, sálvia.
Símbolo	Sol, círculo, rosto sorridente (*smiley*), cruz solar.
Runa	Wunjo, Jera, Sowilo, Berkana, Ehwaz, Dagaz.
Ogham	Luis/Sorveira.
Petição	Escreva a petição com tinta dourada. Se o feitiço for para negócios, escreva a petição em um cartão de visita ou folheto.
Número	8
Fase lunar	Crescente gibosa, cheia.
Fase solar	Manhã, meio-dia.
Dia da semana	Terça-feira para o sucesso. Domingo para o sucesso.

Planeta	Marte para sucesso e vitória. Sol para sucesso. Vênus para sucesso e vitória. Saturno para sucesso nos negócios.
Signo do zodíaco	Virgem para sucesso. Leão para sucesso.
Carta de Tarô	Carro, Roda da Fortuna, Justiça, Estrela, Lua, Sol, Mundo, Ás de Pentáculos, Rainha de Pentáculos, Rei de Pentáculos, Ás de Espadas, Dois de Espadas, Seis de Espadas.
Cristal	Ágata, âmbar, ametista, cornalina, citrino, pedra do sol sintética, labradorita, lápis-lazúli, malaquita, pirita, quartzo-rosa, selenita, olho de tigre, unakita.
Elementos	Fogo, Terra.

Sugestão de Cântico

Poder da vela, traga-me sucesso
Um resultado positivo, sem qualquer excesso.

Elemento Fogo, de chama vibrante
Traga-me o sucesso de forma constante.

Extras

Vários elementos podem ser adicionados ao seu feitiço, desde que simbolizem sucesso para você. Afinal, qual é a sua definição de sucesso?

- Coloque um certificado que você conquistou em frente ao feitiço com vela para representar sucesso.
- Se dinheiro simboliza sucesso para você, posicione um extrato bancário generoso diante do feitiço.
- Joias ou itens brilhantes também podem representar sucesso. Disponha-os em círculo ao redor do feitiço com vela.
- Forme um círculo com seus cartões de visita ao redor da vela; oito deles funcionam bem.

Sorte

Todos nós precisamos de um pouco de sorte de vez em quando, e a magia com velas pode trazer isso até você. A sorte pode ser associada à prosperidade e ao sucesso, complementando-se muito bem. Mas sorte pode ser mais do que isso. Você pode precisar de sorte para uma entrevista de emprego, um evento competitivo ou até para dar um impulso à sua vida amorosa. E, claro, também é possível realizar um feitiço de sorte para ganhar na loteria, porque... nunca se sabe.

Correspondências sugeridas

Cores	Verde, dourado, amarelo.
Óleo carreador	Oliva, girassol, amêndoa.
Direção da aplicação	Coloque a vela em sua direção para trazer sorte.
Erva/óleo	Trevo, urze, azevinho, calêndula, noz-moscada, carvalho, papoula, rosa, anis-estrelado, girassol.
Símbolo	Trevo-de-quatro-folhas, ferradura.
Runa	Fehu, Uruz, Thurisaz, Gebo, Pertho, Berkana.
Ogham	Duir/Carvalho, Tinne/Azevinho, Coll/Aveleira, Ur/Urze.
Petição	Escreva a petição com tinta dourada ou verde. Escreva a petição em um bilhete de loteria antigo.
Números	3, 5, 6
Fase lunar	Quarto crescente, crescente gibosa, cheia.
Fase solar	Manhã, meio-dia.
Dia da semana	Quinta-feira para sorte. Quarta-feira para sorte e astúcia. Domingo para sucesso e vitória.
Planeta	Júpiter para sorte e sucesso.

Signo do zodíaco	Peixes para sorte.
Carta de Tarô	Mundo, Estrela, Roda da Fortuna.
Cristal	Ametista, cornalina, pedra dourada, labradorita, turquesa, aventurina-verde, lápis-lazúli, quartzo-rosa, quartzo-fumê, pedra do sol, olho de tigre, pirita.
Elemento	Terra.

Sugestão de Cântico

Magia da vela, aqui e agora
Traga-me sorte sem demora.

A sorte agora me é concedida
Como acima e abaixo, assim é a vida!

Extras

Embora eu acredite que criamos nosso próprio destino (e até mesmo nossa própria energia positiva), todos nós precisamos de um pouco de sorte de vez em quando. Para mim, a urze e o trevo-de-quatro-folhas sempre foram símbolos de sorte. O que funciona para você?

- Recorte imagens de trevos-de-quatro-folhas e espalhe-as ao redor do seu feitiço com vela.
- Ferraduras são consideradas símbolos de sorte. Se tiver uma, coloque-a em frente ao seu feitiço.
- Arco-íris trazem sorte, especialmente quando há um pote de ouro ao final. Coloque uma imagem ou foto de um arco-íris no seu altar.
- Faça um círculo com moedas douradas ao redor do seu feitiço com vela para atrair boa sorte.

Inspiração e Criatividade

Se o seu fluxo criativo desacelerou ou a inspiração desapareceu, a magia com velas pode ajudar a reacender a chama, literalmente! A magia com velas traz o elemento Fogo, que é repleto de inspiração, motivação e energia. Use essa magia para encher sua mente com ideias, estímulos e projetos que impulsionem sua criatividade.

Correspondências sugeridas

Cores	Laranja, amarelo, vermelho, azul, verde, roxo, violeta.
Óleo carreador	Amêndoa, oliva.
Direção da aplicação	Unte a vela puxando o óleo em sua direção para atrair criatividade.
Erva/óleo	Louro, pimentas, sorveira, baunilha.
Símbolo	Awen.
Runa	Uruz, Kenaz, Pertho, Inguz, Ansuz, Othila.
Ogham	Beith/Bétula, Luis/ Sorveira, Fearn/Amieiro, Tinne/Azevinho, Muinn/Videira, Saille/Salgueiro, Coll/Aveleira.
Petição	Escreva a petição com tinta multicolorida. Escreva a petição em papel estampado. Escreva a petição sobre uma imagem impressa de arte.
Número	3, 4
Fase lunar	Nova, crescente, quarto crescente.
Fase solar	Nascer do sol, manhã.
Dia da semana	Quarta-feira para criatividade. Domingo para inspiração.
Planeta	Sol para criatividade e inspiração. Vênus para criatividade e inspiração.

Signo do zodíaco	Áries para criatividade. Touro para criatividade. Leão para criatividade. Aquário para criatividade e inspiração. Peixes para criatividade.
Carta de Tarô	Mago, Lua, Estrela.
Cristal	Ametista, heliotrópio, ágata de renda azul, pedra do sol sintética, cornalina, aventurina-verde, citrino, labradorita, malaquita, ágata-musgo, calcita-laranja, pirita, quartzo-rosa, quartzo-fumê, pedra do sol, olho de tigre, turmalina.
Elemento	Fogo.

Sugestão de Cântico

Fogo e paixão, tragam para mim
A chama de uma criatividade sem fim.

Magia, inspire-me, preencha meu coração
Para que eu crie com pura inspiração.

Extras

Quer você compartilhe ou não sua arte com outras pessoas, todos nós somos artistas.

- Coloque uma imagem da sua obra de arte favorita em frente ao feitiço com vela.
- Disponha suas ferramentas de criatividade ao redor da vela, como canetas, pincéis, etc.
- Decore seu altar com flores, brilhos e todo tipo de ornamento extravagante que fizer sentido para você.

CAPÍTULO ONZE

Feitiços para Cura e Percepção

A cura pode assumir diversas formas e abranger uma ampla gama de questões, sejam elas físicas, mentais ou espirituais. Algumas curas exigem mudanças e transformações antes que o processo possa começar. Muitas vezes, envolve tomar decisões e permitir que as coisas evoluam. Mas não pense na cura apenas como a melhora da saúde física ou a superação de uma doença – existem muitas camadas e dimensões nesse processo.

Você pode promover a cura ao identificar a causa raiz de um problema e, em seguida, tomar medidas para resolvê-lo. Percepção e clareza também são objetivos valiosos e, às vezes, essenciais. Adquirir uma nova perspectiva pode alterar o desfecho desejado de uma situação.

Cura

Não há forma melhor de magia de cura do que realizar um feitiço com vela. Você pode pedir saúde para si mesma ou para um ente querido, mas lembre-se de que nem todas as pessoas desejam receber essa energia, e o Universo pode ter outros planos também.

Todos nós temos livre-arbítrio, por isso é importante pedir permissão antes de enviar cura para outra pessoa. Agir sem essa permissão pode levantar questões éticas. Se não for possível entrar em contato com a pessoa, mas você ainda desejar enviar a cura, direcione essa energia para algo maior. Peça ao Universo que a encaminhe a quem estiver disposto a recebê-la.

Correspondências sugeridas

Cores	Azul, verde, rosa, vermelho.
Óleo carreador	Oliva, gergelim.
Direção da aplicação	Unte a vela em sua direção para atrair cura ou boa saúde.
Erva/óleo	Louro, espinheiro-preto, canela, coentro, zimbro, erva-doce, gengibre, erva-cidreira, pulmonária, manjerona, hortelã, mirra, urtiga, carvalho, pinho, rosa, alecrim, sorveira, tomilho.
Símbolo	Círculo, coração.
Runa	Uruz, Sowilo.
Ogham	Luis/Sorveira, Saille/Salgueiro, Nuinn/Fresno, Huathe/Espinheiro, Duir/Carvalho, Quert/Maçã, Muinn/Videira, Gort/Hera, Ngeadal/Giesta, Ailm/Pinho.
Petição	Escreva a petição com tinta azul ou verde. Use uma receita médica antiga como papel de petição. Escreva a petição no verso de uma fotografia da pessoa que precisa de cura.
Números	3, 6
Fase lunar	Lua crescente ou cheia para trazer cura ou boa saúde. Lua minguante para afastar doenças.
Fase solar	Nascer do sol, manhã ou meio-dia para trazer boa saúde. Tarde ou pôr do sol para afastar doenças.
Dia da semana	Segunda-feira para cura. Quinta-feira para cura e boa saúde.

Planeta	Lua ou Júpiter para cura e saúde. Mercúrio ou Saturno para cura.
Signo do zodíaco	Escorpião ou Gêmeos para cura. Virgem para cura e saúde.
Carta de Tarô	Força, Mundo, Mago, Sol, Estrela, Imperatriz, Carro, Julgamento, Três de Copas.
Cristal	Ágata, âmbar, heliotrópio, celestita, citrino, fluorita, aventurina-verde, hematita, jaspe, labradorita, malaquita, pedra da lua, quartzo-transparente, quartzo-rosa, selenita, pedra do sol, olho de tigre.
Elemento	Água.

Sugestão de Cântico

Poder da vela para trazer boa saúde e curar
Energia positiva para melhorar nosso bem-estar.

Remova a energia negativa e a doença também
Cura e saúde agora nós precisamos, amém.

Extras

Não importa quão bem cuidemos de nossa saúde, todos precisamos de um pouco de cura às vezes. Ou talvez outra pessoa precise dessa cura. De qualquer forma, a energia de um feitiço com vela pode ser de grande ajuda.

- Coloque uma fotografia da pessoa que precisa de cura sob a vela.
- Caso use algum tipo de medicação, ela pode ser posicionada ao redor da vela ou diante dela para representar a cura.
- Eu associo as palavras "suavizar" e "acalmar" sempre que penso em cura. Para simbolizar isso, aplique um pouco de creme hidratante ou bálsamo nos cantos da sua petição.
- Coloque um pote de vitaminas ou suplementos à base de ervas diante da vela, ou disponha algumas cápsulas formando um círculo ao redor dela.

Decisões e Direção

A vida muitas vezes nos coloca em situações que não têm uma saída ou solução óbvia. Não saber como avançar pode ser bastante frustrante. Trabalhos mágicos podem iluminar opções que você talvez não tenha considerado. Por outro lado, você pode se deparar com opções demais ou ser pressionada a fazer uma escolha difícil. Isso pode ser muito confuso e desgastante. Em ambos os casos, a magia com velas pode ajudar a encontrar uma direção clara.

Correspondências sugeridas

Cores	Azul, amarelo, marrom, vermelho, verde, branco.
Óleo carreador	Amêndoa, gergelim, girassol.
Direção da aplicação	Unte a vela em sua direção para atrair clareza e orientação.
Erva/Óleo	Cardamomo, cravo, café, zimbro, lavanda, limão, mostarda.
Símbolo	Cruz, seta.
Runa	Thurisaz, Raidho, Naudhiz, Sowilo, Ansuz, Dagaz.
Ogham	Fearn/Amieiro, Quert/Maçã, Ailm/Pinho, Onn/Tojo.
Petição	Escreva a petição com tinta azul, vermelha ou verde. Escreva a petição em um mapa, impresso ou retirado de um livro de mapas antigo. Desenhe uma cruz com as quatro direções; escreva a petição no topo.
Número	2, 4
Fase lunar	Quarto minguante, crescente gibosa.
Fase solar	Nascer do sol, meio da tarde.

Dia da semana	Segunda-feira para maior clareza.
Planeta	Sol para maior clareza.
Signo do zodíaco	Libra para decisões.
Carta de Tarô	Justiça, Eremita, Estrela, Amantes.
Cristal	Cornalina, fluorita, pedra do sol sintética, pirita, aventurina-verde, hematita, labradorita, quartzo, lápis-lazúli, selenita, quartzo-fumê, pedra do sol, unakita.
Elemento	Ar.

Sugestão de Cântico

Magia da vela, mostre-me agora
Qual decisão tomar, qual direção se forma.

Ajude a mostrar o caminho a seguir
Onde meu destino possa residir.

Extras

Se você estivesse buscando orientação no mundo físico, a que recorreria? Esses mesmos itens podem ser usados em trabalhos mágicos.

- Coloque uma bússola em frente ao feitiço com vela.
- Posicione um mapa antigo sob o feitiço.

Paz e Harmonia

Onde quer que você esteja no mundo, seria bom estar em uma situação pacífica e harmoniosa, mas nem sempre é assim. Você pode realizar um feitiço para trazer paz e harmonia em um relacionamento ou em casa, após um confronto ou desentendimento. Também pode fazer um feitiço pela paz mundial, que é sempre uma intenção positiva. Use a magia com velas em qualquer situação para promover vibrações calmas, positivas e pacíficas.

Correspondências sugeridas

Cores	Azul, branco.
Óleo carreador	Oliva, coco.
Direção da aplicação	Unte a vela em sua direção para atrair paz e harmonia.
Erva/óleo	Manjericão, coentro, cominho, lavanda, papoula, tomilho, milefólio.
Símbolo	Círculo, rosto sorridente (*smiley*), triquetra, tríscele, cruz.
Runa	Jera, Inguz, Othila, Fehu, Uruz, Wunjo.
Ogham	Nuinn/Fresno, Tinne/Azevinho, Quert/Maçã, Gort/Hera, Ngeadal/ Giesta.
Petição	Use papel branco e escreva com tinta azul.
Número	2
Fase Lunar	Nova, escura.
Fase solar	Nascer do sol, pôr do sol.
Dia da semana	Segunda-feira para a paz. Sexta-feira para a harmonia.

Planeta	Vênus para harmonia e paz. Sol para harmonia e paz. Júpiter para paz.
Signo do zodíaco	Libra para harmonia e paz.
Carta de Tarô	Estrela, Cinco de Copas, Eremita, Temperança.
Cristal	Ágata, ametista, cornalina, celestina, fluorita, aventurina-verde, jaspe, lápis-lazúli, malaquita, pedra da lua, calcita-laranja, quartzo-rosa, sodalita, pedra do sol, turmalina, turquesa, unakita.
Elementos	Terra, Água.

Sugestão de Cântico

Magia da vela, venha até mim
Remova o negativo, faça o bem enfim.
Vibrações caóticas agora se vão
Trazendo a paz com suave intenção.

Extras

Uma grande variedade de itens pode ser usada com a intenção de promover a paz.

- As palavras paz e harmonia evocam cores suaves, como branco e azul-claro. Use a magia das cores para criar o ambiente: cubra seu altar com um pano branco simples, coloque um vaso de flores brancas e amarre sua petição ou vela com uma fita azul.
- Imprima a imagem de uma pomba e coloque-a em frente ao feitiço. A pomba simboliza a paz.
- Toque uma música suave e envolvente para reforçar a energia de tranquilidade.
- A natureza traz harmonia e paz, então decore seu altar com folhagens. Você também pode posicionar imagens de florestas e outros espaços verdes ao redor do feitiço.
- A manteiga corresponde à paz. Unte sua vela com manteiga em vez de óleo.

Clareza, Percepção e Verdade

Se você precisar de percepção ou clareza sobre uma situação, a magia com velas pode ajudar. Feitiços também podem ser feitos para descobrir a verdade em determinada circunstância. Ou talvez seja necessário enxergar as coisas de um ponto de vista diferente. É fácil se encontrar em uma situação na qual não consegue enxergar a floresta por trás das árvores, e uma nova perspectiva pode esclarecer as coisas. O fogo de um feitiço com vela queima toda a escuridão e traz clareza e verdade.

Correspondências sugeridas

Cores	Branco, preto, azul, amarelo.
Óleo carreador	Amêndoa, gergelim, girassol.
Direção da aplicação	Unte a vela em sua direção para atrair clareza e percepção, ou para longe de você para revelar a verdade.
Erva/óleo	Cardamomo, cravo, café, zimbro, lavanda, mostarda, pinho, alecrim, girassol.
Símbolo	Awen, triquetra, cruz, olho, buraco de fechadura.
Runa	Dagaz, Ansuz, Mannaz, Teiwaz.
Ogham	Ailm/Pinho, Huathe/ Espinheiro, Coll/Aveleira, Ebhadh/Álamo, Muinn/Videira.
Petição	Escreva a petição com tinta preta ou azul. Escreva a petição em um pedaço de papel alumínio refletivo. Desenhe um olho e escreva a petição na parte superior.
Números	2, 7, 9
Fase lunar	Escura, cheia, quarto crescente, crescente gibosa.
Fase solar	Nascer do sol, meio-dia, manhã.

Dia da semana	Segunda-feira para clareza e intuição.
Planeta	Mercúrio para percepção e entendimento. Sol para clareza e verdade.
Signo do zodíaco	Aquário para clareza e intuição. Escorpião para percepção e revelação de segredos. Libra para insight. Peixes para intuição.
Cartas de Tarô	Sacerdotisa, Enamorados, Justiça, Torre, Lua, Ás de Espadas, Cavaleiro de Paus, Sete de Copas, Rainha de Copas.
Cristal	Ágata, âmbar, ametista, heliotrópio, celestita, citrino, pedra do sol sintética, labradorita, pedra da lua, lápis-lazúli, malaquita, calcita laranja, pirita, quartzo, selenita, quartzo-fumê, pedra do sol, olho de tigre, turquesa.
Elementos	Ar.

Sugestão de Cântico

Magia das velas, mostre-me a verdade
Revele os segredos com habilidade.

Traga à luz o que está escondido
Apresente os fatos de forma clara e com sentido.

Extras

A percepção pode ser alcançada ao olhar as coisas de forma diferente. Use superfícies reflexivas para revelar a verdade.

- Coloque seu feitiço com vela sobre uma superfície espelhada para ajudar a revelar a verdade.
- Posicione imagens de pássaros em seu altar para obter uma perspectiva diferente da situação.
- Coloque um pequeno espelho atrás da vela, de modo que reflita a chama.

- Um par de óculos, uma lupa ou binóculos pode ser colocado diante da vela para ampliar a percepção.
- Desenhe um olho em um pedaço de papel e coloque-o sob a vela.

Mudança e Transformação

Uma certeza na vida é que as coisas mudam. Às vezes, lidar com essas mudanças pode ser difícil. Por outro lado, talvez você queira transformar a sua vida ou esteja ansiosa para mudar a forma como encara determinada situação. Ainda assim, o caminho para a mudança pode ser repleto de desafios, então facilite o processo com um pouco de magia com velas. A magia pode trazer mudanças e transformações, além de ajudar a enfrentar as emoções e questões que surgem durante períodos de transição.

Correspondências sugeridas

Cores	Azul, laranja.
Óleo carreador	Girassol, gergelim, oliva.
Direção da aplicação	Unte a vela em sua direção para atrair a mudança.
Erva/óleo	Benjoim, camomila, canela, pulmonária, hortelã, patchouli, papoula.
Símbolo	Roda, sol, lua, cruz solar, flecha, cruz.
Runa	Dagaz, Raidho, Eihwaz, Ehwaz.
Ogham	Beith/Bétula, Tinne/Azevinho, Ruis/Sabugueiro.
Petição	Escreva a petição com tinta azul.
Número	5, 9
Fase Lunar	Nova, crescente, quarto crescente, cheia.
Fase solar	Nascer do sol, manhã, meio-dia.
Dia da semana	Quarta-feira para mudanças, orientação e sorte. Terça-feira para desafios, confiança e coragem.

Planeta	Lua para mudanças e transformação. Sol para transformação. Marte para coragem, independência e solução de problemas.
Signo do zodíaco	Gêmeos para transformação e comunicação. Libra para compromissos e decisões.
Carta de Tarô	Roda da Fortuna, Mago, Enforcado, Morte, Torre, Julgamento, Mundo, Cavaleiro de Espadas, Oito de Paus.
Cristal	Ametista, citrino, labradorita, malaquita, calcita-laranja, turmalina, unakita.
Elementos	Ar, Fogo

Sugestão de Cântico

Energia da vela, apoie minha transição
Mudanças abraço com compreensão.
Permita-me seguir com leveza e intenção
Confio no melhor em meu coração.

Extras

A mudança é realmente uma jornada. Algumas jornadas são longas, outras curtas, e algumas bastante desafiadoras.

- Use duas velas, uma para representar o "antes" e outra o "depois". Acenda a vela do "antes" e, com ela, acenda a vela do "depois".
- Utilize três velas para representar o passado, o presente e o futuro. Acenda a vela do passado e, a partir dela, acenda a vela do presente. Em seguida, use a vela do presente para acender a vela do futuro.
- Encontre ou desenhe uma imagem que represente onde você está agora e outra que represente onde deseja estar. Coloque ambas em seu altar.
- Posicione uma fotografia ou imagem de seu objetivo sob a vela.
- Coloque um mapa antigo sob o feitiço com vela para simbolizar a jornada.

Equilíbrio

Encontrar equilíbrio na vida parece ser uma luta constante. Estamos sempre tentando conciliar família, trabalho, vida social, autocuidado, cuidar dos outros e todas as tarefas do dia a dia que precisam ser realizadas. Claro, queremos encontrar o equilíbrio perfeito, mas pode ser difícil identificar quais pequenas mudanças podem trazer esse equilíbrio. A magia com velas pode ajudar você a encontrar equilíbrio na sua vida cotidiana (e também a mostrar como mantê-lo).

Correspondências sugeridas

Cores	Azul, marrom, verde.
Óleo carreador	Gergelim, girassol.
Direção da aplicação	Unte a vela em sua direção para atrair equilíbrio. Unte a metade superior da vela afastando-a de você para liberar, e a metade inferior em sua direção para atrair equilíbrio. Com duas velas, unte uma afastando-a de você para liberar e a outra em sua direção para atrair equilíbrio.
Erva/óleo	Camomila, azevinho, madressilva, patchouli, hamamélis.
Símbolo	Balança, círculo, triquetra, cruz solar, cruz.
Runa	Mannaz, Dagaz, Othila.
Ogham	Saille/Salgueiro, Nuinn/Fresno.
Petição	Use duas petições separadas, uma para representar o que você quer liberar e outra para o que você gostaria de atrair.
Número de petições	2
Fase Lunar	Cheia.
Fase solar	Meio-dia alto.

Dia da semana	Quarta-feira para mudanças. Terça-feira para desafios, coragem e sucesso.
Planeta	Vênus para emoções, felicidade e harmonia. Mercúrio para comunicação e compreensão.
Signo do zodíaco	Libra para equilíbrio e harmonia.
Cartas de Tarô	Amantes, Justiça, Temperança, Dois de Espadas, Quatro de Paus, Dois de Copas.
Cristal	Ágata, âmbar, fluorita, aventurina-verde, selenita, hematita, pedra da lua, quartzo, quartzo-rosa, jaspe, pedra do sol, olho de tigre, turmalina, turquesa.
Elemento	Todos os quatro juntos: Terra, Ar, Fogo e Água.

Sugestão de Cântico

Equilíbrio é o que busco alcançar
Ouça-me agora, minha verdade vou declarar.
Libere o que já não preciso manter
Traga equilíbrio e faça acontecer.

Extras

No trabalho mágico e em seu altar, procure usar números pares e cores que se complementam.

- Utilize duas velas para representar o equilíbrio. Gosto de trabalhar com preto e branco ou prata e dourado.
- Adicione pesos de uma balança ao altar ou posicione-os em frente ao feitiço.
- Coloque duas toalhas de altar, uma escura e outra clara, para simbolizar o equilíbrio.
- Inclua imagens do sol e da lua para representar o equilíbrio.
- Use o símbolo yin-yang em seu feitiço.
- Ostras representam equilíbrio. Se tiver conchas vazias, use-as como decoração.

CAPÍTULO DOZE

Feitiços de Proteção

A proteção pode ser facilmente alcançada usando magia com velas, seja na forma de proteção física, mental ou emocional. Uma maneira de se proteger é através do enraizamento, especialmente após qualquer tipo de trabalho energético. Amarração é uma área de feitiçaria que eu não utilizo com frequência, mas é uma forma eficaz de proteger a si mesma ou sua família sem causar mal.

Também incluí feitiços para habilidades psíquicas neste capítulo, já que essas habilidades funcionam bem em conjunto com a proteção, algo prudente ao realizar qualquer trabalho psíquico. A magia com velas amplifica e melhora as habilidades psíquicas, sendo um condutor muito útil para todo tipo de contato e conexão com o mundo espiritual.

Proteção

Feitiços de proteção são uma precaução sensata para a maioria dos praticantes de magia, mas também podem ser usados para proteger crianças na escola ou em suas atividades. A proteção pode ser física (como um feitiço para mantê-la segura ao dirigir) ou psíquica (para trabalhar com o mundo espiritual ou se proteger da energia de outras pessoas). Não se esqueça de que os itens usados nos feitiços de proteção podem ser levados com você após o ritual, para continuar trazendo essa energia protetora.

Correspondências sugeridas

Cor	Preto, branco, azul (para proteção espiritual), marrom, vermelho, prata.
Óleo carreador	Coco, oliva, gergelim.
Direção da aplicação	Unte o óleo em sua direção para atrair proteção ou para longe de você para dissipar energia negativa.
Erva/óleo	Manjericão, louro, benjoim, pimenta-preta, abrunheiro, cardamomo, pimenta-malagueta, canela, cravo, copal, cominho, sangue de dragão, gengibre, espinheiro, lavanda, limão, hortelã, mostarda, noz-moscada, patchouli, pinho, rosa, alecrim, sálvia, sal, anis-estrelado, hamamélis, milefólio.
Símbolo	Círculo, X, ferradura, olho, roda, chave.
Runa	Thurisaz, Eihwaz, Algiz, Teiwaz.
Ogham	Beith/Bétula, Luis/ Sorveira, Fearn/Amieiro, Saille/Salgueiro, Nuinn/Fresno, Huathe/ Espinheiro, Duir/Carvalho, Tinne/Azevinho, Coll/Aveleira, Muinn/Videira, Gort/Hera, Straif/Espinheiro-negro, Ebhadh/Álamo.
Petição	Escreva sua petição com tinta preta ou use papel preto para escrevê-la.
Número	2, 6
Fase lunar	Nova, crescente, cheia.
Fase solar	Meio da manhã, meio-dia.
Dia da semana	Segunda-feira, terça-feira, quinta-feira, sábado.
Planeta	Júpiter para proteção. Lua para proteção.

Signo do zodíaco	Áries para proteção. Peixes para banimento.
Carta de Tarô	Imperatriz, Imperador.
Cristal	Ágata, ametista, heliotrópio, cornalina, hematita, labradorita, obsidiana, seixo, pirita, quartzo, selenita, pedra do sol, olho de tigre, turmalina, turquesa.
Elemento	Fogo.

Sugestão de Cântico

Magia da vela, chama a brilhar
Traga-me proteção de noite e de dia sem cessar.
Segurança e paz em minha direção
Que as energias negativas para longe se vão.

Extras

Pregos e espinhos são símbolos muito significativos de proteção e podem ser usados na magia com velas. Se conseguir pregos velhos – ou, melhor ainda, pregos de caixão –, eles são preferíveis. Espinhos de todos os tipos também oferecem proteção, especialmente os de abrunheiro ou rosa.

- Insira um espinho ou prego na sua vela. Quando a cera derreter e o espinho ou prego cair, o feitiço estará concluído.
- Coloque seis pregos ou espinhos ao redor da base da vela. Quando o feitiço estiver concluído, os pregos ou espinhos estarão carregados com energia protetora e poderão ser levados com você ou colocados em seu altar.
- Recolha todas as ervas ou plantas secas usadas em seu feitiço e guarde-as em um saquinho. Carregue o saquinho com você para proteção contínua.

Trabalho Psíquico e Espiritual

Feitiços com velas podem aumentar suas habilidades psíquicas e/ou fortalecer a conexão com o Outromundo e os reinos espirituais. A combinação de elementos na magia com velas cria uma linha direta forte e focada com o mundo espiritual. A chama da vela funciona como um ponto de concentração, ajudando a aprimorar e sintonizar suas habilidades psíquicas. O poder está dentro de você, e a magia com velas pode ajudá-la a liberá-lo!

Correspondências sugeridas

Cores	Branco, preto, azul, roxo, prata, violeta.
Óleo carreador	Amêndoa, oliva.
Direção da aplicação	Unte a vela em sua direção para ativar suas habilidades.
Erva/óleo	Louro, canela, dente-de-leão, madressilva, grama, zimbro, calêndula, rosa, sorveira, sálvia, anis-estrelado, tomilho, milefólio.
Símbolo	Pentagrama, lua, triquetra, espiral, olho, chave.
Runa	Pertho, Laguz.
Ogham	Luis/Sorveira, Straif/Espinheiro-negro.
Petição	Escreva a petição com tinta roxa. Desenhe um olho e escreva a petição nele.
Número	3, 5, 7, 8, 9
Fase Lunar	Escura, cheia.
Fase solar	Meio-dia, nascer do sol, pôr do sol.
Dia da semana	Segunda-feira para habilidades psíquicas, sonhos e intuição. Sábado para espiritualidade.

Planeta	Lua para adivinhação, mistérios e espiritualidade. Júpiter para habilidades psíquicas e espiritualidade. Mercúrio para adivinhação e trabalho com sonhos.
Signo do zodíaco	Câncer para habilidades psíquicas. Escorpião para desenvolvimento psíquico. Peixes para habilidades psíquicas.
Carta de Tarô	Sacerdotisa, Diabo, Lua.
Cristais	Âmbar, citrino, aventurina-verde, labradorita, malaquita, pedra da lua, pirita, quartzo, selenita, sodalita, olho de tigre, turquesa são indicados para habilidades psíquicas. Obsidiana-negra, celestita, granada, quartzo, selenita para trabalhos espirituais.
Elemento	Ar.

Sugestão de Cântico

Magia da vela, acenda meu olho interior
Permita que minha visão alcance o esplendor.

Verdade e clareza, mostre-me agora
Abra o terceiro olho em minha testa sem demora.

Extras

Aprimorar suas habilidades psíquicas exige prática. Quanto mais você se dedicar, melhor se tornará. A magia com velas cria uma atmosfera maravilhosa para isso.

- Coloque suas ferramentas de adivinhação em frente à vela enquanto realiza o feitiço. A energia da vela as carregará.
- Escolha um cristal especial apenas para trabalhos psíquicos. Ele pode ser carregado enquanto você realiza o feitiço com vela e, depois, utilizado sempre que fizer qualquer trabalho psíquico ou espiritual.

Aterramento

Já se sentiu como se estivesse flutuando com a cabeça nas nuvens e os pensamentos dispersos? Sem dúvida, você poderia se beneficiar de um aterramento. Um exercício mental curto pode proporcionar um aterramento imediato, mas, a longo prazo, pode ser útil realizar um feitiço de aterramento, especialmente se você se sentir completamente desconectada do mundo, da sua vida e das pessoas ao seu redor. Volte a colocar os pés firmemente no chão e conecte-se com a Mãe Terra.

Correspondências sugeridas

Cores	Marrom, verde.
Óleo carreador	Gergelim.
Direção da aplicação	Unte a vela aplicando o óleo em sua direção.
Erva/Óleo	Erva, patchouli, sal, casca de árvore.
Símbolo	Triângulo do elemento Terra, árvore.
Runa	Isa, Inguz, Othila.
Ogham	Duir/Carvalho, Muinn/Videira, Idho/Teixo.
Petição	Escreva com tinta marrom ou verde. Use papel marrom ou artesanal. Escreva a petição em uma folha grande. Escreva a petição em um pedaço de casca de árvore.
Número	1
Fase lunar	Minguante gibosa, quarto minguante, minguante, escura.
Fase solar	Pôr do sol.
Dia da semana	Quinta-feira para magia da terra e aterramento.
Planeta	Saturno para o lar, segurança e estrutura.

Signo do zodíaco	Sagitário para aterramento. Touro para conexão, assuntos práticos e estabilidade.
Carta de Tarô	Temperança, Força, Julgamento.
Cristal	Ametista, cornalina, fluorita, hematita, jaspe, labradorita, pirita, quartzo-rosa, quartzo-fumê, obsidiana, olho de tigre, turmalina.
Elemento	Terra.

Sugestão de Cântico

Poder da vela e da magia encontrada
Traga-me equilíbrio e firmeza renovada.
Centrar e focar, com os pés no chão
Flutuar distante já não será opção.

Extras

A melhor forma de invocar energia de aterramento é usando os ingredientes que a Mãe Terra naturalmente fornece.

- Coloque sua vela em um prato com terra para representar a conexão com o elemento Terra e o aterramento.
- Posicione um prato com terra ou sal em frente ao feitiço.
- Coloque uma imagem de uma árvore em frente ao feitiço. Observe as raízes subterrâneas, que mantêm a árvore firmemente no lugar.

Amarração

De vez em quando, encontramos uma situação, questão ou pessoa tão destrutiva que precisamos realizar magia para nos defender e proteger. É nessas circunstâncias que faço um ritual de amarração. A amarração não prejudica ninguém. Em vez disso, impede que uma pessoa ou uma situação cause mais danos a você. Todos nós temos o direito de nos proteger e defender, e a amarração é uma ferramenta extremamente útil para isso.

Correspondências sugeridas

Cores	Bordô, vermelho, preto.
Óleo carreador	Gergelim.
Direção da aplicação	Unte a vela em espiral, refletindo a ação de amarração do feitiço.
Erva/óleo	Bergamota (laranja), abrunheiro, sorveira, sangue de dragão, milefólio.
Símbolo	Pentagrama, X, ponto final/finalização.
Runa	Isa.
Ogham	Gort/Hera.
Petição	Escreva sua petição com tinta vermelha ou preta. Escreva a petição em uma foto da pessoa que você está amarrando.
Número	1, 9
Fase Lunar	Escura.
Fase solar	Meio-dia, pôr do sol.
Dia da semana	Sábado, para amarração e justiça.
Planeta	Saturno para amarração, limites e poder. Marte para agressividade, afirmação e defesa.

Signo do zodíaco	Escorpião para banimento e poder pessoal. Peixes para ação e banimento.
Carta de Tarô	Temperança, Dois de Espadas, Oito de Espadas, Enforcado.
Cristal	Ágata bandada, obsidiana, olho de tigre.
Elemento	Fogo.

Sugestão de Cântico

Para proteger e defender, [pessoa/situação] eu te amarro
Tristeza, mágoa e sofrimento deixo no passado.

Que nenhum mal venha a ocorrer
Esta amarração está feita para valer.

Extras

A amarração faz exatamente o que diz: ela vincula alguém ou algo. Essa ação pode ser refletida nos itens que você usa para o feitiço.

- Se sua intenção for parar uma pessoa, amarre uma fotografia dela na sua vela com barbante ou corda. (Certifique-se de que o tecido utilizado possa queimar com segurança.)
- Os *poppets* podem ser usados para representar alguém. Amarre o boneco dedicado com barbante, fio ou até mesmo fita adesiva.
- Gosto de traçar um círculo de sal antes de realizar um feitiço de amarração, apenas para trazer alguma proteção pessoal.
- Em vez de usar óleo para untar sua vela, pode usar mel, xarope de bordo ou qualquer tipo de xarope. A aderência do ingrediente ajuda a construir a energia de vinculação.

CAPÍTULO TREZE

Feitiços para Relacionamentos e Emoções Positivas

Trabalhar magia para relacionamentos e amor é algo delicado; lembre-se sempre da noção de livre-arbítrio ao usar esse tipo de magia. Às vezes, as coisas simplesmente não são para ser e não devem ser interferidas.

Incluí feitiços para melhorar a comunicação neste capítulo, pois quantas vezes você já teve problemas de comunicação em um relacionamento? A magia com velas pode ajudá-la a se expressar livremente – prepare-se para uma nova versão de si mesma, confiante e expressiva! Confiança, coragem e força podem ser ampliadas através da magia com velas, assim como emoções como a felicidade. Precisamos de um impulso de vez em quando, e a magia pode realmente ajudar.

Amor

Feitiços de amor geralmente são feitos por dois motivos: atrair amor, muitas vezes na forma de um parceiro de vida, ou para amor-próprio (e todos nós poderíamos ter um pouco mais disso!). Esses feitiços podem ser extremamente bem-sucedidos, mas recomendo manter a formulação bem ampla. Embora eu sempre defenda que a pessoa seja extremamente específica com suas palavras, vontade e intenção ao realizar magia, isso não se aplica aos feitiços de amor. Não faça uma lista de requisitos e tenha cuidado com o que deseja – pode não ser o que você realmente quer.

Por exemplo, pedir alguém com senso de humor pode trazer uma pessoa que vive fazendo piadas, o que pode ser muito irritante.

Nunca aconselho direcionar um feitiço de amor para uma pessoa específica. Isso não só vai contra o princípio do livre-arbítrio, como também pode ter um resultado desastroso. A pessoa que você acredita ser a certa pode não ser de fato. E, de qualquer forma, por que você gostaria de estar com alguém que só está lá porque foi trazido por meios mágicos? Mantenha seus pedidos de amor em aberto. Peça que o Universo/Divino/Deidade envie alguém que seja o seu par perfeito.

Correspondências sugeridas

Cor	Vermelho, rosa.
Óleo carreador	Amêndoa, oliva.
Direção da aplicação	Unte a vela em sua direção para atrair o amor.
Erva/óleo	Manjericão, benjoim, cardamomo, camomila, canela, cacau, copal, cominho, margarida, gerânio, gengibre, espinheiro, jasmim, lavanda, alecrim, erva-cidreira, rosa, tomilho, baunilha, milefólio.
Símbolo	Coração, infinito.
Runa	Gebo, Wunjo.
Ogham	Saille/Salgueiro, Quert/Maçã, Ur/Urze.
Petição	Escreva a petição com tinta vermelha ou rosa. Escreva a petição em papel florido ou em formato de coração. Escreva a petição em pétalas grandes de rosa ou em folhas de rosa.
Número	2, 6
Fase lunar	Nova, crescente, cheia.
Fase solar	Nascer do sol, meio da manhã, meio-dia.
Dia da semana	Sexta-feira para amor, paixão, relacionamentos, romance e atração.

Planeta	Vênus para amor, paixão e atração. Júpiter para amor. Sol para amor, amizade e harmonia.
Signo do zodíaco	Touro para amor. Libra para amor e amizade. Câncer para romance.
Carta de Tarô	Amantes, Cavaleiro de Copas, Estrela, Dois de Copas, Ás de Copas, Quatro de Paus.
Cristal	Cornalina, lápis-lazúli, malaquita, pedra da lua, quartzo-rosa, selenita, sodalita, pedra do sol, turquesa, unakita.
Elemento	Água.

Sugestão de Cântico

Calor e magia da chama da vela
Traga meu verdadeiro amor, uma pessoa bela.

Universo, confio em sua direção
Traga-me um amor além da paixão.

Extras

Amuletos, doces e flores podem ser usados em feitiços de magia de amor com grande efeito.

- Coloque dois ou seis doces em forma de coração ao redor da base da sua vela.
- Insira um amuleto em forma de coração na lateral da vela ou coloque-o na base. Quando o feitiço for realizado, esse amuleto poderá ser levado com você.
- As rosas há muito simbolizam o amor. Coloque um vaso de rosas ao lado do seu feitiço.
- Espalhe pétalas de rosa vermelhas ou cor-de-rosa ao redor do seu espaço sagrado onde você está realizando o feitiço.
- Coloque um cristal em forma de coração na base do seu feitiço com vela. Depois que o feitiço for realizado, este cristal pode ser carregado com você.

Gratidão

Estamos tão acostumados a pedir coisas que às vezes nos esquecemos de ser gratos pelo que temos. De vez em quando, realizo um feitiço de gratidão como uma forma de agradecer ao Universo, ao Divino e à Mãe Terra por todas as coisas boas em minha vida.

Feitiços de gratidão podem ser realizados individualmente, mas também são ótimos para serem feitos em grupo. Você nem precisa estar no mesmo lugar – feitiços em grupo podem ser realizados ao redor do mundo, por muitas pessoas ao mesmo tempo. Defina uma data e horário e compartilhe as instruções do feitiço. Assim, todos podem realizar o feitiço juntos, de diferentes locais, enviando a energia de gratidão para o Universo.

Correspondências sugeridas

Cores	Branco, amarelo, marrom, rosa.
Óleo carreador	Amêndoa, oliva, gergelim, girassol.
Direção da aplicação	Unte a vela em sua direção e traga gratidão.
Erva/óleo	Manjericão, margarida, espinheiro, lavanda, limão, calêndula, manjerona, girassol, milefólio.
Símbolo	Rosto sorridente (*smiley*).
Runa	Uruz.
Ogham	Gort/Hera, Onn/Tojo.
Petição	Escreva a petição com tinta rosa ou marrom. Escreva apenas a palavra obrigado(a) na petição.
Número	3, 4, 5, 6, 8
Fase Lunar	Cheia.
Fase solar	Meio-dia alto.
Dia da semana	Qualquer dia da semana.

Planeta	Lua para gratidão. Júpiter para abundância e boa sorte. Mercúrio para compreensão. Sol para amizades e amor. Vênus para felicidade e harmonia.
Signo do zodíaco	Touro para conforto. Câncer para abundância e nutrição. Virgem para colheita e obtenção de recompensas.
Carta de Tarô	Dez de Pentáculos, Nove de Copas, Seis de Pentáculos, Sol, Seis de Paus, Quatro de Espadas, Imperatriz, Força, Ás de Copas.
Cristal	Ágata, ametista, fluorita, aventurina-verde, citrino, pedra da lua, pedra do sol.
Elemento	Terra

Sugestão de Cântico

Envio meu amor e minha gratidão
Por tudo que tenho na vida, amor, saúde e alimentação.
Com meus agradecimentos, deixo isso fluir
Sou grata, e assim quero seguir.

Extras

Recomendo o uso de itens pessoais em seus feitiços de gratidão para uma conexão mais forte.

- Se há algo pelo qual você sente muita gratidão, escolha um item para representá-lo. Pode ser uma fotografia de uma viagem especial ou uma foto de família colocada diante do seu feitiço.
- Alimentos funcionam bem em feitiços de gratidão. Coloque chocolate, frutas ou vegetais em uma exibição ao redor da sua vela.
- Vinho, cerveja ou hidromel são perfeitos para representar agradecimento. Coloque um copo com a bebida de sua escolha diante da vela. Quando o feitiço for concluído, tome um gole e derrame um pouco no solo como oferenda.

- Escreva uma lista de tudo pelo qual você é grata. Até as menores coisas podem ser incluídas. Dobre a lista e coloque-a sob ou diante da vela. Depois que o feitiço terminar, mantenha-a em seu altar como um lembrete.

Confiança e Coragem

Todos nós precisamos de um pouco mais de autoconfiança de vez em quando. Cada um de nós tem confiança e coragem interiores, mas às vezes é necessário um empurrãozinho. Este tipo de feitiço pode ser feito como um estímulo geral, mas também funciona antes de um evento ou situação específica. Talvez você tenha uma reunião importante com seu chefe em breve, ou precise falar em público por algum motivo. A magia com velas pode dar aquele impulso extra de confiança e coragem que você precisa.

Correspondências sugeridas

Cores	Laranja, amarelo, marrom, vermelho.
Óleo carreador	Girassol, oliva, gergelim.
Direção da aplicação	Unte o óleo em sua direção para atrair confiança e coragem.
Erva/Óleo	Louro, benjoim, pimenta-preta, margarida, mirra, erva-doce, lavanda, carvalho, gergelim, girassol, chá (preto), tomilho, milefólio.
Símbolo	Awen, círculo, pentagrama, sol, flecha, chifres.
Runa	Fehu, Sowilo, Teiwaz, Inguz para confiança. Uruz, Teiwaz para coragem.
Ogham	Fearn/Amieiro para confiança. Fearn/Amieiro, Nuinn/Fresno, Duir/Carvalho para coragem.
Petição	Escreva a petição com tinta marrom ou vermelha.
Números	1, 2, 4, 5, 6, 8

Fase Lunar	Cheia, crescente.
Fase solar	Nascer do sol, manhã, meio-dia.
Dia da semana	Terça-feira para confiança, coragem e desafios. Domingo para realizações pessoais. Quinta-feira para força.
Planeta	Marte para coragem, independência e força. Sol para confiança.
Signo do zodíaco	Touro para confiança. Leão para confiança e coragem. Áries para coragem e bravura.
Carta de Tarô	Imperador, Carro para confiança. Estrela, Força, Carro, Louco, Ás de Espadas, Cavaleiro de Espadas, Sete de Paus e Nove de Paus para coragem.
Cristal	Cornalina, citrino, fluorita, pedra do sol sintética, jaspe, labradorita, lápis-lazúli, pedra da lua, calcita-laranja, pirita, sodalita, olho de tigre, unakita.
Elementos	Terra, Fogo.

Sugestão de Cântico

Magia da vela, chama alta a brilhar
Traga coragem e confiança para me acompanhar.
Preencha-me com o poder de um leão a rugir
Confiança, coragem e tudo a expandir.

Extras

A magia das cores desempenha um grande papel em nos fazer sentir confiantes e corajosas. Pode ser que, ao usar uma cor específica, você se sinta mais confiante. Cores brilhantes me trazem coragem e confiança, mas você pode preferir as mais escuras – é uma questão pessoal.

- Decore seu altar com um pano de cor vibrante.
- Coloque um vaso de flores de cores vivas em seu altar, ao lado do feitiço.

- Use algo que faça você se sentir maravilhosa enquanto realiza o feitiço.
- Carregue uma peça de joalheria, um broche ou um alfinete. Coloque-o em frente à vela. Depois que o feitiço for realizado, use o item para atrair confiança e coragem.

Força

Um impulso extra de força é algo que todos precisam de vez em quando. Talvez falte energia para enfrentar um problema pessoal ou talvez você precise se sentir mais forte de maneira geral. Não falo apenas de força física, embora a magia com velas possa ajudar nisso também – feitiços de força oferecem a resistência mental ou espiritual necessária para superar situações desafiadoras. Esse tipo de feitiço pode ser útil em um dia, semana, mês ou ano especialmente difíceis, ou ao lidar com pessoas ou situações complicadas.

Correspondências sugeridas

Cor	Branco, preto, amarelo, vermelho.
Óleo carreador	Gergelim, girassol.
Direção da aplicação	Unte a vela em sua direção para atrair força.
Erva/óleo	Louro, pimenta-preta, margarida, lavanda, chá, carvalho, gergelim, girassol.
Símbolo	Pentáculo.
Runa	Uruz, Thurisaz, Eihwaz, Sowilo, Teiwaz, Ehuwaz, Laguz.
Ogham	Duir/Carvalho, Gort/Hera, Ngeadal/Giesta.
Petição	Escreva a petição com tinta preta ou vermelha. Imprima uma imagem da carta Força do Tarô e escreva a petição nela.
Número de cartas	4

Fase lunar	Cheia, nova, crescente.
Fase solar	Nascer do sol, manhã, meio-dia.
Dia da semana	Terça-feira para força, confiança e coragem. Quinta-feira para força.
Planeta	Marte para força.
Signo do zodíaco	Áries para força. Leão para força.
Carta de Tarô	Força, Seis de Paus, Imperador, Estrela, Amantes, Nove de Paus, Sete de Paus, Seis de Espadas, qualquer um dos Reis.
Cristal	Ágata, heliotrópio, hematita, labradorita, pirita, malaquita, obsidiana, quartzo, pedra do sol, olho de tigre, unakita.
Elementos	Terra, Fogo.

Sugestão de Cântico

Magia da vela, eu lhe peço agora
Dê-me força, e que venha sem demora.

Poder e coragem para me fortalecer
Guie minha vida ao que deve ser.

Extras

Os complementos a seguir funcionam bem se você estiver fazendo esse feitiço para obter força física, mental, emocional ou espiritual.

- Coloque uma fotografia de alguém que você acha que traz força atrás da sua vela.
- Disponha pesos de uma balança ao redor do seu feitiço para simbolizar a força.
- Circule seu feitiço com elásticos ou faixas de borracha. A intenção é mostrar a força de se dobrar sem quebrar.

Felicidade

Merecemos um pouco de felicidade na vida – na verdade, mais do que um pouco! A magia com velas pode facilmente trazer felicidade, alegria e harmonia. Faça esse feitiço para proporcionar uma vida muito mais feliz para você, seus amigos, sua família e qualquer outra pessoa que puder imaginar.

Também recomendo fazer um feitiço de felicidade após uma limpeza profunda. Depois de eliminar as energias negativas que estava carregando, você terá criado um vazio. Sempre é aconselhável preencher esse vazio com energia positiva antes que a energia negativa comece a retornar.

Correspondências sugeridas

Cores	Amarelo, laranja, rosa.
Óleo carreador	Girassol.
Direção da aplicação	Unte a vela em sua direção para atrair felicidade.
Erva/óleo	Manjericão, margarida, sangue de dragão, espinheiro, lavanda, limão, calêndula, manjerona, salsa, girassol, milefólio.
Símbolo	Rosto sorridente (*smiley*), coração, círculo, sol, beijo.
Runa	Uruz, Gebo, Wunjo, Jera, Sowilo, Mannaz.
Ogham	Huathe/Espinheiro, Ailm/Pinho.
Petição	Escreva a petição em cores vivas e brilhantes. Desenhe um rosto sorridente (*smiley*) sobre as palavras de sua petição.
Números	6, 8, 9
Fase lunar	Crescente, quarto crescente, crescente gibosa, cheia.
Fase solar	Nascer do sol, manhã, meio-dia.

Dia da semana	Domingo para realizações e sucesso. Sexta-feira para harmonia e amor. Quarta-feira para boa sorte.
Planeta	Vênus para felicidade e harmonia. Sol para harmonia e alegria.
Signo do zodíaco	Touro para conforto e paz interior. Câncer para o lar e a nutrição. Virgem para a colheita e obtenção de recompensas. Libra para paz e vida social.
Carta de Tarô	Sol, Imperatriz, Mundo, Estrela, Dez de Pentáculos, Ás de Copas, Quatro de Paus, Rainha de Paus, Dez de Copas.
Cristal	Ágata, ametista, celestita, citrino, aventurina-verde, jaspe, quartzo-rosa, pedra do sol, turmalina, unakita.
Elemento	Ar.

Sugestão de Cântico

Poder da cera, do fogo e da chama a brilhar
Trabalhe sua magia e venha me alegrar.
Energias de felicidade para me fazer sorrir
Alegria e contentamento para o meu dia florir.

Extras

Muitas coisas fazem as pessoas felizes. Pense no que faz você feliz e use isso como parte do seu trabalho mágico.

- Bolo me faz incrivelmente feliz, então recomendo colocar um *cupcake* ou biscoito diante da vela enquanto realiza o feitiço, se você gostar de bolo, claro. Coma o bolo ou biscoito enquanto o feitiço está sendo feito! (Chocolate também funciona.)
- O mel simboliza a felicidade. Coloque um pequeno prato com mel diante da vela. Quando o feitiço terminar, leve o mel para fora e despeje-o sobre a terra como uma oferenda.

- Fotografias ou imagens que fazem você sorrir podem ser colocadas diante do seu feitiço para aumentar a energia de felicidade.
- Coloque sua música animada favorita enquanto realiza a magia. Isso ajudará a elevar a energia.

Amizade

Um feitiço de amizade pode ser realizado para aproximar amigos, manter a harmonia dentro de um grupo ou como um pedido para encontrar mais amigos. Ao pedir por mais amigos, evite usar os nomes de pessoas específicas; mantenha isso em aberto. Feitiços de amizade também podem ser feitos para manter uma conexão forte quando você está distante. Trabalhar a harmonia é bom, mas fazer magia para manter um amigo por perto pode, às vezes, seguir o caminho de um feitiço de amarração, portanto, tenha cuidado nessa situação. É aconselhável ter em mente que o livre-arbítrio também se aplica aqui, assim como nos feitiços de amor.

Correspondências sugeridas

Cor	Rosa, amarelo.
Óleo carreador	Amêndoa, girassol, oliva.
Direção da aplicação	Unte a vela em sua direção para atrair amizade.
Erva/óleo	Benjoim, cardamomo, camomila, cacau, canela, cravo, copal, coentro, cominho, margarida, urze, dente-de-leão, sangue de dragão, olíbano, gerânio, gengibre, espinheiro, jasmim, zimbro, lavanda, limão, erva-cidreira, manjerona, papoula, rosa, alecrim, sorveira, açúcar, tomilho, baunilha, milefólio.
Símbolo	Coração, círculo, rosto sorridente (*smiley*), tríscele.
Runa	Pertho, Mannaz, Othila.
Ogham	Nuinn/Fresno, Gort/Hera.
Petição	Escreva a petição com tinta rosa. Escreva a petição no verso de uma foto sua e de seus amigos.

Número	2, 6
Fase lunar	Quarto crescente, crescente gibosa, cheia.
Fase solar	Manhã, meio-dia.
Dia da semana	Sexta-feira para amizades e relacionamentos.
Planeta	Sol para amizade. Vênus para relacionamentos e felicidade. Lua para a família.
Signo do zodíaco	Aquário para amizades e vida social. Libra para amizades e vida social.
Carta de Tarô	Três de Copas, Dois de Copas, Cavaleiro de Copas.
Cristal	Ágata-musgo, quartzo-rosa, sodalita, turmalina, turquesa.
Elementos	Água, Terra.

Sugestão de Cântico

Energia da vela e poder que se estende
Traga união ao meu círculo de amigos que entende.
Laços de amor e amizade se fortalecerão
Felicidade e harmonia aqui se encontrarão.

Extras

A amizade abrange muitas áreas: manter os amigos unidos, resolver disputas, atrair novos amigos ou até mesmo manter relacionamentos familiares. Para mim, a maneira mais fácil de representar a amizade é por meio de uma fotografia.

- Coloque fotografias de seus amigos diante da vela ou arrume-as em círculo ao redor do feitiço.
- Se seus amigos lhe deram presentes ou lembranças, coloque-os ao redor da vela.
- Para resolver um problema entre amigos, use fotografias para representá-los.

- As rosas simbolizam a amizade, especialmente as cor-de-rosa ou amarelas. Coloque um vaso de rosas em pé sobre o seu altar.
- Para aproximar dois amigos (ou depois de uma discussão), use duas velas, uma para cada pessoa, e amarre-as com uma fita.

Comunicação

Às vezes, a comunicação falha e precisamos tentar resolvê-la. Outras vezes, podemos querer fazer um feitiço para melhorar a comunicação clara antes de uma reunião importante ou apresentação. Dito isso, a comunicação nem sempre é identificada como fala; há muitas formas de se comunicar com outras pessoas, talvez de maneiras que você nem havia considerado. Um feitiço com velas pode abrir canais de comunicação em todas as suas formas.

Correspondências sugeridas

Cores	Azul, amarelo.
Óleo carreador	Amêndoa, coco, gergelim.
Direção da aplicação	Unte a vela em sua direção para atrair fala clara.
Erva/óleo	Cardamomo, cravo-da-índia, café, zimbro, lavanda, mostarda.
Símbolo	Círculo, rosto sorridente (*smiley*).
Runa	Ansuz.
Ogham	Muinn/Videira, Ebhadh/Álamo.
Petição	Escreva a petição com tinta azul. Imprima a petição para que as palavras fiquem claras. Escreva a petição em uma conta telefônica.
Número de telefone	3, 8
Fase lunar	Crescente, cheia.

Fase solar	Meio da tarde.
Dia da semana	Quarta-feira para comunicação.
Planeta	Mercúrio para comunicação. O Sol para comunicação.
Signo do zodíaco	Gêmeos para comunicação.
Carta de Tarô	Cinco de Espadas, Dois de Espadas, Sacerdotisa, Cavaleiro de Espadas, Cinco de Paus, Sete de Espadas, Quatro de Copas, Valete de Espadas, Rei de Espadas.
Cristal	Ágata de renda azul, celestita, fluorita, hematita, pedra da lua, pirita, quartzo, turquesa.
Elemento	Ar.

Sugestão de Cântico

Poder da chama e do ar presente
Ajude a me comunicar de forma eloquente.

Com clareza, confiança e intenção
Guie-me a falar sem hesitação.

Extras

Hoje em dia, há muitos objetos que podem representar a comunicação.

- Coloque seu celular ao lado do feitiço para simbolizar e melhorar a comunicação.
- Se precisar se comunicar com uma pessoa específica, coloque a fotografia dela ao lado do feitiço.

CAPÍTULO QUATORZE

Feitiços para Liberar

Antes de pensar em pedir ao Universo que envie toneladas de energia positiva para você, é preciso abrir espaço para isso. Sempre recomendo fazer uma boa faxina emocional, mental e espiritual antes de invocar a positividade. Tenha em mente que a liberação deixará um vazio, e nada gosta mais de um vazio do que a energia negativa. Depois de criar espaço, preencha-o com energia positiva.

Este capítulo contém feitiços para liberar energia negativa e meios para trabalhar com ela. O estresse é um grande obstáculo para muitos de nós; a magia com velas está aqui para ajudar a dissipá-lo. Em ocasiões muito raras, você pode sentir que foi amaldiçoada; incluí uma seção que pode ajudá-la a limpar essa energia. Igualmente, em raras ocasiões, você pode sentir a necessidade de lançar uma maldição. Há uma seção sobre isso também, mas tenha cuidado com o que está enviando para o mundo; assuma a responsabilidade por isso.

Liberação

A retenção de energia negativa ou de mágoas antigas pode ser prejudicial à sua saúde mental, emocional e física. É preciso deixar ir e liberar esses demônios. A magia com velas é uma ótima maneira de limpar a bagagem emocional estagnada e envenenada, para que possa abrir espaço para tudo o que é novo, fresco e positivo.

Correspondências sugeridas

Cor	Preto, branco.
Óleo carreador	Coco, gergelim, amêndoa.
Direção da aplicação	Unte a vela com óleo afastando-a de você, enquanto libera a energia.
Erva/Óleo	Louro, bergamota (laranja), cedro, camomila, copal, coentro, erva-doce, olíbano, espinheiro, zimbro, lavanda, limão, pulmonária, hortelã, mirra, salsa, pinho, alecrim, sálvia, sal, anis-estrelado, tomilho.
Símbolo	Lua minguante, triângulo do elemento Água.
Runa	Hagalaz, Berkana.
Ogham	Ebhadh/Álamo.
Petição	Escreva com tinta preta em papel branco. Escreva em uma folha grande de sálvia.
Número	4, 5, 6
Fase lunar	Minguante gibosa, quarto minguante, minguante.
Fase solar	Tarde, pôr do sol.
Dia da semana	Sábado para banimento e limpeza. Quarta-feira para mudanças.

Planeta	Lua para transformação e para dissipar energia negativa. Saturno para dissipar energia negativa.
Signo do zodíaco	Virgem para purificação. Áries para purificação e renovação. Escorpião para renovação.
Carta de Tarô	Enforcado, Morte, Diabo, Torre, Quatro de Espadas, Seis de Espadas.
Cristal	Obsidiana-negra, fluorita, jaspe, malaquita, ágata-musgo, calcita-laranja, pirita, quartzo-fumê, sodalita, olho de tigre, turmalina, unakita.
Elemento	Água.

Sugestão de Cântico

Magia da vela, chama e fogo a arder
Afaste, purifique, faça o mal se perder.
Ensine-me a arte de deixar fluir
Mostre-me o caminho para com a vida seguir.

Extras

Esse tipo de magia tem tudo a ver com deixar ir, jogar fora o lixo e se livrar do que não serve mais – basicamente, fazer uma boa limpeza. Certifique-se de jogar fora todos os restos de um feitiço de liberação; você quer se livrar de tudo.

- Depois que o feitiço terminar, rasgue a petição e jogue-a fora.
- Ao final do feitiço, amasse a petição e queime ou jogue no lixo.
- A água é uma forma perfeita de simbolizar limpeza e liberação. Coloque uma tigela com água em frente à vela durante o feitiço. Jogue a petição na água, permitindo que ela se dissolva como parte do feitiço.

Limpeza e Purificação

A magia com velas pode ser usada para limpar e purificar seu corpo, campo energético, casa ou espaço ritual, assim como você faria com fumaça. As velas também podem limpar e purificar seus instrumentos mágicos ou cristais: carregue uma vela acesa pela sua casa ou passe os itens logo acima da chama.

Correspondências sugeridas

Cores	Branco, azul.
Óleo carreador	Coco.
Direção da aplicação	Unte a vela afastando-a de você para limpar.
Erva/óleo	Erva-doce, gerânio, gengibre, lavanda, limão, hortelã, salsa, alecrim, sálvia de jardim, sal, anis-estrelado, tomilho.
Símbolo	Pentagrama, lua, sol, triquetra, tríscele.
Runa	Laguz, Berkana.
Ogham	Beith/Bétula, Ngeadal/Giesta, Ur/Urze, Straif/Espinheiro-negro, Ailm/Pinho.
Petição	Não costumo usar petições ao realizar a limpeza e purificação da minha casa ou ferramentas.
Número	4, 9
Fase lunar	Minguante, quarto minguante, minguante gibosa, cheia.
Fase solar	Tarde, pôr do sol.
Dia da semana	Sábado para banimento e limpeza. Segunda-feira para dissipar ilusões.
Planeta	Lua para dissipar energia negativa. Saturno para dissipar energia negativa. Sol para renovação e transformação.

Signo do zodíaco	Virgem para purificação. Áries para purificação e renovação. Escorpião para renovação.
Carta de Tarô	Enforcado, Morte, Diabo, Torre, Quatro de Espadas, Seis de Espadas.
Cristal	Âmbar, ágata de renda azul, fluorita, granada, labradorita, pedra da lua, ágata-musgo, obsidiana, calcita-laranja, quartzo, quartzo-rosa, selenita, turquesa.
Elementos	Água, Ar, Fogo.

Sugestão de Cântico

Magia da vela, chama e fogo a brilhar
Purifiquem e limpem o que preciso renovar.
Que a energia negativa agora se vá
E a positiva venha para ficar.

Extras

Água e sal são excelentes para limpeza e purificação e podem ser incorporados facilmente à magia com velas.

- Coloque uma tigela com água e sal diante da vela. Depois de concluído o feitiço, você pode borrifar a água em si mesma, em sua casa ou em seus instrumentos mágicos.
- Enxágue sua vela em água com sal antes de untá-la para adicionar outra camada de energia.
- Acenda incensos para intensificar a energia de limpeza.
- Encha um pequeno recipiente com sabão líquido para roupa, detergente para lavar louça ou sabonete líquido. Coloque-o diante da vela para representar a limpeza.
- Faça uma pequena vassoura com galhos. Use-a para espalhar a energia de limpeza do seu feitiço.

- Use uma pena para espalhar a energia de limpeza da sua magia.
- Organize um círculo de penas ao redor do seu feitiço para aumentar a energia.

Removendo Obstáculos

A vida tem a tendência de colocar coisas no nosso caminho. Quase sempre há bloqueios para remover ou obstáculos a superar. Realize um feitiço com velas para limpar tudo e se libertar para seguir em frente.

Correspondências sugeridas

Cores	Preto, branco, vermelho.
Óleo carreador	Coco, girassol.
Direção da aplicação	Unte a vela com óleos afastando-a de você para remover bloqueios.
Erva/óleo	Bergamota (laranja), pimentas, gerânio, gengibre, urze, pulmonária, hortelã, sal, anis-estrelado.
Símbolo	Cruz, pentáculo, flecha.
Runa	Naudhiz, Hagalaz, Berkana.
Ogham	Huathe/Espinheiro, Onn/Tojo.
Petição	Escreva a petição com tinta preta. Queime a petição para remover os obstáculos.
Número	5
Fase lunar	Minguante gibosa, quarto minguante.
Fase solar	Tarde, pôr do sol.
Dia da semana	Sábado, para banimento, limpeza e esvaziamento.
Planeta	Lua para dissipar energia negativa. Saturno para dissipar energia negativa. Sol para energia e poder.

Signo do zodíaco	Áries para superar obstáculos. Escorpião para banir. Peixes para banir.
Carta de Tarô	Dois de Copas, Carro, Força.
Cristal	Fluorita, hematita, lápis-lazúli, obsidiana, pirita, quartzo-fumê, olho de tigre.
Elemento	Fogo, Água.

Sugestão de Cântico

Magia da vela, forte e poderosa
Remova os obstáculos de forma cuidadosa.

Limpe o caminho, abra a estrada
Obstáculos se vão, minha vontade é declarada.

Extras

Esse tipo de feitiço é sobre mover as coisas que estão no seu caminho, então escolha itens que representem essa intenção.

- Coloque um pouco de alvejante ou produto de limpeza ao lado do seu feitiço (não muito perto!) para simbolizar a remoção.
- Circunde o seu feitiço com borrachas (aquelas usadas para apagar textos) para representar a remoção.

Alívio do Estresse

O estresse tem o péssimo hábito de surgir de forma inesperada, por qualquer motivo. Seu estresse pode ser causado pela carga de trabalho, vida doméstica, saúde ou por qualquer outros fatores. Uma vez que você percebe que está estressada, melhorar a situação pode parecer difícil de lidar. Comece considerando as maneiras mais simples de aliviar o estresse. Você pode resolver o problema de forma prática? De qualquer forma, a magia pode ajudar. Ela pode esclarecer a causa do seu estresse e dar a força necessária para superá-lo.

Correspondências sugeridas

Cores	Preto, azul, rosa.
Óleo carreador	Coco, gergelim, girassol.
Direção da aplicação	Unte a vela com óleo afastando-a de você para liberar a energia.
Erva/óleo	Cravo, coentro, pulmonária, tomilho, água.
Símbolo	Lua minguante, triângulo do elemento Água.
Runa	Hagalaz para liberação. Berkana para liberação. Laguz para emoções.
Ogham	Ebhadh/Álamo para liberar a negatividade. Fearn/Amieiro para as emoções. Saille/Salgueiro para emoções.
Petição	Escreva a petição com tinta preta em um papel branco, representando o equilíbrio necessário. Escreva a petição no papel e amasse-o em vez de dobrá-lo – isso ajuda muito a aliviar o estresse!
Número	4
Fase lunar	Quarto minguante, minguante gibosa, cheia.

Fase solar	Pôr do sol.
Dia da semana	Segunda-feira para emoções.
Planeta	Vênus para emoções. Lua para emoções.
Signo do zodíaco	Escorpião para emoções.
Carta de Tarô	Enforcado, Ás de Copas, Temperança, Quatro de Copas.
Cristal	Ágata, citrino, jaspe, labradorita, lápis-lazúli, malaquita, obsidiana, quartzo-rosa, turquesa, pedra do sol.
Elemento	Água.

Sugestão de Cântico

Poder da magia, chama da vela a brilhar
Traga-me alívio sem nada culpar.
Liberte o estresse e deixe-o partir
Traga calma e paz, e que assim eu possa seguir.

Extras

Libere um pouco de tensão ao canalizar sua energia estressante enquanto faz seu feitiço – amasse, rasgue ou jogue tudo fora conforme necessário. Deixe tudo sair!

- Inclua o ato de jogar algo fora em seu trabalho mágico. Por exemplo, visualize uma pedrinha absorvendo seu estresse e depois jogue-a no mar.
- Rasgue ou amasse sua petição como parte do feitiço para aliviar o estresse.
- Quebre um ovo como parte do feitiço para ajudar a liberar a energia estressante.

Desvinculação e Desencanto

Ser amaldiçoado ou enfeitiçado é algo raro. Para ser sincera, poucas pessoas têm o poder de realizar esse tipo de magia. E, claro, se você acredita que foi amaldiçoada, então você mesma criou uma bolha negativa que alimenta a maldição autoimposta. De qualquer forma, se sentir a necessidade de limpar uma maldição, a magia com velas faz o trabalho.

Correspondências sugeridas

Cores	Preto, cinza, branco.
Óleo carreador	Coco, gergelim.
Direção da aplicação	Unte a vela afastando-a de você.
Erva/óleo	Espinheiro-preto, pimentas, gengibre, espinhos, anis-estrelado.
Símbolo	Pentagrama, X.
Runa	Thurisaz.
Ogham	Straif/Espinheiro-negro.
Petição	Escreva com tinta preta em papel branco.
Número	5
Fase lunar	Escura, minguante gibosa, quarto minguante, minguante.
Fase solar	Tarde, pôr do sol.
Dia da semana	Sábado para banimento, limpeza e proteção.
Planeta	Marte para afirmação, conflito e defesa.
Signo do zodíaco	Gêmeos para a desvinculação.
Carta de Tarô	Qualquer uma das seguintes cartas, mas vire-as de cabeça para baixo para que fiquem invertidas: Temperança, Dois de Espadas, Enforcado, Oito de Espadas.

Cristal	Ametista, heliotrópio, cornalina, hematita, jaspe, malaquita, quartzo-fumê, olho de tigre.
Elemento	Fogo.

Sugestão de Cântico

Eu limpo e desvio esta maldição cruel
Que não possa ferir, nem trazer mais fel.
Quebre o feitiço; pior não será
Com esta vela, a maldição se apagará.

Extras

Se você está passando por um período de azar, use estas sugestões para limpar o ambiente.

- Use ingredientes quentes e picantes, como pimentas e pimenta-do--reino – coisas que têm calor – para queimar a maldição.
- Rasgue ou destrua sua petição com força. Queime os pedaços.
- Faça ações que simbolizem força para quebrar a energia negativa.
- Use tesouras para cortar sua petição.
- Coloque uma lâmina diante da sua vela para simbolizar o corte dos laços com qualquer energia negativa.
- Deixe a vela queimar até a metade e depois a apague. Quebre a vela ao meio para romper a maldição.
- Deixe a vela queimar até a metade e, em seguida, vire-a de cabeça para baixo rapidamente em uma bandeja de areia ou terra, apagando a chama e interrompendo a maldição.

Maldição

Uma maldição é um feitiço malévolo lançado com a intenção de causar danos. Amaldiçoar não é algo que eu costumo fazer com frequência e, definitivamente, não é uma magia que deva ser feita quando está com raiva. Nenhuma magia deve ser realizada quando se está no calor da emoção, mas amaldiçoar é uma ideia particularmente ruim. Enviar magia prejudicial para o mundo enquanto está sob intensa frustração pode ser perigoso; uma mente irritada pode cometer erros.

Em algumas ocasiões, você pode sentir a necessidade de amaldiçoar alguém. Pense nisso com cuidado. Assuma a responsabilidade pela magia que você lança no mundo. Apenas você pode decidir se lançar uma maldição é a coisa certa a fazer – essa escolha é somente sua.

Como em todo trabalho mágico, existe um equilíbrio. Tudo o que você coloca no mundo de alguma forma retorna para você; é importante estar consciente disso. Reflita bem sobre a situação e se ela só pode ser resolvida por essa ação. Certifique-se de que qualquer ação (ou reação) mágica que você tome seja justificada. Amaldiçoar não é para os fracos de coração, e eu recomendo que você não o faça levianamente. Antes de colocar as coisas em movimento, tenha muita, muita certeza de que a pessoa que você está alvejando é a responsável pelo seu sofrimento. Também sugiro considerar fazer um feitiço de amarração em vez disso. Se decidir que amaldiçoar é o curso de ação correto, a magia com velas pode ajudar.

Correspondências sugeridas

Cor	Bordô, preto.
Óleo carreador	Amêndoa, gergelim.
Direção da aplicação	Unte a vela afastando-a de você.
Erva/óleo	Pimentas, sangue de dragão, sorveira, milefólio.
Símbolo	Pentagrama, X.
Runa	Hagalaz.
Ogham	Ruis/Sabugueiro.

Petição	Escreva com tinta preta em papel escuro. Escreva a maldição no verso de uma foto do alvo.
Número	1, 5
Fase Lunar	Escura.
Fase solar	Pôr do sol.
Dia da semana	Sábado para banimento, amarração e justiça.
Planeta	Marte para agressividade, afirmação e conflito.
Signo do zodíaco	Escorpião para banimento e poder pessoal. Peixes para banimento e ação.
Carta de Tarô	Diabo, Torre.
Cristal	Ágata, cornalina, obsidiana, pirita, turquesa, turmalina, jaspe.
Elemento	Fogo.

Sugestão de Cântico

Magia da vela com o poder de ferir
Que esta maldição em [nome] possa agir.

Esta praga a ele agora envio
Que o Universo entregue o que é merecido por seu desvio.

Extras

Todo feitiço gera um efeito. Afinal de contas, você está manipulando energia. No caso das maldições, em particular, você precisa estar ciente de que está colocando energia negativa no mundo. Assuma a responsabilidade por lançar uma maldição e esteja ciente de que ela pode voltar para você.

- Prenda uma fotografia do alvo em sua vela. Você pode usar espinho ou prego para fixar a foto na vela.
- Coloque um círculo de alfinetes, pregos ou espinhos ao redor da vela.

- Lance um círculo de sal para trazer proteção para você. Não costumo lançar um círculo ao fazer feitiços, mas é aconselhável fazê-lo ao trabalhar com maldições de Bruxas.
- Se você conseguir pegar cabelos, unhas cortadas ou algo semelhante do seu alvo, isso pode ser incluído no feitiço para criar uma conexão pessoal.
- Pegue todas as sobras do feitiço e jogue no lixo. Você não quer mantê-las em sua propriedade. Para reforçar o desprezo, descarte tudo, incluindo a petição, dentro de um saco de fezes de cachorro antes de jogar fora.

CAPÍTULO QUINZE

Uso de Velas Dedicadas

As velas não são apenas para feitiços! Muitos outros usos são atribuídos a elas, especialmente na Bruxaria. Por isso, incluí algumas sugestões de como usá-las em rituais e também como trabalhar com velas dedicadas para usos específicos. Há algo muito especial em uma vela que você revestiu e dedicou a uma determinada Divindade ou elemento. Você pode até dedicar uma vela à sua prática de meditação. Experimente meditar com uma vela que você dedicou exclusivamente para esse propósito – você certamente sentirá diferença na energia. Isso também vale para a adivinhação; eu uso uma vela dedicada para leituras de Tarô. Ela realmente ajuda a criar a atmosfera certa e estimula minha conexão psíquica. As opções são ilimitadas! Para que você vai dedicar suas velas?

Velas em Rituais

As velas são provavelmente uma das ferramentas mais utilizadas em qualquer ritual. Elas podem ser colocadas no altar, usadas para traçar um círculo, representar uma divindade, marcar os quadrantes/direções, fornecer iluminação, purificar o espaço sagrado e, é claro, realizar feitiços.

Gosto de usar velas para marcar os quadrantes em um ritual. Costumo usar uma cor diferente para cada elemento; minhas escolhas preferidas são verde para a Terra, amarelo para o Ar, vermelho para o Fogo e azul para a Água. Coloco as velas em cada ponto cardeal antes de começar o ritual. À medida que invoco os quadrantes, acendo uma vela por vez. Quando o ritual é concluído, apago vela por vela enquanto libero os quadrantes. Essas velas podem ser guardadas e reutilizadas em outro ritual para o mesmo propósito. Se o seu ritual for ao ar livre e você tiver espaço, velas grandes de jardim ou tochas são particularmente úteis para essa finalidade.

Ao traçar um círculo, você pode percorrer os limites carregando uma vela acesa para ajudar na visualização, embora uma lanterna seja mais fácil e segura de usar para esse fim.

Uma vela pode ser usada para limpar e purificar o espaço sagrado antes de iniciar o ritual. Gosto de usar uma vela perfumada para limpeza e purificação, mas você pode usar uma vela simples. Eu caminho pelo círculo segurando a vela acesa, visualizando a luz limpando, purificando e energizando a área.

Pequenas velas colocadas em potes de vidro limpos de geleia ou conservas formam um excelente labirinto ou um caminho em espiral. Marque o desenho no chão e coloque os potes de velas em intervalos regulares. Quando todos estiverem acesos, a visão e a experiência serão maravilhosas.

Velas que você criou para um propósito específico (como uma vela para Divindade ou para meditação) podem ser carregadas com intenção e depois utilizadas, ou você pode dedicá-las em um ritual de velas.

Prática

Ritual de Dedicação de Vela

Use este ritual para dedicar uma vela para qualquer intenção e propósito que desejar.

Você vai precisar de:

- 1 vela para dedicar
- 4 castiçais / Suportes para velas
- 4 velas para representar os quatro quadrantes (eu uso verde para a Terra, amarelo para o Ar, vermelho para o Fogo e azul para a Água)
- Isqueiro ou fósforos

Decida onde seu círculo será traçado. Prepare o ambiente colocando as velas dos elementos em suportes seguros, depois arrume-as em cada ponto cardeal (Terra no Norte, Ar no Leste, Fogo no Sul e Água no Oeste). Não as acenda ainda! Coloque a vela a ser dedicada no centro do local onde ficará o círculo.

Trace o círculo percorrendo seus limites no sentido horário, visualizando um círculo protetor ao redor, acima e abaixo. Diga:

Forme este círculo com energia e luz
A magia da vela nele se conduz.

Agora o ritual pode começar
Que o poder se faça manifestar.

Caminhe até o Norte, acenda a vela da Terra e diga:

Elemento Terra, eu lhe dou as boas-vindas.

Caminhe até o Leste, acenda a vela do Ar e diga:

Elemento Ar, eu lhe dou as boas-vindas.

Caminhe até o Sul, acenda a vela do Fogo e diga:

Elemento Fogo, eu lhe dou as boas-vindas.

Caminhe até o Oeste, acenda a vela da Água e diga:

Elemento Água, eu lhe dou as boas-vindas.

Agora, caminhe até o centro do círculo, de modo que a vela a ser dedicada fique à sua frente.

Segure a vela e peça que ela seja dedicada para o propósito que você precisar. Declare em voz alta o propósito da vela e seja clara sobre a intenção. Por exemplo, se a vela for para fins de meditação, descreva o que gostaria que ela fosse para você e que energia precisa que ela contenha. Se a vela for dedicada a uma Divindade, diga a ela; talvez seja interessante descrever as qualidades da Divindade e o que você gostaria de receber dela.

Quando sentir que terminou, você pode encerrar o ritual. Comece caminhando até o Oeste e apagando a vela da Água. Diga:

Elemento Água, eu lhe agradeço por sua energia.

Caminhe até o Sul, apague a vela do Fogo e diga:

Elemento Fogo, eu lhe agradeço por sua energia.

Caminhe até o Leste, apague a vela do Ar e diga:

Elemento do Ar, eu lhe agradeço por sua energia.

Caminhe até o Norte, apague a vela da Terra e diga:

Elemento Terra, eu lhe agradeço por sua energia.

Agora caminhe pelos limites do círculo no sentido anti-horário, visualizando a esfera de proteção que você criou se dissipando no ar. Sua vela dedicada está pronta para ser usada.

Talvez você possa derramar um pouco de vinho, leite ou mel do lado de fora como agradecimento.

Velas para os Sabbats

Se você trabalha com a Roda do Ano, pode criar lindas velas para adicionar ao seu altar para cada celebração ou para usar em rituais de Sabbat. Pode usar qualquer tipo de vela. Unte e decore com ervas, óleos e símbolos que você associa a cada celebração. Veja algumas sugestões mais adiante.

Para quem não conhece, a Roda do Ano foi criada em meados do século 20, por Gerald Gardner, fundador da Wicca Moderna, e Ross Nichols, fundador da Order of Bards, Ovates, and Druids (OBOD). A ideia foi influenciada pelo estudioso Jacob Grimm em sua obra *Teutonic Mythology* (Mitologia Teutônica), datada de 1835 da EC[15]. A versão moderna da Roda do Ano inclui os solstícios, os equinócios e quatro festivais celtas; totalizando Oito Sabbats espalhados ao longo do ano.

A Roda do Ano oferece uma boa estrutura para celebrar a mudança das estações. Cada Sabbat corresponde aos eventos agrícolas que ocorrem naquela época do ano, assim como ao clima. No entanto, a Roda foi criada na Grã-Bretanha, portanto, pode não estar alinhada com o clima em que você vive. (E nem sempre coincide com as peculiaridades do clima britânico também!) E, claro, no Hemisfério Sul, os Sabbats são opostos.

Costumo trabalhar mais com o que está acontecendo na natureza da minha área local em vez das datas no calendário, mas a Roda do Ano

15. Os termos EC (Era Comum) e AEC (Antes da Era Comum) substituem os termos d.C. (depois de Cristo) e a.C. (antes de Cristo), retirando-lhes as conotações religiosas. EC e AEC são, portanto, denominações que utilizam uma linguagem inclusiva. (N. R.)

é um bom ponto de partida e nos ajuda a nos conectarmos com nosso ambiente. Ao decorar seu altar com itens sazonais ou relacionados ao Sabbat, você está se conectando à natureza e à região em que vive.

As velas são uma excelente maneira de trazer essa conexão para o seu altar, ou até mesmo para o seu espaço de convivência. Independentemente de trabalhar ou não com os Sabbats, você pode criar uma vela para cada mês do ano ou para cada estação. As velas são pontos focais excelentes para exibições sazonais! Ao decorá-las para cada Sabbat/estação, certifique-se de incluir itens externos, como folhas, flores e sementes, dependendo do que estiver crescendo na época.

Nas seções seguintes, apresentei uma visão geral de cada Sabbat, bem como sugestões de ingredientes para a magia com velas. Também incluí uma bênção genérica para cada Sabbat. Diga a bênção enquanto decora sua vela para carregá-la com energia para a celebração. A vela pode então ser colocada em seu altar ou ao redor de sua casa. Quando for acesa, a vela trará a magia do Sabbat.

Nota pessoal

Muitas vezes, meus Sabbats são celebrados com velas pilar, que têm um tamanho ideal para decorar, especialmente com diferentes símbolos.

Gosto de colocar minhas velas de Sabbat em castiçais decorados. Por exemplo, para o Yule, arrumo azevinho e hera ao redor da base do castiçal e, para o Lughnasadh, adiciono caules de milho ou trigo.

Equinócio da Primavera ou Ostara

Hemisfério Norte: 20 a 23 de março

Hemisfério Sul: 20 a 23 de setembro

Os pagãos podem se referir a este Sabbat como Ostara ou Eostre. O Equinócio da Primavera tem tudo a ver com fertilidade, crescimento e novos começos. É a época do ano em que começamos a ver os primeiros sinais da primavera – se tivermos sorte! As árvores terão botões e os brotos das plantas começarão a aparecer do solo. É um tempo de equilíbrio, pois o dia e a noite têm a mesma duração. Há uma sensação de entusiasmo durante essa época do ano, uma promessa do que está por vir. Os dias mais quentes podem até trazer algumas abelhas ou borboletas para o seu jardim.

Correspondências sugeridas

Cores	Rosa pastel, verde, amarelo pálido.
Óleo carreador	Amêndoa.
Ervas/óleo	Madressilva, jasmim, lavanda, erva-cidreira, manjerona, carvalho, rosa, tomilho.
Símbolo	Ovos, um broto.

Sugestão de Cântico

Magia que move a Roda do Ano
Abençoo esta vela enquanto Ostara vem chegando.

Beltane

Hemisfério Sul: 1º de maio
Hemisfério Norte: 1º de novembro

O Sabbat de Beltane é um festival de fogo cheio de energia vibrante. Aproveitando a energia de fertilidade do Equinócio da Primavera, ele é repleto de potencial e energia "vai em frente". A palavra celta *Beltane* é traduzida como "o Fogo de Bel" e, sem dúvida, é ardente. Nessa época do ano, a natureza está em plena floração, os pássaros estão fazendo seus ninhos e a terra está cheia de energia crescente. Crescimento, paixão e fertilidade são abundantes.

Correspondências sugeridas

Cor	Laranja, vermelho.
Óleo carreador	Oliva.
Erva/óleo	Coentro, sangue de dragão, olíbano, espinheiro, calêndula, manjerona, urtiga, rosa.
Símbolo	Chama.

Sugestão de Cântico

Magia que move a Roda do Ano
Abençoo esta vela enquanto Beltane vem chegando.

Solstício de Verão ou Litha

Hemisfério Norte: 20-23 de junho
Hemisfério Sul: 20 a 23 de dezembro

O Solstício de Verão, também chamado de "Litha" na comunidade pagã moderna, celebra o dia mais longo e a noite mais curta, portanto, um dia repleto de energia solar. Nessa época do ano, deve haver (com sorte) um clima agradável e quente, e o jardim deve estar cheio de flores de cheiro doce. Abelhas, borboletas e insetos estarão em grande número, zumbindo por aí. Diz-se que é o momento em que o véu entre o nosso mundo humano e o reino das fadas está aberto. Este é o ponto intermediário do ano. (Meio do Ano é outro nome para essa data no calendário.) A natureza está na temporada de crescimento, e, a partir deste ponto, começamos a colheita.

Correspondências sugeridas

Cor	Amarelo, dourado.
Óleo carreador	Girassol.
Ervas/óleo	Manjericão, camomila, erva-doce, urze, madressilva, lavanda, carvalho, salsa, pinho, alecrim, sorveira, sálvia, girassol, tomilho.
Símbolo	Sol.

Sugestão de Cântico

Magia que move a Roda do Ano
Abençoo esta vela enquanto Litha vem chegando.

Lughnasadh

Hemisfério Norte: 1º de agosto
Hemisfério Sul: 1º de fevereiro

Que venha a colheita para o Lughnasadh! A colheita não acontece apenas nos campos. Este é o momento de colher o que semeamos para nós mesmos e em nossa vida ao longo dos meses anteriores. As flores silvestres estarão em pleno florescimento nos prados e cercas nesta época do ano. Celebre tudo o que a Mãe Natureza nos oferece em todas as suas formas gloriosas.

O nome *Lughnasadh* vem do Deus solar irlandês Lugh. Às vezes, esse festival é chamado de *Lammas*, que vem do inglês antigo *loaf mass* (missa do pão), uma época em que os primeiros pães eram abençoados pela igreja.

Correspondências sugeridas

Cores	Laranja, amarelo mostarda.
Óleo carreador	Girassol.
Ervas/óleo	Manjericão, olíbano, urze, calêndula, hortelã, papoula, rosa, girassol, milefólio.
Símbolo	Feixe de trigo.

Sugestão de Cântico

Magia que move a Roda do Ano
Abençoo esta vela enquanto Lammas vem chegando.

Equinócio de Outono ou Mabon

Hemisfério Norte: 20-23 de setembro
Hemisfério Sul: 20 a 23 de março

O Equinócio de Outono, também chamado de *Mabon* ou "Colheita" na comunidade pagã moderna, celebra a colheita, mas também dá as boas-vindas ao outono. Esse é um mês de gratidão por tudo o que foi colhido, assim como um mês de equilíbrio, graças ao equinócio. Frutas silvestres e nozes devem estar prontas para serem colhidas nessa época do ano. O clima ainda pode estar quente e ensolarado, mas, pela manhã, haverá correntes de ar fresco e revigorante. Gosto de aproveitar essa época para fazer uma limpeza de outono; dou uma nova varredura em tudo.

Correspondências sugeridas

Cores	Marrom, laranja queimado.
Óleo carreador	Girassol.

Ervas/óleo	Benjoim, camomila, olíbano, calêndula, mirra, carvalho, alecrim, sálvia, girassol, milefólio.
Símbolo	Folha.

Sugestão de Cântico

Magia que move a Roda do Ano
Abençoo esta vela enquanto Mabon vem chegando.

Samhain

Hemisfério Norte: 31 de outubro
Hemisfério Sul: 1º de maio

A palavra *Samhain* significa "fim do verão", é a estação das Bruxas. Também é um momento para honrar nossos ancestrais e lembrar daqueles que partiram antes de nós. É o último e definitivo período de colheita da estação, enquanto as preparações começam para os meses de inverno. Bosques e florestas exibirão suas belas cores de outono. A natureza estará repleta de aranhas. Suas teias estarão prontas para capturar insetos, ou até mesmo humanos desavisados! Samhain compartilha uma data com o *Halloween* no Hemisfério Norte, originalmente um festival celta que agora é conhecido pelas travessuras ou gostosuras e muitos doces.

Correspondências sugeridas

Cores	Preto, vermelho escuro.
Óleo carreador	Oliva.
Ervas/óleo	Louro, urze, urtiga, carvalho, patchouli, pinho, alecrim, sálvia, girassol; se você encontrar uma mistura de especiarias de abóbora na loja nesta época do ano, pode enrolar sua vela nela para trazer a energia da estação.
Símbolo	Abóbora.

Sugestão de Cântico

Magia que move a Roda do Ano
Abençoo esta vela enquanto o Samhain vem chegando.

Solstício de Inverno ou Yule

Hemisfério Norte: 20-23 de dezembro
Hemisfério Sul: 20 a 23 de junho

Chegou a temporada da alegria! É hora de celebrar o Solstício de Inverno, também chamado de *Yule* na comunidade pagã moderna. Este Sabbat honra o dia mais curto e a noite mais longa do ano, enquanto aguardamos o retorno da luz. Há uma imensa onda de energia festiva nessa época, especialmente nas semanas que antecedem o Sabbat. Concentre-se nas partes importantes desse festival: família, amigos e doação aos outros. A natureza começará a se preparar para os meses frios. As noites frias e escuras são um bom momento para fazer trabalho interior.

Correspondências sugeridas

Cores	Verde escuro, vermelho.
Óleo carreador	Amêndoa.
Erva/óleo	Cedro, canela, cravo, olíbano, azevinho, mirra, noz-moscada, carvalho, pinho, rosa.
Símbolo	Folha de azevinho.

Sugestão de Cântico

Magia que move a Roda do Ano
Abençoo esta vela enquanto o Yule vem chegando.

Imbolc

Hemisfério Norte: 2 de fevereiro
Hemisfério Sul: 1º de agosto

Imbolc traz os primeiros sinais da primavera. Sob o solo, a Mãe Terra começa a despertar. Embora em muitos lugares o chão ainda esteja coberto de neve no Hemisfério Norte, a Mãe Terra está lá, logo abaixo da superfície. O clima será frio, mas haverá indícios – apenas leves – de que novos começos estão prestes a acontecer. A palavra *Imbolc* significa "no ventre", o que pode representar o período de nascimento dos cordeiros.

Esse Sabbat está repleto de expectativa e antecipação. O momento é de planejamento e estratégia, de fazer sua lição de casa e colocar novas ideias e empreendimentos em movimento.

Correspondências sugeridas

Cor	Branco.
Óleo carreador	Amêndoa.
Erva/Óleo	Manjericão, benjoim, camomila, coentro, sangue de dragão, olíbano, urze, mirra, alecrim, sálvia, hamamélis.
Símbolo	Chama de vela.

Sugestão de Cântico

Magia que move a Roda do Ano
Abençoo esta vela enquanto o Imbolc vem chegando.

Velas dos Elementos

Adoro usar velas para representar os quadrantes, que são os elementos no ritual. Eu acendo cada vela nos pontos cardeais à medida que os chamo. Você pode usar velas brancas simples, mas eu gosto de criar velas dedicadas para cada elemento. Os símbolos que uso são as formas triangulares padrão dos elementos.

Enquanto você desenha um triângulo elemental em sua vela, visualize o elemento em sua forma física e, em seguida, carregue a vela com essa energia. Essa vela pode ser usada como representação de um determinado elemento em seus rituais, ou para incorporar energia elemental específica em qualquer feitiço ou trabalho mágico.

A seguir, veja sugestões para criar velas para os elementos, bem como uma bênção que poderá usar assim que sua vela estiver pronta. A cor que você escolher e os outros ingredientes que adicionar contribuirão para a energia da vela. Dizer a bênção após decorar a vela "selará o acordo" e finalizará sua criação.

Terra

Invoque o elemento Terra para obter estabilidade, aterramento, abundância, fertilidade, responsabilidade e força. Enquanto cria a vela, visualize as qualidades deste elemento. Em sua mente, veja representações físicas da terra e carregue a vela com essa energia. Se você trabalha com os elementais, pode invocar o poder deles para infundir a vela também.

Os seguintes cristais, óleos e ervas são regidos pelo elemento Terra.

Correspondências sugeridas

Cor	Marrom, verde.
Óleo carreador	Gergelim.
Erva/óleo	Erva, madressilva, pulmonária, patchouli.
Símbolo	Triângulo voltado para baixo com uma linha horizontal.
Cristal	Heliotrópio, pedra do sol, jaspe-verde, hematita, malaquita, ágata-musgo, calcita-laranja, seixo, quartzo-rosa, quartzo-fumê, turmalina, turquesa.

Sugestão de Cântico

Elementos do poder, a Terra eu invoco
Para carregar esta vela com magia e foco.

Energia das montanhas, das pedras, do chão
Preencha esta vela com minha intenção.

Ar

Invoque o elemento Ar para o intelecto, clareza, comunicação, conhecimento, direção e intuição. Enquanto cria a vela, visualize as qualidades deste elemento. Em sua mente, veja representações físicas do ar e carregue a vela com essa energia. Se você trabalha com os elementais, pode invocar o poder deles para infundir a vela também.

Os seguintes cristais, óleos e ervas são regidos pelo elemento Ar.

Correspondências sugeridas

Cor	Amarelo.
Óleo carreador	Amêndoa.
Ervas/óleo	Benjoim, bergamota (laranja), dente-de-leão, lavanda, manjerona, hortelã, salsa, pinho, sálvia, anis-estrelado.
Símbolo	Triângulo voltado para cima com uma linha horizontal.
Cristal	Celestita, fluorita, aventurina-verde, jaspe-cinza.

Sugestão de Cântico

Elementos do poder, o Ar eu invoco
Para carregar esta vela com magia e foco.
Energia das nuvens, do vento e da brisa gentil
Preencha esta vela com meu intento sutil.

Fogo

Invoque o elemento Fogo para paixão, criatividade, coragem, proteção, poder e manifestação. Enquanto cria a vela, visualize as qualidades deste elemento. Em sua mente, veja representações físicas do fogo e carregue a vela com essa energia. Se você trabalha com os elementais, pode invocar o poder deles para infundir a vela também.

Os seguintes cristais, óleos e ervas são regidos pelo elemento Fogo.

Correspondências sugeridas

Cor	Vermelho.
Óleo carreador	Oliva.
Ervas/óleo	Manjericão, louro, pimenta-preta, abrunheiro, cedro, canela, cravo, coentro, sangue de dragão, erva-doce, olíbano, gengibre, espinheiro, azevinho, zimbro, calêndula, mostarda, urtiga, noz-moscada, carvalho, pinheiro, alecrim, sorveira, girassol, hamamélis.
Símbolo	Triângulo voltado para cima.

Cristal	Âmbar, heliotrópio, cornalina, citrino, quartzo-claro, granada, pedra do sol, hematita, pirita, pedra do sol sintética, olho de tigre, unakita.

Sugestão de Cântico

Elementos do poder, o Fogo eu invoco
Para carregar esta vela com magia e foco.

Energia de brasas, fogueiras e chama
Preencha esta vela com a força que clama.

Água

Invoque o elemento Água para purificação, emoções, compaixão, cura e renascimento. Enquanto cria a vela, visualize as qualidades deste elemento. Em sua mente, veja representações físicas da água e carregue a vela com essa energia. Se você trabalha com os elementais, pode invocar o poder deles para infundir a vela também.

Os seguintes cristais, óleos e ervas são regidos pelo elemento Água.

Correspondências sugeridas

Cor da vela	Azul.
Óleo carreador	Coco.
Erva/óleo	Cardamomo, camomila, margarida, gerânio, urze, jasmim, erva-cidreira, mirra, carvalho, papoula, rosa, tomilho, milefólio.
Símbolo	Triângulo voltado para baixo.
Cristal	Ametista, ágata de renda azul, celestita, quartzo-claro, fluorita, labradorita, lápis-lazúli, pedra da lua, quartzo-rosa, selenita, sodalita, unakita.

Sugestão de Cântico

Elementos do poder, a Água eu invoco
Para carregar esta vela com magia e foco.

Energia de rios, mares e oceanos
Nesta vela, minha magia se faz sem enganos.

Velas do Deus e da Deusa

Em muitas tradições Wiccanianas, as velas são colocadas no altar para representar o Deus e a Deusa e/ou as energias masculina e feminina. Muitas vezes, são velas pilar ou cônicas, embora você possa usar algumas em forma de figuras. Independentemente do tipo de vela, escolher uma vela dourada para o Deus e uma vela prateada para a Deusa funciona bem. Eu começaria limpando e consagrando as velas. Depois, elas podem ser decoradas e enfeitadas com óleos e ervas.

Aqui estão minhas sugestões caso você queira criar suas próprias velas do Deus e da Deusa.

Correspondências sugeridas (Vela do Deus)

Cor	Dourada.
Óleo carreador	Oliva.
Erva/óleo	Pimenta-preta, olíbano, pinho.
Símbolo	Símbolo do Deus esculpido no centro da vela.

Correspondências sugeridas (Vela da Deusa)

Cor da vela	Prateada.
Óleo carreador	Coco.
Erva/óleo	Gerânio, erva-cidreira, rosa.
Símbolo	Símbolo da Deusa esculpido no centro da vela.

Velas de Divindades

Você pode dedicar uma vela a uma Divindade específica. Para começar, escolha uma vela que você associe a uma determinada Divindade ou que ela lhe indique para escolher. Limpe e consagre a vela e, em seguida, unte-as com óleos e/ou ervas específicas para essa Divindade. A vela pode ser colocada em seu altar e acesa toda vez que desejar se conectar com essa Divindade. Esta seção traz dois exemplos, usando Divindades com as quais trabalho. Como você pode trabalhar com Divindades não listadas aqui, incluí meus motivos na tabela de opções na esperança de que eles inspirem você ao escolher seus próprios ingredientes para o feitiço.

Cailleach

Essa Deusa tem caminhado ao meu lado por muitos anos; ela é minha principal Divindade Matrona. Cailleach é uma Deusa neolítica com origens na antiga Grã-Bretanha (principalmente na Escócia e na Irlanda), mas histórias sobre ela podem ser encontradas por toda a Europa e até mais além. Ela é uma Divindade dos ancestrais, da sabedoria e do renascimento. Como Deusa do Inverno, ela é mais poderosa e presente no período que vai de outubro até o final de abril, no Hemisfério Norte ou de maio até setembro, no Hemisfério Sul. Histórias a descrevem como uma Deusa criadora, moldando a paisagem ao lançar pedras grandes de seu avental. Cailleach é a figura da Bruxa Guardiã com pele azul e um caráter forte que não tolera nenhum tipo de tolice!

Correspondências sugeridas

Cores	Azul-claro, turquesa (a cor de sua pele).
Óleo carreador	Amêndoa: traz a magia da intuição e dos poderes psíquicos, com os quais a Cailleach trabalha.
Erva/óleo	Patchouli: erva feminina e protetora, regida pelo elemento Terra, para refletir a terra da Cailleach.
Símbolo	Espiral: reflete o aspecto da Anciã e o ciclo da vida, ambos encontrados na Cailleach.

Vela de Belenus

Belenus tem caminhado ao meu lado há alguns anos. Ele é quase um oposto da Cailleach, pois seu tempo é durante os meses mais quentes do verão. Sua história começou no condado inglês de Lancashire, embora ele fosse adorado em toda a Grã-Bretanha e Europa. Seu nome se traduz como "o brilhante ou resplandecente", e, com certeza, ele é cheio de energia solar e de todas as características que o sol traz consigo.

Correspondências sugeridas

Cor	Amarelo: para representar seus aspectos solares.
Óleo carreador	Girassol: masculino; regido pelo elemento Fogo e pelo Sol; traz a magia da força, da coragem, da confiança e da felicidade.
Erva/óleo	Canela: masculino; regido pelo elemento Fogo e pelo Sol; traz a magia do sucesso, da cura, do poder, da proteção e das habilidades psíquicas. Laranja bergamota: masculino; regido pelo Sol e por Mercúrio; traz energia solar e sucesso. Sementes de girassol: masculino, regido pelo elemento Fogo e pelo Sol; traz proteção, verdade e felicidade..
Símbolo	Sol.

Velas de Guias Animais

Muitas culturas em todo o mundo têm um histórico de trabalhos com guias animais do mundo espiritual. Eu trabalho com meus guias animais regularmente e gosto de ter uma vela específica em meu altar dedicada ao meu guia principal. Essas velas podem ser usadas para se conectar com seu guia animal no reino espiritual, em meditação ou quando quiser pedir que eles emprestem energia ao seu trabalho mágico. A vela também pode ser acesa quando precisar pedir ao seu guia que lhe forneça visão, orientação ou apoio.

Quando preciso trabalhar com a energia de um animal específico, crio uma pequena vela dedicada a aquele animal e a utilizo apenas para esse feitiço. Para as velas dos meus guias animais principais, uso as pilar e as coloco em meu altar, acendo-as regularmente.

Esta seção traz dois exemplos de animais com os quais trabalho. Como é provável que o seu animal não esteja listado aqui, incluí minhas razões na tabela de opções, na esperança de que elas inspirem você na escolha dos seus próprios ingredientes para o feitiço.

Vela do Javali Selvagem

Meu guia principal é um javali selvagem. Eu tenho uma vela que representa tanto o javali como sua energia no meu altar.

Correspondências sugeridas

Cor da vela	Marrom: para combinar com seu pelo, embora eu tenha um javali incrivelmente especial que adora uma vela rosa brilhante – sempre ouça os pedidos de seus guias.
Óleo carreador	Gergelim: masculino e cheio de energia do Fogo, ecoando as energias do meu javali; traz a magia da proteção e da força.
Erva/óleo	Louro: masculino e cheio de energia do Fogo, ecoando as energias do meu javali; traz a magia da força, da proteção e do poder. Canela: masculina e cheia de energia do Fogo, ecoando as energias do meu javali; traz a magia dos poderes psíquicos, da proteção e da espiritualidade) Cominho: masculino e cheio de energia do Fogo, ecoando as energias do meu javali; traz a magia da paz, do amor e da proteção. Gengibre: masculino e cheio de energia do Fogo, ecoando as energias do meu javali; traz poder e proteção, além de um chute vigoroso, que o meu javali certamente tem!
Símbolo	Presa ou dente de javali pressionado na vela.

Vela da Pega (ave)

Eu trabalho com vários outros animais regularmente, como a pega (ave da família *corvidae*), por exemplo.

Correspondências sugeridas

Cor	Preto ou branco (como suas penas); uma vela preta oleosa seria perfeita.
Óleo carreador	Amêndoa: traz intuição e poderes psíquicos.
Erva/óleo	Canela: traz a magia dos poderes psíquicos, da proteção e da espiritualidade. Rosa: traz a magia dos poderes psíquicos, do conhecimento, dos mistérios, da morte e do renascimento.
Símbolo	Uma pena ou um pouco de glitter (as pegas adoram coisas brilhantes).

Cores dos Animais

Quando crio uma vela de guia animal, confio na minha intuição para escolher qual cor usar. Sugiro que você faça o mesmo. Se deseja trabalhar com a energia de um animal específico, medite com ele primeiro para estabelecer uma conexão e pedir sua ajuda. Você pode aproveitar essa oportunidade para perguntar qual cor ele gostaria de ser representado – ele pode ter uma preferência, ou talvez não. Deixe-se guiar por sua intuição e/ou pela intenção que deseja que o animal traga consigo. Lembre-se de que alguns animais se associam a cores específicas. Aqui estão minhas sugestões:

Abelha	Amarelo ou preto, para combinar com as cores de uma abelha.
Águia	Dourado, para refletir o brilho de suas penas, mas também a força e a coragem que elas trazem.
Borboleta	Você pode ser criativa aqui e usar uma vela multicolorida ou brilhante.

Cisne	Branco, como suas penas.
Corvo	Preto ou roxo, porque suas penas têm um belo brilho.
Fênix	Vermelho ou laranja, para combinar com suas cores vibrantes e ardentes.
Golfinho	Cinza ou azul, para combinar com sua pele ou com as águas do oceano.
Joaninha	Vermelho, para combinar com sua cor.
Leão	Amarelo, pela cor de sua pelagem e também para trazer a magia da cor da força.
Lobo	Cinza, para combinar com sua pelagem.
Morcego	Preto.
Pavão	Roxo ou azul, para combinar com sua plumagem.
Rã	Verde, como a cor de sua pele.
Texugo	Preto ou branco, como seu pelo.
Unicórnio	Você pode usar uma vela branca ou uma vela em tons pastéis brilhantes.
Urso	Marrom ou branco, dependendo do tipo de urso.
Veado	Marrom-claro ou laranja, como sua pelagem.

Velas de Meditação

Crie e dedique uma vela especificamente para ser usada na meditação. Posicione a vela em seu altar ou perto do espaço onde você medita. Acenda-a toda vez que começar a meditar; ela pode proporcionar foco para sua sessão.

Essa vela precisa incorporar paz, calma e espiritualidade. Eu poderia sugerir uma cor clara a fim de trazer uma energia serena, mas você pode sentir que uma cor mais escura faz mais sentido – confie em seus instintos. O aroma também pode melhorar sua conexão com a vela de meditação. Precisa ser algo que você goste, pois o objetivo é se sentir confortável com o cheiro enquanto medita.

Enquanto cria sua vela, carregue tanto a cera quanto os ingredientes com a intenção de paz, calma e conexão meditativa. Acenda sua vela durante a meditação e, ao finalizar, apague e reserve para a próxima vez que meditar.

Correspondências sugeridas

Cor	Lilás, branco.
Óleo carreador	Azeite de oliva.
Erva/óleo	Olíbano, madressilva, jasmim; é importante escolher os aromas que gosta para meditar.
Símbolo	Eu não adicionaria um símbolo, mas você poderia desenhar algo, como uma flor de lótus, por exemplo. Já eu colocaria um pouco de glitter, só porque sim.

Nota pessoal

Eu uso uma vela pilar branca grande colocada em um suporte de madeira redondo que tem uma borda larga, para que eu possa colocar cristais ao redor da base, se quiser.

Velas de Adivinhação

Quando trabalho com cartas de Tarô ou qualquer tipo de adivinhação, gosto de acender uma vela. Tenho uma vela pilar branca grande, dedicada à adivinhação, que reservo especialmente para esse propósito! Escolha uma cor que você acha que representa as habilidades psíquicas e, em seguida, adicione óleos e ervas. A vela pode ser acesa quando estiver fazendo uma leitura de qualquer tipo. Deixe-a queimar enquanto faz a adivinhação e depois apague-a. A vela pode ser reacendida na próxima vez que você fizer uma leitura.

Correspondências sugeridas

Cores	Roxo, branco.
Óleo carreador	Amêndoa.
Ervas/óleo	Cravo-da-índia, grãos de café, zimbro.
Símbolo	Eu não adicionaria um símbolo; em vez disso, colocaria alguns espinhos de espinheiro-negro na base da vela para adicionar magia extra.

Nota pessoal

Acendo a mesma vela para todos os tipos de adivinhação, seja para ler Tarô, usar cartas de oráculo ou trabalhar com um pêndulo. No entanto, você pode criar uma vela diferente para cada método de adivinhação.

CAPÍTULO DEZESSEIS

Elevando sua Prática

Quer conhecer mais opções para trabalhar com velas além dos feitiços? Sim, com certeza!

A reflexomancia, adivinhação por meio de superfícies reflexivas ou translúcidas, *scrying*[16], e a divinação com velas são práticas fascinantes que podem trazer insights surpreendentes. Algumas áreas da divinação com velas podem exigir um pouco de prática para se dominar, mas valerão o esforço. Minha técnica favorita é a adivinhação usando alfinetes – tão simples e direta, mas excelente para fornecer clareza e responder perguntas. Para quem gosta de criar, fazer suas próprias velas acrescenta outra dimensão aos trabalhos mágicos, pois você infunde a vela com sua própria energia desde o início. Incluí aqui exercícios para ensinar como fazer isso.

No final deste capítulo, compartilho outras formas de praticar a adivinhação usando lanternas e lamparinas.

Adivinhação com Velas

Como vimos, a reflexomancia (ou *scrying*) significa usar uma superfície reflexiva para ver o futuro ou obter insights. Pode ser praticada com água, cristais, fumaça ou chama, entre outras coisas. Obviamente, neste livro, vamos focar na chama da vela.

16. Vamos usar aqui "reflexomancia" (reflexo + mancia) para palavra *scrying* em inglês, que quer dizer basicamente usar uma superfície reflexiva como técnicas de adivinhação. (N.T.)

Piromancia (Reflexomancia com a Chama da Vela)

A piromancia com chama de vela é uma das formas mais simples de vidência. Tudo o que você precisa é de uma vela em um suporte seguro e algo para acendê-la. Quando me utilizo desta prática, geralmente uso uma vela branca simples, mas você pode escolher uma cor que se alinhe à sua pergunta. Por exemplo, se a sua dúvida for sobre sua vida amorosa, pode escolher uma vela vermelha.

Se você tem a intenção de utilizar a piromancia com chamas de vela, talvez queira dedicar uma vela pilar grande exclusivamente para essa finalidade; você pode apagá-la e reutilizá-la toda vez que for praticar.

Recomendo revestir a vela como faria para um feitiço, use óleo e/ou ervas que se alinham com o tema de sua pergunta. Como alternativa, use óleos e ervas que correspondam a habilidades psíquicas.

Se a pessoa que pergunta for você mesma, recomendo incorporar algo pessoal. Um cartão de visita ou uma fotografia sob a vela funciona bem.

Você vai precisar de:

- Bloco de anotações
- Caneta
- Ervas/óleos correspondentes (opcional)
- Isqueiro ou fósforos
- Suporte para vela seguro
- Vela

Se você optou por trabalhar com ervas e óleos, vista sua vela. Encontre um espaço onde não será interrompida. A reflexomancia funciona melhor se você puder praticar em uma sala escura; isso ajuda a chama a se destacar. Certifique-se de que não haja correntes de ar ou fontes de brisa.

Quando tiver escolhido seu espaço, trace um simples círculo de proteção, visualizando luz ao seu redor, passando por cima e por baixo de você para formar uma esfera. Você pode querer tocar uma música suave ao fundo. Eu gosto de acender um incenso, uma mistura que corresponda ao trabalho psíquico.

Agora, você está pronta para fazer a reflexomancia.

Sente-se em silêncio por um momento em frente à vela e se acalme. Inspire e expire profundamente algumas vezes. Permita que todas as preocupações e cuidados do dia sejam liberados.

Faça sua pergunta, em voz alta ou em sua mente. Mantenha seu foco nela.

Acenda a vela.

Deixe a chama queimar por alguns instantes e, em seguida, concentre-se nela. Anote os pensamentos que vierem à mente, os símbolos ou as imagens que você vir na chama.

Quando sentir que obteve tudo o que podia, apague a vela.

Se a mensagem da chama não fez sentido de imediato, reserve as anotações que fez. Deixe-as de lado por um ou dois dias, e depois volte a consultá-las.

A maneira como a chama da vela se move durante a piromancia também pode fornecer respostas para sua pergunta. Aqui estão algumas traduções simples, mas confie em sua intuição.

A chama brilha intensamente: a resposta para sua pergunta é positiva.

A chama se esforça para queimar: incerteza, talvez na resposta à sua pergunta, mas também pode haver incerteza em relação ao seu compromisso com o assunto da pergunta.

A chama se acende de repente: algo inesperado acontecerá.

Chamas tremeluzentes: falta de dedicação ao resultado.

Cera gotejando: se a cera pingar para a esquerda da vela (quando você estiver de frente para ela), pode ser um sinal negativo. Se a cera pingar para a direita, pode ser um sinal positivo.

Causinomancia (Queima Abençoada)

Causinomancia é a adivinhação obtida pela queima de itens em um fogo sagrado ou abençoado. Essa prática pode ser feita usando uma vela abençoada (a vela pode ser abençoada carregando-a sob a luz da lua ou ungida com água da lua ou do sol). Os itens geralmente queimados são folhas de plantas específicas ou pedaços de papel.

Você vai precisar de:

- Caldeirão ou recipiente à prova de fogo
- Isqueiro ou fósforos
- Pedaço de papel e caneta ou item natural, como uma folha, flor ou erva
- Vela abençoada em um suporte seguro

Escreva sua pergunta em um pedaço de papel. Se preferir, escolha um item natural que represente sua consulta. Certifique-se de que ele não produza fumaça tóxica desagradável quando for queimado.

Segure o papel ou o item natural nas mãos e foque em sua pergunta. Carregue o item com sua energia.

Acenda a vela.

Segure o item na chama da vela para que a borda pegue fogo.

Com cuidado, deixe o item em chamas cair no caldeirão.

Observe-o queimar. Note as chamas e a fumaça, e qualquer imagem ou símbolo que consiga ver.

A maneira como o papel ou o item escolhido queima também pode fornecer respostas para sua pergunta. Aqui estão algumas traduções simples, mas confie em sua intuição.

A queima é rápida: o resultado será positivo e poderá vir logo.

Queima apenas parcialmente: há um bloqueio. Talvez você queira repensar seus planos ou descobrir o que está atrasando as coisas.

Queima devagar, estala e se apaga antes de ser totalmente queimado: o resultado é negativo.

Não pega fogo de jeito nenhum: mostra uma negativa definitiva. Talvez seja melhor interromper seus planos.

Capnomancia (Padrões de Fumaça)

A capnomancia é a adivinhação por meio da leitura de padrões na fumaça. Isso não é muito fácil de fazer na magia com velas, mas às vezes você consegue uma vela que emite uma quantidade razoável de fumaça; nesse caso, faça uma leitura. Você pode praticar capnomancia enquanto está no meio de um feitiço ou configurar uma vela especificamente para isso.

Para criar uma vela de capnomancia, escolha uma vela específica para adivinhação. Se desejar, coloque nela um óleo correspondente e ervas. Coloque-a em um suporte seguro e acenda-a. É útil ter um fundo claro atrás da vela para que você possa ver a fumaça com clareza. Também é útil anotar as posições cardeais.

Faça uma pergunta. A forma como a fumaça se move fornecerá as respostas. Aqui estão algumas traduções simples, mas confie na sua intuição.

Um fluxo claro e fino de fumaça se move firmemente para cima: essa é uma resposta positiva.

Sopros de fumaça escura: significa um resultado negativo.

A fumaça sopra para longe de você: sua meta ou resultado pode levar algum tempo.

A fumaça sopra em sua direção: seu objetivo ou resultado ocorrerá rapidamente e com um resultado positivo.

Fumaça indo para o Norte: isso é positivo, mas sua meta pode precisar de um impulso para ajudar.

Fumaça indo para o Leste: você precisa fazer algumas mudanças para obter um resultado positivo.

Fumaça indo para o Sul: resultado rápido.

Fumaça indo para o Oeste: essa direção carrega emoção, dizendo que você precisa de equilíbrio.

Adivinhação com Velas Perfuradas

Esse método de adivinhação funciona colocando alfinetes em uma vela, fazendo uma pergunta e depois lendo como e onde os alfinetes caem enquanto a vela queima.

Gosto de usar uma vela preta ou branca para isso. Essas cores criam uma vela de adivinhação geral, à qual se pode fazer qualquer pergunta. Recomendo o uso de uma vela pequena e simples ou uma vela cônica, pois elas são finas o suficiente para que um alfinete possa ser inserido. Eu uso alfinetes de prata simples, geralmente três deles. Cada alfinete representa parte da situação; muitas vezes, meus alfinetes representam o passado, o presente e o futuro. Para facilitar a leitura, talvez você queira escolher cores diferentes para os alfinetes.

Dependendo da pergunta, você pode variar a cor da vela ou dos alfinetes. Para questões relacionadas à vida amorosa, uma vela vermelha e alfinetes de cabeça vermelha seriam apropriados. Já para perguntas sobre finanças, uma vela verde combinada com alfinetes de cabeça verde seria a escolha ideal.

Depois de escolher as cores da vela e dos alfinetes, coloque os alfinetes na vela, perto do topo. Ponha a vela em um suporte seguro e posicione-a em uma superfície plana. Recomendo cobrir a superfície com um pano para proteger contra respingos de cera.

Faça sua pergunta e, em seguida, acenda a vela.

Observe a chama em busca de sinais ou símbolos que possam estar relacionados à sua pergunta.

Fique de olho nos alfinetes. Assim que eles caírem, observe como isso aconteceu. Em que ordem os pinos caíram? A que distância da vela eles caíram? Qual a distância entre eles? Todos esses aspectos podem ajudar a interpretar a leitura. Por exemplo, se os alfinetes caíram perto da vela, a situação pode estar próxima de ser resolvida; se caíram mais longe, a situação pode demorar mais tempo para ser resolvida. Não há interpretações definitivas aqui. Confie em sua intuição ao ler os alfinetes caídos.

Ceromancia (Padrões de Cera)

Ceromancia é a adivinhação por meio da leitura de padrões de cera. Esses padrões são criados segurando uma vela acesa sobre um pedaço de papel ou um recipiente com água, permitindo que a cera pingue na superfície enquanto se concentra em uma pergunta. Os símbolos e as imagens criados pela cera gotejada são então lidos.

Teste vários tipos de velas antes de trabalhar com a ceromancia. Nem todas as velas gotejam cera com sucesso. Eu prefiro usar velas de jantar/cônicas. As velas brancas funcionam bem para uma leitura geral, mas se sua pergunta for sobre prosperidade, talvez seja melhor usar uma vela verde, ou talvez uma vermelha para questões de amor. Também gosto de vestir minha vela para fins de adivinhação antes de começar.

Se você for ler os padrões de cera usando um recipiente, certifique-se de que ele seja grande o suficiente para que possa pingar cera nele. Para melhores resultados, escolha um recipiente que seja escuro por dentro (geralmente uso meu caldeirão). Encha o recipiente até metade ou três quartos de sua capacidade com água. Deixe espaço – não encha até o topo. Se for ler os padrões de cera usando um pedaço de papel, coloque-o em uma superfície plana.

Acenda uma vela e deixe-a queimar por alguns minutos. Isso fará com que a cera derreta, dando-lhe muito com o que trabalhar.

Quando estiver pronta, faça sua pergunta. Com cuidado, pegue a vela acesa e segure-a sobre o recipiente ou o papel, inclinando-a para que a cera derretida goteje sobre a superfície.

Pingue bastante cera. Continue até obter algumas formas de tamanho considerável, em seguida, apague a vela. Eu gosto de guardar a vela e reutilizá-la para este propósito.

Leia as formas e imagens. O que elas significam para você? Como uma forma se relaciona com a outra? Se você usou um recipiente com água, preste atenção em como as formas se movem na água.

Quando terminar, pegue os pedaços de cera resfriados e endurecidos. Vire-os, pois eles geralmente têm mais imagens e formas na parte de baixo.

Eu poderia fornecer uma lista de formas e significados, mas eles provavelmente seriam relevantes apenas para mim. Na ceromancia, você precisa interpretar o que os símbolos significam para você. A forma de um coração pode representar o amor e uma borboleta pode significar transformação, mas também é possível que esses símbolos tenham um significado mais pessoal para você.

Se sua leitura inicial não estiver clara, acenda outra vela de uma cor diferente, e então goteje essa cera sobre a superfície, por cima das formas de cera originais.

Fazendo Suas Próprias Velas

Recomendo fortemente que você faça suas próprias velas. Caso sinta afinidade com isso; pode ser muito gratificante. Eu experimentei ao longo dos anos, mas devo confessar que esse é um ofício com o qual tive graus variados de sucesso. Prefiro deixar a fabricação de velas para pessoas mais inclinadas a isso – aquelas com paciência e habilidade para criar lindas velas, que eu possa comprar. Dito isso, incluí aqui uma breve demonstração. Princípios básicos. Se decidir experimentar a fabricação de velas (e você realmente deveria), espero que essas informações tenham dado uma base sólida sobre a qual se apoiar.

Pavio

Uma das características principais de uma vela é o pavio. Se estiver fazendo sua própria vela, precisa saber que o tamanho importa. A maioria das lojas de artesanato rotula os pavios com o tamanho da vela para o qual podem ser usados. Pavios também estão disponíveis em vários tipos: trançado plano, trançado com núcleo e o trançado quadrado. Cada tamanho e tipo de pavio funcionará melhor em um determinado tipo de vela; verifique os rótulos ao comprar. Nunca compre um pavio sem uma aba de metal na base.

Dica final: antes de criar a vela, sempre mergulhe o pavio em cera por um ou dois minutos e depois deixe esfriar.

Cera

Existem vários tipos de cera, e cada um reagirá de maneira diferente.[17]

Cera de abelha

A cera de abelha queima lenta e frequentemente e tem cor e/ou aroma ligeiramente diferentes, dependendo das flores que as abelhas visitam. Sua composição é natural, pode ser usada para fazer velas sólidas ou folhas de cera. Seu aroma é único e natural e não produz fumaça.

Coco

O óleo de coco pode ser usado para fazer velas, mas é macio e queima rapidamente. Tende a ser mais caro para comprar. A maioria é orgânico e ecológico, a cera de coco também queima lentamente.

Gel

Esse gel não é realmente uma cera, é uma combinação de óleo mineral e resina. Ele cria uma vela transparente.

Palma

Esta é uma cera natural, só que mais macia, por isso precisa ser misturada com outros tipos de cera ou estearina. Ela vem do óleo de palma hidrogenado, o que gerou questões ambientais significativas, então é algo a ser levado em consideração.

17. Tanto o site https://www.osmology.co/ quanto o https://www.thesprucecrafts.com/ têm ótimos recursos se você quiser saber mais.

Parafina

Comumente usada na fabricação de velas, a parafina (ou cera mineral) precisa ser misturada com uma pequena porcentagem de ácido esteárico para criar uma vela utilizável. Também é necessário comprar a cera de parafina especificamente para a fabricação de velas; uma lata de parafina comum do armazém não funcionará. Lembre-se de que a parafina é um subproduto da indústria petrolífera e, se não for utilizada de outras formas (como em velas), será descartada. A parafina é uma boa opção se você quiser uma vela perfumada, pois ela retém bem o aroma.

Colza

Um óleo vegetal endurecido, a cera de colza (ou canola) é usada para fazer vários tipos de vela. Ela carrega e libera o cheiro bem e queima lentamente. A colza é sustentável e renovável.

Soja

A soja é uma adição mais recente ao mundo das velas e é considerada mais ecológica do que a parafina. A cera de soja, como o nome sugere, é criada a partir da soja e é completamente natural. Ela cria uma cera macia que precisa ser apoiada em um recipiente. Muitas vezes é misturada com outros tipos de cera, como cera de coco, de palma ou de abelha. Essa cera é de queima lenta, natural, renovável e biodegradável.

Cor

A cor é adicionada às velas por meio de corantes anilina especificamente usados para fabricação de velas. A quantidade a ser adicionada depende do tamanho da vela; consulte uma loja de artesanato ou fabricante. Se preferir, você pode experimentar corantes naturais de plantas e vegetais.

Aroma

Óleos essenciais são a melhor maneira de adicionar aroma à sua vela; eu não usaria perfume ou fragrâncias químicas, pois isso se espalha pelo ar que você vai respirar.

Ferramentas

Você vai precisar de um banho-maria, prendedores para segurar o pavio, colheres, conchas e baldes para resfriar os moldes. Ah, sim, e moldes para fazer as velas.

Derreter e despejar

Hoje em dia, você pode comprar cera para velas "derreter e despejar", que já vem misturada e pronta para uso. Você literalmente só precisa derretê-la e despejá-la no seu recipiente ou molde.

Fazendo Velas Enroladas

Eu mesma faço as minhas velas enroladas, porque elas são muito fáceis de fazer.

Compre folhas de cera (geralmente cera de abelha); elas vêm em uma variedade de cores. Corte-as no tamanho desejado e, em seguida, exponha-as ao sol ou coloque-as em um local quente até que a folha fique maleável. Corte o pavio no tamanho adequado. (Você não precisa de uma aba metálica para essas velas.) Coloque o pavio na borda de um lado e enrole a folha.

Esse tipo de vela permite que você adicione ervas e especiarias secas ou gotas de óleo essencial em seu interior. Você também pode adicionar pequenas lascas de cristal! Basta polvilhar os ingredientes sobre a folha antes de enrolá-la.

Fazendo Velas de Óleo

As velas de óleo são bastante fáceis de fazer e utilizam garrafas antigas de perfume ou vinagre.

Prática

Vela a Óleo, Opção 1

Nota: nunca use óleo mineral, álcool, propano, terebintina ou gasolina pura em suas velas ou lamparinas a óleo – eles podem liberar vapores tóxicos.

Você vai precisar de:

- Funil
- Garrafa ou frasco vazio, lavado e limpo, sem rótulos

- Óleo para lamparina (óleo especial usado especificamente para lamparina, feito de querosene refinado ou parafina); é possível substituir por óleo de oliva ou óleo de rícino
- Pavio de náilon
- Tampa para garrafa

Despeje o óleo no frasco usando o funil até que a garrafa esteja cerca de três quartos cheia.

Coloque o pavio na garrafa. O pavio deve ser longo o suficiente para tocar o fundo do frasco.

Tampe a garrafa, passando a parte superior do pavio por ela.

Deixe o pavio absorver o óleo por dez minutos antes de acendê-lo.

Prática

Vela a Óleo, Opção 2

Isso também pode ser feito com itens facilmente disponíveis.

Você vai precisar de:

- Folha de alumínio
- Frasco ou jarra vazia
- Novelo de algodão
- Óleo vegetal ou azeite de oliva

Comece desenrolando cuidadosamente o chumaço de algodão e, em seguida, corte-o ao meio no sentido do comprimento. Pegue as tiras e torça-as juntas; o ideal é que fiquem bem apertadas, mas com espaço suficiente para a circulação de ar. Isso será o seu pavio.

Pegue uma longa tira de papel-alumínio. Dobre-a várias vezes para que fique bem resistente. Você precisa que a tira finalizada seja larga o suficiente para formar uma ponte sobre a abertura da garrafa ou do frasco, deixando espaço dos dois lados. Faça um furo ou corte um buraco no centro do papel-alumínio; é por ele que o pavio passará.

Empurre o pavio pelo orifício no papel-alumínio de modo que fique uma pequena quantidade à mostra, o suficiente para você acender.

Pegue o papel-alumínio com o pavio preso e coloque-o sobre a abertura do frasco, deixando a parte longa do pavio cair para dentro. Dobre as extremidades do alumínio para dentro do frasco.

Agora, despeje o óleo no frasco; eu gosto de enchê-lo com cerca de três quartos. Deixe que o óleo seja absorvido pelo pavio.

Adicione os ingredientes que deseja usar para o feitiço ao óleo no frasco e, em seguida, acenda o pavio. Lembre-se de que a bolinha de algodão pode produzir um pouco de fumaça ao queimar.

Prática

Vela a Óleo, Opção 3

Aqui está uma maneira ainda mais simples de criar sua própria vela de óleo.

Você vai precisar de:

- 1 pote de vidro limpo
- Água
- Itens naturais, como flores, folhas, conchas, seixos, etc.
- Óleo vegetal (oliva, girassol, etc.)
- Pavio flutuante (pequeno disco de metal e pavio encerado)

Encha o pote vazio com itens naturais de sua escolha. Pinhas, conchas, seixos e bagas funcionam bem, mas flores ou folhas também podem ser usadas. Esses itens são para decoração e intenção mágica; eles não serão queimados.

Preencha o frasco com água até que todos os itens naturais fiquem cobertos. Deixe um pequeno espaço no topo do frasco.

De forma lenta e cuidadosa, despeje o óleo vegetal sobre a água; você precisa de cerca de 0,7 centímetros (¼ de polegada) de óleo.

Coloque o pavio flutuante sobre a camada de óleo e acenda.

Nota: uma colher de sopa de óleo vegetal queima por cerca de duas horas.

Magia com Lanternas e Lamparinas

Se você gosta de magia com velas, experimente a magia com lanternas, e lamparinas! Ambas são muito interessantes de se trabalhar e podem ser usadas com muito sucesso para realizar magia.

Lanternas

As lanternas oferecem um tipo diferente de magia com velas, pois a chama fica protegida das intempéries, o que as torna boas para uso ao ar livre. Não sei dizer quantas vezes tive dificuldade para acender velas em rituais ao ar livre. As lanternas são a melhor opção! Sejam elas de metal ou vidro, recomendo escolher uma lanterna com um anel na parte superior, para que você possa pendurá-la ou segurá-la, ou uma Luminária de vidro. Mas você pode realizar sua magia das velas com qualquer tipo de lanterna, na verdade.

Se você trabalha com Tarô, deve estar familiarizada com o Eremita. Na maioria das imagens, ele está carregando uma lanterna. Isso simboliza a luz que brilha na escuridão; sua lanterna ilumina o caminho a seguir e lembra de que há esperança.

Uma vantagem de usar lanternas é que elas oferecem um recipiente organizado onde você pode colocar petições e ervas secas. Você também pode desenhar sigilos e símbolos na parte externa do vidro. Aqui estão algumas maneiras que eu recomendaria de trabalhar com uma lanterna:

- Use sua lanterna para adivinhação. Sente-se em um quarto escuro com um espelho à sua frente e uma lanterna atrás de você, de modo que o reflexo da chama seja visível no espelho. Observe o reflexo e leia quaisquer símbolos ou sinais.
- Coloque uma lanterna no seu altar para afastar uma pessoa tóxica da sua vida, para dispersar energia negativa ou para livrar-se de maus hábitos. Escreva o nome, a energia ou o hábito em um pedaço de papel e coloque-o dentro da lanterna. Acenda a chama e deixe a lanterna queimando no seu altar até sentir que fez o trabalho.
- Limpe e purifique sua casa com uma lanterna. Acenda a chama e carregue a lanterna por toda a sua casa. Passe por cada cômodo e ilumine todos os cantos e armários.
- Uma lanterna pode ser colocada na janela da frente da sua casa para dar boas-vindas aos seus ancestrais.

Lamparinas

As lamparinas oferecem uma via diferente para o trabalho mágico; sua chama queima mais quente e, muitas vezes, mais rápido do que uma vela. Para uma lamparina, é necessário um óleo que vai servir como carreador para óleos essenciais e ervas secas. Você também pode adicionar petições, amuletos, cristais, ossos e outros itens no recipiente de óleo da lamparina. (Petições também podem ser presas ao pavio de uma lamparina a óleo; com uma lamparina você também pode ajustar a chama). Adicionar cor ao óleo pode trazer outra camada de poder! Nesse tipo de trabalho mágico, o óleo é infundido com as ervas e outros itens que você adiciona e atrai essa energia para o pavio enquanto queima.

Comece limpando e consagrando sua lamparina. Limpe-a com água da lua ou de nascente, ou purifique-a com fumaça de incenso. Em seguida, unte a lamparina com uma mistura de óleos essenciais.

Todo tipo de ingrediente pode ser adicionado ao óleo na base da lamparina. Você pode optar por adicionar ervas, raízes, papéis de petição, fotografias, moedas ou amuletos. Carregue cada item com sua intenção à medida que o adiciona ao óleo.

Quando estiver tudo pronto para fazer o feitiço, acenda o pavio.

Passe um tempo visualizando seu objetivo ou desejo.

Diga um encantamento ou fale palavras do coração para direcionar o feitiço. Dizer verbalmente à lamparina o que deseja funciona muito bem.

Você pode deixar a lamparina queimar completamente, mas isso pode levar algum tempo. Caso contrário, apague a chama quando sentir que a magia funcionou.

Limpe a lamparina por dentro e por fora antes de usá-la novamente.

CONCLUSÃO

Enquanto a luz da vela se acende...

Espero que as informações contidas neste livro tenham sido úteis! A magia com velas é uma área incrível da Arte. Embora eu tenha fornecido correspondências e maneiras de adicionar camadas aos seus feitiços com vela, no final das contas, a escolha é sua. Não leve minhas correspondências como algo definitivo; se sentir que algo diferente funcionará, confie na sua intuição. Sua intuição nunca decepcionará.

Lembre-se de que você não precisa gastar muito dinheiro com ingredientes exóticos de outros cantos do mundo. Ervas e plantas do seu próprio jardim ou mercado local têm mais poder pessoal.

Você também não precisa comprar velas sofisticadas. Trabalhe com o que tem – e com o que se encaixa no seu orçamento. Você pode manter as coisas simples e lançar um feitiço com apenas uma vela branca pequena e nada mais. É o acender da chama que coloca a magia em movimento.

Leitura Adicional

Buckland, Ray. *Advanced Candle Magick: More Spells and Rituals for Every Purpose*. St. Paul, MN: Llewellyn Publications, 2002.

Holmes, Kylie. *Pagan Portals: Runes*. Winchester, UK: Moon Books, 2013.

Moura, Ann. *Grimoire for the Green Witch: A Complete Book of Shadows*. St. Paul, MN: Llewellyn Publications, 2003.

Norman, Ceri. *A Beginner's Guide to Ogham Divination*. Winchester, UK: Moon Books, 2022.

S, Taren. *Hoodoo in the Psalms: God's Magick*. Winchester, UK: Moon Books, 2019.

Sentier, Elen. *Numerology: Dancing the Spirals of Time*. Winchester, UK: Moon Books, 2019.

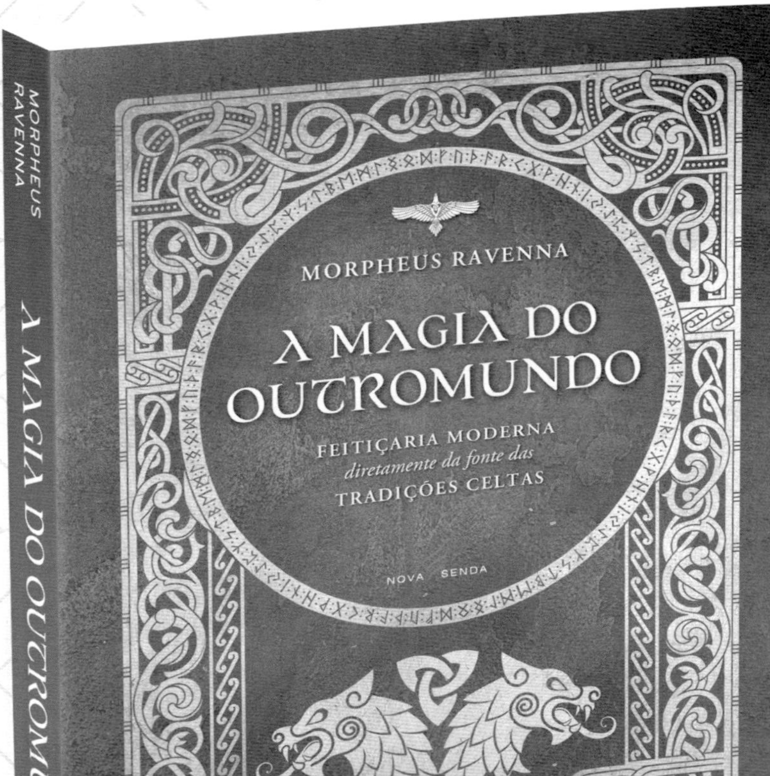
MORPHEUS RAVENNA
A MAGIA DO OUTROMUNDO
FEITIÇARIA MODERNA
diretamente da fonte das
TRADIÇÕES CELTAS
NOVA SENDA

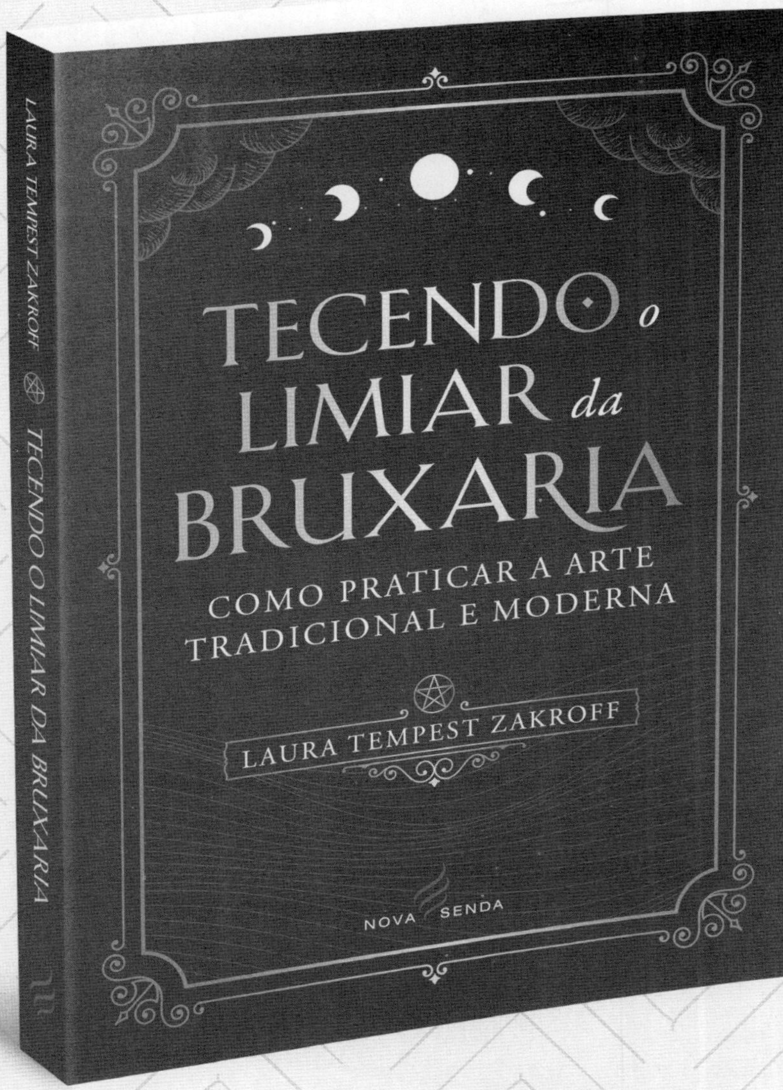
LAURA TEMPEST ZAKROFF
TECENDO O LIMIAR DA BRUXARIA
TECENDO o LIMIAR da BRUXARIA
COMO PRATICAR A ARTE TRADICIONAL E MODERNA
LAURA TEMPEST ZAKROFF
NOVA SENDA

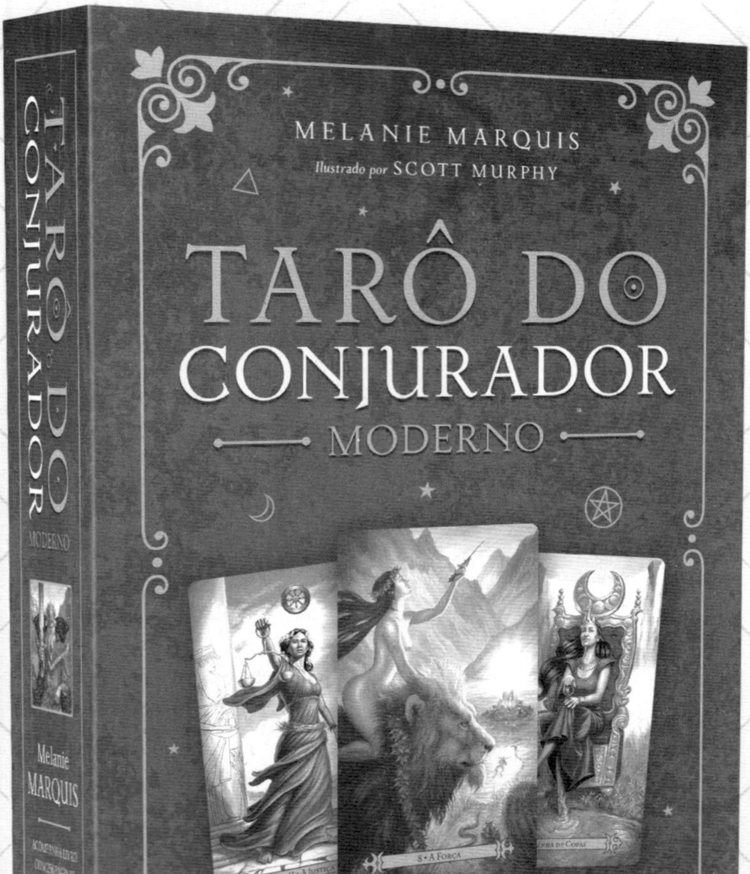

MELANIE MARQUIS
Ilustrado por SCOTT MURPHY
TARÔ DO
CONJURADOR
MODERNO
NOVA SENDA
TARÔ DO CONJURADOR
MODERNO
Melanie
MARQUIS
NOVA SENDA